Handbók um íslenska málfræði

アイスランド語
文法
ハンドブック

南澤佑樹
Minamisawa Yuki

白水社

装丁　重原　隆

はじめに

　本書『アイスランド語文法ハンドブック』は，2020 年に出版された『ニューエクスプレスプラス　アイスランド語』を一通り学習し終えた後に，さらにアイスランド語文法をしっかりと学びたい方向けに執筆しました．アイスランドは自国の言語に対する関心が高く，これまでにも比較的多くの文法書がアイスランド国内外で出版されています．しかしながら，アイスランド語はその語形変化の複雑さゆえに，文法書がどうしても語形を中心に扱ったものになってしまうという問題点がありました．アイスランド語を本当に習得しようと思うなら，個々の語の変化だけでなく，それらが実際にどう用いられるのかについても学ぶ必要があります．これを踏まえ，本書は語形変化に関する説明をあえて抑え，より語法に重点をおいた内容となっています．本書は，できるだけ前から読み進めていけるような章立てにしていますが，適宜必要な箇所をご参照ください．また，本書には音声がついておらず，紙幅の都合上発音の解説も最小限にとどめています．発音を実際に聞きたい方は，前掲の『ニューエクスプレスプラス　アイスランド語』などの書籍をご活用ください．

　本書を書くにあたり，数多くの方々にお世話になりました．最初に，原稿に丁寧に目を通しコメントをくださった清水育男先生にこの場を借りて感謝を申し上げます．また，朱位昌併さん，金子陽緒菜さん，福原遙彦さん，山田慎太郎さん，アイスランド語の例文をチェックをしてくださった Nökkvi Jarl Bjarnason さんにもお礼を申し上げます．さらに，本書作成にあたり様々な助言をくださった編集者の堀田真さんにも改めて感謝を申し上げます．

　最後に，本書は 2022 年 10 月，当時大阪大学言語文化研究科准教授であった當野能之先生のご厚意で，堀田真さんにつないでいただいたことがきっかけで世に出すことができました．當野先生には，私がまだ学部生だった頃から大変お世話になり，これまで研究の面でも多くの助言をいただきました．実際にお渡しできないのが非常に残念ですが，この感謝の意を表し，本書を當野能之先生に捧げたいと思います．

2025 年 1 月

南澤佑樹

目 次

まえがき　3

アイスランド語のアルファベット・発音

1. アイスランド語のアルファベット　8

2. 強勢　8　　3. 母音　9

4. 子音　11　　5. その他の発音規則　16

第1章　人称代名詞主格・動詞の現在形・基本語順①

1.1　人称代名詞の主格　18

1.2　動詞 vera の現在形　18

1.3　弱変化動詞の現在形　19

1.4　平叙文の語順　21

1.5　現在形の用法　22

プラスワン：アイスランド語の挨拶表現　23

第2章　強変化名詞①

2.1　名詞の性・数・格　24

2.2　強変化名詞の語形変化　24

第3章　人称代名詞・基本語順②

3.1　人称代名詞の語形変化　31

3.2　人称代名詞の注意すべき用法　32

3.3　[人称代名詞＋人名・家族関係を表す名詞)] の表現　33

3.4　疑問文の語順　33

3.5　代名詞の語順　34

3.6　倒置文の語順　35

プラスワン：アイスランド語で自己紹介　36

第4章　強変化名詞②・弱変化名詞・名詞の既知形

4.1　家族関係を表す名詞＆その他の名詞　37

4.2　弱変化名詞の語形変化　38

4.3　人名の語形変化　40

4.4　名詞の未知形・既知形　40

4.5　既知形の語形変化　40

4.6　既知形の用法　41

プラスワン：アイスランド人の名前　42

第5章　形容詞

5.1　形容詞の強変化　43

5.2　形容詞の弱変化　48

5.3　強変化・弱変化の用法　48

5.4　不変化の形容詞　51

5.5　形容詞と格　51

プラスワン：否定・反対を表す接頭辞 ó-　53

第6章　所有代名詞・指示代名詞・不定代名詞①

6.1　所有代名詞　54

6.2　所有関係を表すその他の表現　55

6.3　指示代名詞　56

6.4　不定代名詞①　58

プラスワン：感謝の表現　61

第7章　動詞の格支配①・不定詞・現在分詞

7.1　動詞の格支配　62

7.2　主格　62

7.3　動詞と目的語の格　62

7.4　不定詞　64

7.5　不定詞を用いた表現　65

7.6　現在分詞　67

プラスワン：所有関係を表す動詞　68

第8章　動詞の命令形・過去形

8.1　命令形　70

8.2　命令文の強調　71

8.3　否定の副詞をともなう命令文　72

4

8.4 命令形の用法 72

8.5 1人称複数形を用いる提案・勧誘表現 73

8.6 弱変化動詞の過去形 73

8.7 弱変化動詞の母音変化 75

8.8 過去形の用法 76

プラスワン：注文・お願いの表現 77

第9章 動詞の完了形・その他の特殊な動詞

9.1 弱変化動詞の完了分詞 78

9.2 その他の特殊な動詞の語形変化 79

9.3 ［hafa＋完了分詞］の用法 82

9.4 ［vera búinn að＋不定詞］の用法 82

第10章 助動詞

10.1 助動詞 84

10.2 ［að＋不定詞］をとる助動詞 84

10.3 不定詞をとる助動詞 86

10.4 完了分詞をとる助動詞 88

10.5 その他の助動詞 89

第11章 強変化動詞

11.1 強変化動詞の現在形 91

11.2 現在形の母音変化 92

11.3 強変化動詞の過去形・完了分詞 93

11.4 強変化動詞の語幹の子音変化 97

プラスワン：動詞の自他と強変化・弱変化 98

第12章 1つの格を支配する前置詞

12.1 前置詞の格支配 100

12.2 対格支配の前置詞 100

12.3 与格支配の前置詞 102

12.4 属格支配の前置詞 106

プラスワン：天気の表現 108

第13章 2つの格を支配する前置詞①

13.1 対格・与格支配の前置詞 109

13.2 対格で移動・与格で静止を表す前置詞（á／í／undir／yfir）109

13.3 場所に用いる前置詞 í／á 114

プラスワン：主要な国・地域名 115

第14章 2つの格を支配する前置詞②

14.1 その他の前置詞（eftir／fyrir／með／við）117

プラスワン：前置詞的に機能する副詞 121

第15章 副詞

15.1 場所を表す副詞 122

15.2 þar／þarna と hér／hérna 123

15.3 形容詞由来の副詞 124

15.4 特定の格で現れる副詞 124

15.5 句動詞 125

15.6 主要な小辞の意味 126

第16章 接続詞①・関係詞

16.1 等位接続詞① 130

16.2 従位接続詞① 131

16.3 関係詞 sem 134

第17章 疑問詞

17.1 疑問代名詞 137

17.2 疑問副詞・その他の疑問詞 139

17.3 間接疑問文 142

17.4 ［疑問詞 sem（er）］の表現 143

第18章 数を表す表現

18.1 基数 144

18.2 数を表す名詞と属格 147

18.3 序数 148

18.4 回数・頻度を表す表現 149

18.5 分数・小数 150

18.6 加減乗除 151

18.7 その他の数字に関わる表現 152

プラスワン：0は単数？複数？ 153

第19章 時を表す表現

19.1 時刻表現 154

19.2 様々な時を表す表現 155

第 20 章　再帰代名詞・動詞の -st 形

20.1　再帰代名詞　162

20.2　代名詞 sjálfur　165

20.3　再帰所有代名詞　166

20.4　動詞の -st 形　166

プラスワン：接尾辞 -na　171

第 21 章　動詞の格支配②

21.1　二重目的語をとる動詞の格　172

21.2　非人称動詞　173

第 22 章　過去分詞・受動文

22.1　過去分詞　178

22.2　受動文　181

22.3　非人称受動文　184

22.4　行為の結果・状態を表す用法　185

プラスワン：það の脱落　187

第 23 章　不定代名詞②・否定代名詞

23.1　不定代名詞②　188

23.2　否定代名詞　193

23.3　その他　195

第 24 章　比較

24.1　原級比較　197

24.2　形容詞の比較級・最上級　198

24.3　形容詞の比較級・最上級の語形変化　201

24.4　副詞の比較級・最上級　202

24.5　形容詞・副詞の比較級の用法　204

24.6　比較級を用いた慣用表現　204

24.7　形容詞・副詞の最上級の用法　205

24.8　最上級を用いた慣用表現　207

第 25 章　接続法

25.1　接続法　208

25.2　接続法の語形　208

25.3　主節内の接続法　212

25.4　従属節内の接続法　213

25.5　動詞 ætla の接続法表現　216

25.6　仮定を表す用法　216

プラスワン：間接話法と再帰代名詞　217

第 26 章　接続詞②

26.1　等位接続詞②　218

26.2　従位接続詞②　219

巻末付録

A. 参考にした文献・役に立つ文献　223

B. 主要動詞活用表　225

C. 文法用語リスト　230

D. 略語リスト　232

E. 単語リスト　233

日本語索引　281

略語・記号

男性名詞＝男，女性名詞＝女，中性名詞＝中

単数＝単，複数＝複，未知形＝未，既知形＝既

主格＝主，対格＝対，与格＝与，属格＝属

斜格＝斜，全ての格＝全

 ※斜格とは，主格以外の格（対格，与格，属格）の総称です．

1人称＝1，2人称＝2，3人称＝3

現在＝現，過去＝過

〈 〉＝日本語訳，［ ］＝句・慣用表現・イディオム（説明文中のみ）

 ※発音の組み合わせについても一部［ ］を用いています．なお，例文や語句を単独で挙げ
 ている箇所の日本語訳については（自明のため）〈 〉をつけていません（［ ］も同様）．

上記の記号に加え，語形変化前の語形（基本形，不定詞や男性単数主格形など）
と語形変化後の語形を＞でつないで表しています．

アイスランド語のアルファベット・発音

本書には音声がついておらず，また発音の説明も簡単なもののみにとどめています．アイスランド語の実際の音声を聞きたい方は，次の教材をご活用ください。

入江浩司. 2020.『ニューエクスプレスプラス　アイスランド語』. 東京：白水社.

この他，アイスランド語の発音について詳しく知りたい方は巻末付録A.に挙げている文献・ウェブサイトをご活用ください．本書の発音は主に Eiríkur Rögnvaldsson（2013, 2017）の表記に基づきますが，こちらも巻末付録A.に挙げています。

1. アイスランド語のアルファベット

アイスランド語で用いられるアルファベットは次の通りです．á や ó など上に ´ の記号がついたものがありますが，（現代）アイスランド語ではこれはアクセントを表すものではありません．つまり a と á は異なるアルファベットであり，発音も異なります。

A a [aː]	**Á á** [au:]	**B b** [pjɛ:]	**D d** [tjɛ:]	**Ð ð** [ɛ:ð]
E e [ɛː]	**É é** [jɛ:]	**F f** [ɛf]	**G g** [cɛ:]	**H h** [hau:]
I i [ɪː]	**Í í** [iː]	**J j** [jɔːð]	**K k** [kʰau:]	**L l** [ɛtl]
M m [ɛm]	**N n** [ɛn]	**O o** [ɔ:]	**Ó ó** [ou:]	**P p** [pʰjɛ:]
R r [ɛr]	**S s** [ɛs]	**T t** [tʰjɛ:]	**U u** [ʏ:]	**Ú ú** [u:]
V v [vaf]	**X x** [ɛks]	**Y y** [ɪpsilɔ:n ɪ:]	**Ý ý** [ɪpsilɔ:n i:]	**Þ þ** [θɔtn̩]
Æ æ [ai:]	**Ö ö** [œː]			

外国の人名，地名などにのみ用いられるアルファベット

C c [sjɛ:]	**Q q** [kʰu:]	**W w** [tʰvœ:falt vaf]	**Z z** [sɛ:ta]

二重母音を表す特別な母音の組み合わせ

Ei ei [ei:]	**Ey ey** [ei:]	**Au au** [œi:]

※ z は 1973 年以前のテクストに頻繁に現れますが，現在では使われません．

2. 強勢

アイスランド語では，ほぼ例外なく単語の最初の母音に強勢がある，つまり単語の最初の母音を強く発音します．また母音には長短があり，強く発音される母音は，その後に子音が続くかどうか，続くならばいくつ続くのかによって長く発音されるか短く発音されるかが決まります。

母音を長く発音するとき

強勢のある母音の後に子音が続かない，あるいは 1 つだけ続く場合，その母音は長く発音されます．また，強勢のある母音直後の子音が p/t/k/s のいずれかであり，かつその直後に v/j/r のいずれかの子音が続く場合にも，強勢のある母音は長くなります．

①強勢のある母音の後に子音が続かないとき

fr<u>í</u> 休暇 [friː]　　　　　　　　　　n<u>ú</u>a こする [nuːa]

②強勢のある母音の後に子音が 1 つ続くとき

f<u>a</u>ra 行く [faːra]　　　　　　　　　d<u>ý</u>r 高価な [tiːr]

<u>ý</u>ta 押す [iːta]　　　　　　　　　　<u>ey</u>ra 耳 [eiːra]

③［強勢のある母音 + p/t/k/s + v/j/r］となるとき

v<u>ö</u>kva 水をやる [vœːkva]　　　　　v<u>e</u>kja 起こす [vɛːca]

s<u>i</u>tja 座っている [sɪːtja]　　　　　　<u>E</u>sja エーシャ山 [ɛːsja]

母音を短く発音するとき

一方で，強勢のある母音の後に（上の③のパターン以外の）子音が 2 つ以上続く場合，その母音は短く発音されます．また，強勢のない母音も常に短く発音されます．

①強勢のある母音の後に子音が 2 つ以上続くとき

h<u>u</u>ndur 犬 [hʏntʏr]　　　　　　　　b<u>o</u>rða 食べる [pɔrða]

<u>o</u>stur チーズ [ɔstʏr]　　　　　　　　<u>au</u>stan 東から [œistan]

②強勢のない母音

nem<u>a</u>ndi 学生 [nɛːmantɪ]　　　　　gam<u>a</u>n 楽しみ [kaːman]

ただし，（初めの要素が 2 音節以上の）複合語では，後ろの要素の最初の母音にも（弱めの）強勢があり，このとき上記の規則にしたがってその母音が長く発音される場合があります．

j<u>ó</u>lafr<u>í</u> クリスマス休暇（jóla クリスマス（複属）+ frí 休暇）[jouːlafriː]

orðab<u>ó</u>k 辞書（orða 語（複属）+ bók 本）[ɔrðapouːk]

3. 母音

アイスランド語には 8 つの単母音と 7 つの二重母音があります．アイスランド語の母音は，発音をする際に舌のどこが高くなるか（前舌・後舌），唇を丸めるか丸めないか（円唇・非円唇），および口をどのくらい開くか（狭口・半狭口・半広口・広口）にしたがって，次の表のようにまとめられます．

9

	前舌		後舌	
	非円唇	円唇	非円唇	円唇
狭口	i, ý = [i]			ú = [u]
半狭口	i, y = [ɪ]	u = [ʏ]		
半広口	e = [ɛ]	ö = [œ]		o = [ɔ]
広口			a = [a]	

　二重母音には，後ろの母音が [i] となるタイプと [u] となるタイプがあります．[ʏi] および [oi] の音は，それぞれ後ろに -gi が続く場合に現れます（本章 5 節その他の発音規則を参照のこと）．

後ろの母音が [i]			後ろの母音が [u]
ei = [ei]	æ = [ai]	ugi = [ʏi]	ó = [ou]
au = [œi]	ogi = [oi]		á = [au]

※ただし，二重母音では，初めの母音と後ろの母音がお互いに影響し合い（つまり同化現象により）それぞれ個別に発音する場合よりもわずかですが音質が異なります．

前舌母音 （左側が短い母音を含む語・右側が長い母音を含む語）

①非円唇

i, ý　[i]　日本語の「イ」よりもさらに口を横に広げて発音する「イ」の音です．i と ý は全く同じ音です．

　　　　　fínn 良い [fitn̩]　　　　　　　ís 氷 [i:s]

　　　　　sýndi 見せた [sinti]　　　　　nýr 新しい [ni:r]

i, y　[ɪ]　日本語の「イ」に近いですが，「イ」よりはわずかに「エ」寄りの音です．i と y は全く同じ音です．

　　　　　fiskur 魚 [fiskʏr]　　　　　litur 色 [lɪ:tʏr]

　　　　　synda 泳ぐ [sɪnta]　　　　　sykur 砂糖 [sɪ:kʏr]

e　[ɛ]　日本語の「エ」とほとんど同じ音です（が，さらにほんのわずか口を開きぎみに発音します）．

　　　　　hestur 馬 [hɛstʏr]　　　　　reka 追いやる [rɛ:ka]

é　[jɛ]　日本語の「イェ」に近い音で，ヤ行の子音の後に e の音を続けます．

　　　　　frétt ニュース [frjɛht]　　　　fé 財産, 羊 [fjɛ:]

②円唇

u　[ʏ]　唇を少し丸めて，わずかに口の形を「ユ」によせた「ウ」の音です．

　　　　　lundi ニシツノメドリ [lʏntɪ]　　muna 覚えている [mʏ:na]

| ö | [œ] | 唇を「オ」の形にして「ウ」と言うイメージで発音します. |

öld 世紀 [œlt]　　　　　　gjöf 贈り物 [cœ:v]

後舌母音

①非円唇

| a | [a] | 日本語の「ア」とほとんど同じ音です. |

mamma お母さん [mama]　　　matur 食物 [ma:tʏr]

②円唇

| ú | [u] | u よりもさらに唇を丸めて「ウ」と発音します. |

stúlka 少女 [stul̥ka]　　　　hús 家 [hu:s]

| o | [ɔ] | 日本語の「オ」に近い音です. |

horfa 見る [hɔrva]　　　　lofa 約束する [lɔ:va]

二重母音

①後ろの母音が [i] のタイプ

| ei, ey | [ei] | 日本語の「エイ」の音で,「エ」から口を広げて「イ」と発音します. |

heilsa 健康 [heilsa]　　　　leikur 遊び [lei:kʏr]

eystri 東の [eistrɪ]　　　　leyfi 許可 [lei:vɪ]

| au | [œi] | ö の音から口を広げて「イ」と発音します. |

austur 東 [œistʏr]　　　　auka 増やす [œi:ka]

| æ | [ai] | 二重母音「アイ」の音で,「ア」から口を広げて「イ」と発音します. |

frændi 男性の親戚 [fraintɪ]　　　læsa 鍵をかける [lai:sa]

［ʏi］および［oi］の音は後述の「5.その他の発音規則」で取り上げます.

②後ろの母音が [u] のタイプ

| ó | [ou] | 二重母音「オウ」の音で,「オ」から唇を丸めて「ウ」と発音します. |

kólna 冷える [koulna]　　　bók 本 [pou:k]

| á | [au] | 二重母音「アウ」の音で,「ア」から唇を丸めて「ウ」と発音します. |

ást 愛 [aust]　　　　blár 青い [plau:r]

4. 子音

　アイスランド語の子音は,調音点(発音の際にどこで呼気の流れを妨げるか),調音法(呼気の流れをどのように妨げるか),帯気を伴う(強く息を吐くように発音する)かどうか(有気音・無気音),発声する際に声帯が震える,つまり喉に手を当てた時に震えを感じるかどうか(有声音・無声音)によって次のようにまとめられます.

		唇音	歯・歯茎音	硬口蓋音	軟口蓋音	声門音
破裂	有気音	[pʰ]	[tʰ]	[cʰ]	[kʰ]	
	無気音	[p]	[t]	[c]	[k]	
摩擦	有声音	[v]	[ð]	[j]	[ɣ]	
	無声音	[f]	[θ]	[ç]	[x]	[h]
歯擦	無声音		[s]			
鼻	有声音	[m]	[n]	[ɲ]	[ŋ]	
	無声音	[m̥]	[n̥]	[ɲ̊]	[ŋ̊]	
側面	有声音		[l]			
	無声音		[l̥]			
ふるえ	有声音		[r]			
	無声音		[r̥]			

※アイスランド語の破裂音は全て無声音です.

子音の発音

ここではアルファベット順に子音の発音を確認していきます.

---

b   **[p]**   弱い「バ」行の音で, 「パ」行に近い音です (無声音).

     bara だけ [pa:ra]   la**bb**a 歩いて行く [lap:a]

---

d   **[t]**   弱い「ダ」行の音で, 「タ」行に近い音です (無声音).

     dalur 谷 [ta:lʏr]   hal**d**a 持つ [halta]

ð   **[ð]**   舌を上下の前歯の間に近づけて発音する, 英語の th の有声音に近い音です. 語頭に来ることはありません.

     ma**ð**ur 人, 男 [ma:ðʏr]   bla**ð** 葉, 新聞 [pla:ð]

     [θ]   k の前では無声音になります.

     blí**ð**ka 和らげる [pliθka]   tra**ð**ka 踏みつける [tʰraθka]

---

f   **[f]**   語頭や直後に子音 s/t/k が続く場合, 下唇に前歯が軽く触れる「フ」音になります.

     fá 手に入る [fau:]   a**f**tur 再び [aftʏr]

     [v]   母音に挟まれた場合, 語末, 母音と子音 ð/g/j/r に挟まれた場合, 子音 l/r と母音に挟まれた場合には有声音化し「ヴ」の音になります.

     so**f**a 眠っている [sɔ:va]   lí**f** 人生 [li:v]

     he**f**ja 始める [hɛvja]   e**f**ri 上の [ɛvrɪ]

há**lf**ur 半分の [haulvʏr]	ar**f**ur 遺産 [arvʏr]

[p] [母音 + fl/fn] で f は「プ」の音になり，また，直後にさらに d/t が
続くと f の音は発音されなくなります．ただし，-fnd/fnt ではそこに
それぞれ [m]，[m̥] の音が入ります（☞ [m̥] の発音は m の項目）．

sa**f**na 集める [sapna]	te**fl**a チェスをする [tʰɛpla]
e**fl**di 強化した [ɛltɪ]	ne**fnd** 委員会 [nɛmt]
ste**fnt** 向かう（stefna の完了分詞）[stɛm̥t]	

---

g [k] 弱い「ガ」行の音で，「カ」行に近い音です（無声音）．

gata 通り [ka:ta]	re**g**la 規則 [rɛkla]
bor**g** 街 [pɔrk]	þö**gn** 沈黙 [θœkn̥]

[c] 直後に前舌の母音（í, ý, i, y, e, ei, ey, æ）あるいは j が続く場合，母音や
j を発音しようとして舌の前側が盛り上がります．日本語の「キ」の
音に似ています．

gítar ギター [ci:tar]	**gj**ósa 噴火する [cou:sa]

[ɣ] 語中の [g+a/u/ð/r] で喉の奥から出すような弱い「ガ」行のような
音になります．

da**g**ur 日 [ta:ɣʏr]	sa**g**a 物語，歴史 [sa:ɣa]

[x] 語中の g の直後に t/s が続く場合，喉の奥で発音する「フ」のような
音になります．

hæ**g**t ゆっくりと [haixt]	da**g**s 日（dagur の属）[taxs]

[j] [母音 + g + i/j] では g の音が [j] に変わります（☞ 母音の変音に
ついては 5 節）．

ma**g**i 胃，お腹 [maijɪ]	þe**gj**a 黙る [θeija]

– ó/á/ú と a/u に挟まれた g は発音されません．

ljú**g**a 嘘をつく [lju:a]	skó**g**ur 森 [skou:ʏr]

---

h [h] 日本語の「ハ」行に近い音です．

hafa 持っている [ha:va]	á**h**orfandi 視聴者 [a:uhɔrvantɪ]

[ç] 語頭の hj/hé は日本語の「ヒ」に近い音になります．

hjól 自転車 [çou:l]	**h**ér ここに [çɛ:r]

[k] 語頭の hv は「クヴ」の発音になります．

hvað 何 [kʰva:ð]	**hv**enær いつ [kʰvɛ:nair]

13

| 無声化 | 語頭の hl/hn/hr では h を発音せず，直後の子音 n/r/l が無声化します（☞ それぞれの発音については l/n/r の項目）． |

hlusta 聴く [l̥ʏsta]　　　　　　**hnífur** ナイフ [n̥iːvʏr]

hringja 電話する [r̥iɲca]

| j | [j] | 日本語の「ヤ」行の音です．hj は「ヒ」に近い音になります． |

já はい [jauː]　　　　　　　　**hlæja** 笑う [l̥aija]

jól クリスマス [jouːl]　　　　　**hjól** 自転車 [çouːl]　(☞ **h**)

| k | [kʰ]/[k] | 「カ」行の音で，語頭では息を強く吐いて発音します． |

kannski ひょっとしたら [kʰanscɪ]　　**taka** 取る [tʰaːka]

| | [cʰ]/[c] | 直後に前舌の母音（í, ý, i, y, e, ei, ey, æ）あるいは j が続く場合に，g と同じく舌の前側が盛り上がります． |

kisa 猫ちゃん [cʰɪːsa]　　　　　**poki** 袋 [pɔːcɪ]

| | [x] | 直後に t/s が続くと喉の奥で発音する「フ」のような音になります． |

lykt 匂い [lɪxt]　　　　　　　　**loksins** やっと [lɔxsɪns] / [lɔksɪns]

※直後に s が来る場合，[k] の音もよく聞かれます．

| l | [l] | 英語の l のように上の歯の付け根に舌をつけて発音します． |

lofa 約束する [lɔːva]　　　　　　**selja** 売る [sɛlja]

| | [l̥] | 語頭の hl および [l + p/t/k]，また直前に無声音がくる語末の l では，[l] と同じく上の歯の付け根に舌をつけた上で喉をふるわせずに空気だけを抜いて発音します． |

hlýr 暖かい [l̥iːr]　　　　　　　　**mjólk** 牛乳 [mjoul̥k]

skafl 吹き溜まり [skapl̥]

| | [tl]/[tl̥] | ll で，（l と同じイメージで）上の歯の付け根に舌をつけ，そのまま左右のどちらかから空気を抜いて発音します（さらに語末では無声音になります）．日本語では「トゥル」のように書かれますが，実際の音は大きく異なります． |

falla 落ちる [fatla]　　　　　　**bíll** 車 [pitl̥]

Eyjafjallajökull エイヤフィヤトラユークトル [ei:jafjatlajœːkʏtl̥]

※2010 年の噴火で有名になりましたが，今でも発音が難しい語としてよく話題にのぼります．発音できるようになっておきましょう．

なお，あだ名や外来語，あるいは d/s/t の直前など，一部この発音にならない場合もあります．

Palli パッリ（Páll の愛称）[pʰal:ɪ]	ball 舞踏会 [pal:]
alls 全て（allur の男単属）[als]	allt 全て（allur の中単主）[alt]
※ allur 全て [atlʏr]	snilld 才能 [stnɪlt]

※ snilld の語頭の sn では t の挿入が起こっていることに注意（☞ 5 節）.

---

m [m] 日本語の「マ」行の音です.

móðir 母 [mou:ðɪr]　　koma 来る [kʰɔ:ma]

[m̩] [m + p/t/k] で喉をふるわせず鼻から空気を抜き m を発音します.

lampi ランプ [lam̩pɪ]　　skemmtun 楽しみ [scɛm̩tʏn]

---

n [n] 日本語の「ナ」行の音です.

núna 今 [nu:na]　　kona 女性 [kʰɔ:na]

[n̥] 語頭の hn および [n + p/t], また直前に無声音がくる語末の n では, 喉をふるわせず鼻から空気を抜いて n を発音します.

hné 膝 [n̥jɛ:]　　panta 予約する [pʰan̥ta]
vatn 水 [vahtn̥]

[tn]/[tn̥] [í/ú/ý + nn] あるいは [二重母音 + nn] で, t の発音のように上の歯の付け根に舌をつけ, そこから少し鼻から息を抜くように n の発音をします（さらに語末では無声音になります）. 日本語では「トン」のように書かれます.

seinna 後で [seitna]　　grænn 緑の [kraitn̥]

[ɲ]/[ɲ̥] ng/nk の直後が前舌の母音（í, ý, i, y, e, ei, ey, æ）] あるいは j の時に現れますが, 語をそのまま発音するイメージで大丈夫です. ng であれば有声音に, nk であれば無声音になります.

tengja つなぐ [teiɲca]　　banki 銀行 [pauɲ̥cɪ]

[ŋ]/[ŋ̥] ng/nk の直後が後舌の母音の時に現れますが, 同じく語をそのまま発音しましょう. ng の前で有声音に, nk の前で無声音になります.

ungur 若い [uŋkʏr]　　banka ノックする [paŋ̥ka]

---

p [pʰ]/[p] 「パ」行の音で, 語頭では息を強く吐いて発音します.

penni ペン [pʰɛn:ɪ]　　stelpa 女の子 [stɛlpa]

[f] 直後に t が続くと f の発音になります.

skipta 替える [scɪfta]　　september 9 月 [sɛftɛmpɛr]

15

r	[r]	軽い巻き舌のような舌先を震わせて出す「ラ」行の音です.

rúm ベッド [ru:m]　　　　　　　fara 行く [fa:ra]

	[r̥]	語頭の hr および [r + p/t/k/s] で,[r] と同じように発音しますが,その際に喉を震わせずに舌先だけを震わせます.

h̲r̲aun 溶岩 [r̥œi:n]　　　　　　　or̲ka 力 [ɔr̥ka]

s	[s]	日本語の「サ」行とほぼ同じ音です.

sá 種をまく [sau:]　　　　　　　dan̲s̲a 踊る [tansa]

t	[tʰ]/[t]	「タ」行の音で,語頭では息を強く吐いて発音します.

t̲aka 取る [tʰa:ka]　　　　　　　kas̲t̲a 投げる [kʰasta]

v	[v]	上の前歯に下唇を近づけて発音する「ヴ」の音です.

v̲elja 選ぶ [vɛlja]　　　　　　　vö̲k̲vi 液体 [vœ:kvɪ]

x	[xs]	ks に近い音ですが,k を少し弱く発音します([k] も可)

la̲x̲ 鮭 [laxs]/[laks]　　　　　　bu̲x̲ur ズボン [pʏxsʏr]/[pʏksʏr]

þ	[θ]	舌を前歯の間に近づけて発音する英語の th の無声音と同じ音です.

þ̲að それ [θa:ð]　　　　　　　þ̲vo 洗う [θvɔ:]

※ það などの代名詞で,文中で強勢のない場合に þ が有声化します.

5. その他の発音規則

前気音

[母音 + pp/tt/kk] あるいは [母音 + p/t/k + l/n(/m)] で,母音と子音の間に気音(h と表記)が入ります.母音の直後で強く息を吐き出して発音します.

sto̲pp̲a 止める [stɔhp:a]　　　　　hi̲tt̲a 会う [hɪht:a]

þa̲kk̲a 感謝する [θahk:a]　　　　va̲kn̲a 目を覚ます [vahkna]

o̲pn̲a 開ける [ɔhpna]　　　　　va̲tn̲ 水 [vahtn̩]

e̲pl̲i リンゴ [ɛhplɪ]　　　　　kau̲pm̲aður 商売人 [kʰœihpmaðʏr]

母音の変化

① [i/y + gi] の組み合わせ

[i/y + gi] で,i/y が i の発音(口を横に開いた「イ」の音)になります.

stigi 梯子 [sti:jɪ]　　　　　　　　**lygi** 嘘 [li:jɪ]

② ［e/u/ö/a/o + gi］の組み合わせ

　［e/u/ö/a/o + gi］で，母音は二重母音になります．個々の母音（に近い音）の後に i の音（口を横に開いた「イ」）が続きます．

degi 日 (dagur の単与未) [teijɪ]　　　　**flugið** 飛行機 (flug の単主既) [flʏjɪð]

lögin 法 (lög の複主既) [lœijɪn]　　　　**daginn** 日 (dagur の単対既) [taijɪn]

logi 炎 [loijɪ]

③ ［母音 + ng/nk］の組み合わせ

　［母音 + ng/nk］では母音の発音が変わります．

a から á	**banki** 銀行 [pauɲcɪ]	**langur** 長い [lauŋkʏr]
i/y から í/ý	**fingur** 指 [fiŋkʏr]	**syngja** 歌う [siɲca]
u から ú	**þungur** 重い [θuŋkʏr]	**lunga** 肺 [luŋka]
e から ei	**engill** 天使 [eiɲcɪtl̥]	**lengi** 長い間 [leiɲcɪ]
ö から öy	**söngur** 歌 [sœiŋkʏr]	**löng** 長い [lœiŋk]

t 音の挿入

　既に確認した ll や nn に加え，rl/rn/sl/sn の組み合わせでも同じく（弱めの）t 音の挿入が起こります．また，特に使用頻度の高い語などで r の音が脱落することがあります．

perla 真珠 [pʰɛrtla]　　　　　　　　**spurning** 質問 [spʏrtniŋk]

slá 打つ [stlau:]　　　　　　　　　　**asni** ロバ，バカ [astnɪ]

varla ほとんど...ない [vatla] ※ [vartla] も可．

guð の発音

　guð〈神〉の発音は少し特殊で，gu を「クヴ [kv]」と発音します（人名も含む）．

guð 神 [kvʏ:ð]　　　　　　　　　**Guðni** クヴズニ（グヴズニ）[kvʏðnɪ]

17

人称代名詞主格・動詞の現在形・基本語順①

1.1 人称代名詞の主格

		単数		複数	
1人称		ég	私は	við	私たちは
2人称		þú	あなたは	þið	あなたたちは
3人称	男	hann	彼（それ）は	þeir	彼ら（それら）は
	女	hún	彼女（それ）は	þær	彼女ら（それら）は
	中	það	それは	þau	彼ら（それら）は

　人称代名詞には，人称（1・2・3人称），数（単数・複数），格（主格・対格・与格・属格）の区別があります．格は文中での文法的な役割を表し，大雑把にいえば主格が日本語の「...は，...が」，対格が「...を」，与格が「...に」，属格が「...の」に相当します．3人称では単数・複数ともに性（男・女・中）の区別があるため，アイスランド語には英語 they に相当する語が3種類（男性形 þeir・女性形 þær・中性形 þau）存在します．指し示す対象が人の場合，þeir は複数の男性，þær は複数の女性，þau は男女混合グループに対して用います（☞ 無生物については 3.2）．ちなみに，þ が英語の th に対応することを考えれば，3人称複数の代名詞は英語とアイスランド語でよく似ていますが，これは英語の3人称複数 they がもともと北欧語からの借用であるためです．

1.2 動詞 vera の現在形

　動詞は主語の人称と数に合わせて異なる形を用います．人称代名詞の3人称には性（男性・女性・中性）の区別がありますが，動詞は全ての性で同じ形を用います（表中では男性形 hann/þeir のみ記載）．つまり，動詞の現在形を覚える際には，「人称3つ×単数・複数」の6つの形を覚えなければなりません．ここではまず英語の be 動詞に相当する vera〈...である〉の現在形の活用を見てみましょう．

vera ...である		
	単数	複数
1人称	ég **er**	við **erum**
2人称	þú **ert**	þið **eruð**
3人称	hann **er**	þeir **eru**

動詞 vera は連結動詞などと呼ばれ，主語が何であるのか，またどのような状態であるのかなどを説明する名詞や形容詞（いわゆる補語）が後ろに続きます．したがって，動詞 vera の現在形の活用を覚えれば簡単な自己紹介ができます．例えば vera の後ろに Japani〈日本人〉や Íslendingur〈アイスランド人〉，kennari〈先生〉などの名詞を置き国籍や職業を伝えることができます．出身を言いたければ英語 from に相当する前置詞 frá〈...から〉を続け frá Japan〈日本出身の〉，frá Íslandi〈アイスランド出身の〉などとします（国名や国民を表す語の最初は大文字です）．hræddur〈怖がって〉などの形容詞を使えば感情を伝えることもできます．さらに，主語を変えると他人の職業や出身などについても述べることができますが，その際には動詞の形も変わります．

Ég <u>er</u> Japani/kennari.	私は日本人／先生である．
Ég <u>er</u> frá Japan.	私は日本出身である．
Ég <u>er</u> hræddur.	私は怖い（と思っている）．
Þú <u>ert</u> Íslendingur.	あなたはアイスランド人である．
Þær <u>eru</u> frá Íslandi.	彼女たちはアイスランド出身である．

1.3 弱変化動詞の現在形

　動詞の多くは見出し語形（不定詞）が -a で終わります（☞ 7.4）．動詞には弱変化動詞と強変化動詞（おおむね英語の規則動詞と不規則動詞に相当）がありますが，まずは活用が比較的覚えやすい弱変化動詞について確認しましょう．弱変化動詞の現在形は，単数の活用語尾によって 3 つのグループ（AR・IR・UR）に分かれます．一部例外はありますが，複数の語尾は全てのグループで 1 人称 -um，2 人称 -ið，3 人称 -a となり，結果として 3 人称複数は不定詞と同じ形になります．

　下表の tala〈話す〉の 1 人称複数では第 1 音節の母音 a が ö に変わっていますが，この音変化はとても一般的です．つまり，<u>母音 a は直後の母音が u のとき（下表 1 人称複数語尾 -um），a に強勢があれば ö に（tala の 1 人称複数 tölum），強勢がなければ u に変わります</u>（☞ 8.6 の tala の過去形を参照）．これは u を発音するときに起こる口の丸めが a に影響を与えることによるもので，品詞に関係なく広く見られます．ただし，一部の外国語由来の語に例外があります．

弱変化動詞グループ 1（AR グループ）

　不定詞の語末の -a を落とした形に 1 人称単数で -a，2・3 人称単数で -ar をつけます．

tala の 3 人称単数：tal<u>a</u> + -ar > talar 　　　　tala の 1 人称複数：t<u>a</u>la + -um > tölum

19

	tala　話す		borða　食べる	
	単数	複数	単数	複数
1 人称	ég **tala**	við **tölum**	ég **borða**	við **borðum**
2 人称	þú **talar**	þið **talið**	þú **borðar**	þið **borðið**
3 人称	hann **talar**	þeir **tala**	hann **borðar**	þeir **borða**

例　**kalla** 呼ぶ / **nota** 使う / **byrja** 始める / **elda** 料理する / **panta** 予約する

弱変化動詞グループ 2 （IR グループ）

　不定詞の語末の -a を落とした形に 1 人称単数で -i，2・3 人称単数で -ir をつけます．不定詞の語末が -gja/-kja の動詞では，i で始まる語尾がつくとき -j- が脱落します．

　gera の 3 人称単数：gera + -ir > gerir　　　gera の 1 人称複数：gera + -um > gerum

　segja の 3 人称単数：segja + -ir > segir　　segja の 1 人称複数：segja + -um > segjum

	gera　する		sýna　見せる，示す	
	単数	複数	単数	複数
1 人称	ég **geri**	við **gerum**	ég **sýni**	við **sýnum**
2 人称	þú **gerir**	þið **gerið**	þú **sýnir**	þið **sýnið**
3 人称	hann **gerir**	þeir **gera**	hann **sýnir**	þeir **sýna**

	segja　言う		reykja　タバコを吸う	
	単数	複数	単数	複数
1 人称	ég **segi**	við **segjum**	ég **reyki**	við **reykjum**
2 人称	þú **segir**	þið **segið**	þú **reykir**	þið **reykið**
3 人称	hann **segir**	þeir **segja**	hann **reykir**	þeir **reykja**

例　**reyna** 試す / **kaupa** 買う / **kenna** 教える / **þekkja** 知っている / **þegja** 黙る

弱変化動詞グループ 3 （UR グループ）

　不定詞の語末の -a を落とした形に 1 人称単数では語尾をつけず，2・3 人称単数で -ur をつけます．ただし，このグループの動詞のほとんどは -ja で終わる語で，この -j- は単数で落とします．また語末が -gja/-kja の動詞では，-i で始まる語尾がつく 2 人称複数でも -j- が脱落します（表中 velja と leggja の 2 人称複数での -j- の有無に注意）．

　velja の 3 人称単数：velja + -ur > velur　　　velja の 1 人称複数：velja + -um > veljum

　leggja の 3 人称単数：leggja + -ur > leggur　leggja の 2 人称複数：leggja + -ið > leggið

	velja 選ぶ		leggja （横にして）置く	
	単数	複数	単数	複数
1 人称	ég **vel**	við **veljum**	ég **legg**	við **leggjum**
2 人称	þú **velur**	þið **veljið**	þú **leggur**	þið **leggið**
3 人称	hann **velur**	þeir **velja**	hann **leggur**	þeir **leggja**

例 **flytja** 引っ越す，運ぶ / **skilja** 理解する / **setja** 置く / **þekja** 覆う / **telja** 数える

1.4 平叙文の語順

　アイスランド語の基本語順は［主語＋動詞］です．通常，補語や目的語は動詞の後に，場所や時間を表す副詞句はさらにその後（補語，目的語がなければ動詞の後）におかれるため，最初のうちは英語の語順とほぼ同じと考えて問題はありません（つまり［主語＋動詞＋補語・目的語＋副詞句］の順）．ここでは動詞が主語の後ろにおかれている，つまり語順の上で<u>動詞が文の要素の 2 番目にある</u>ことを確認しておきましょう．

Hún　　er　　　Íslendingur.　彼女はアイスランド人である．
主語　　**動詞**　　補語

Þú　　talar　　japönsku.　　　あなたは日本語を話す．
主語　　**動詞**　　目的語

※ japönsku 日本語（japanska の対格）．アイスランド語では，動詞の目的語として名詞が用いられるとき，その語形が変わります（☞ 名詞の語形変化は 2・4 章）．

Þau　　flytja　　til Íslands í sumar.　彼らはこの夏アイスランドに引っ越す．※ í sumar この夏
主語　　**動詞**　　副詞句

※時間を表す句と場所を表す句を同時に用いる場合，通常場所を表す句が先にきます．

　否定文を作るには否定の副詞 ekki〈…でない（英語 not）〉を動詞直後におきます．この規則は vera を含め全ての動詞に共通です．ekki を強調した alls ekki〈全く…ない〉や aldrei〈決して…ない〉，varla〈ほとんど…ない〉，その他 alltaf〈いつも〉，oft〈よく，しばしば〉，stundum〈時々〉，sjaldan〈めったに…しない〉などの頻度の副詞も同じ位置におきます．繰り返しますが，ここでも動詞は文の要素の 2 番目にあります．

Þú　　talar　　<u>ekki</u>　　　íslensku.　君はアイスランド語を話さない．
主語　　**動詞**　　副詞　　　目的語

Ég　　er　　　<u>alls ekki</u>　sammála.　私は全く賛成していない．　※ sammála 賛成して
主語　　**動詞**　　副詞　　　補語

Hann　bakar　<u>oft</u>　　　brauð.　　彼はよくパンを焼く．　※ brauð パン
主語　　**動詞**　　副詞　　　目的語

21

1.5 現在形の用法

　動詞の現在形は名前の通り現在（発話時）の事実や状態を表します．現在の状態を表す場合にはしばしば存在や姿勢を表す動詞（vera〈である〉，sitja〈座っている〉，liggja〈横になっている〉，standa〈立っている〉など）が用いられ，また núna〈今〉などの副詞をともないます．ただし，発話時に進行している行為について述べるときには別の表現が用いられます（☞ 7.5）．

Hún er heima núna.　　彼女は今家にいる．※ heima 家に，家で（☞ 副詞は 15.1）

Þeir sitja á kaffihúsi.　　彼らはカフェに（座って）いる．※ kaffihús カフェ

Hann liggur í rúminu.　　彼はベッドに横になっている．※ rúm ベッド（☞ 既知形は 4.5）

　また，習慣的な行為，あるいは一般的・恒常的な事実（不変の真理）についても現在形を用います．頻度の副詞を用いれば，習慣の度合いについて述べることができます．

Hann borðar oft brauð.　　彼はよくパンを食べる．

Hún kaupir sjaldan föt.　　彼女はめったに服を買わない．※ föt 服

Vatn sýður við 100 gráður.　　水は 100 度で沸騰する．

※ sýður 沸騰する（sjóða の 3 人称単数）．við ...で（☞ 前置詞 við については 14.1）

　さらに，bráðum〈もうすぐ〉や á morgun〈明日〉などの副詞（句）をともない未来の出来事を表すこともあります．

Jólin koma bráðum.　　クリスマスがもうすぐやってくる．※ jólin クリスマス．koma 来る

Ég geri það á morgun.　　（私が）明日それをやるよ．

プラスワン：アイスランド語の挨拶表現

　ここではアイスランドで日常的に用いられる挨拶表現を紹介します．まず Góðan daginn/Góðan dag〈こんにちは（英語の Good day に相当）〉はアイスランドで一般的に用いられる挨拶の一つです．お店などでも使われ，最初の部分が聞こえず「ダイイン」のように聞こえることもあります．アイスランド語には英語の Good morning にあたる表現がなく，朝でもこの表現を用いることができます．夜は Gott kvöld/Góða kvöldið〈こんばんは〉を用います（ちなみに〈おやすみ〉は Góða nótt といいます）．もう少しカジュアルな sæll や blessaður〈こんにちは，やあ〉を用いた挨拶も一般的ですが，こちらは挨拶をする相手の性別や人数によって形が変わります．また，この表現は sæll og blessaður のように重ねて使うこともあります．その前に komdu（複数 komiði）をつけて komdu sæll og blessaður のように言うこともできます（ただし komdu は [kɔnty] のように発音されます）．

単数男性	単数女性	複数男性	複数女性	男女混合
sæll	sæl	sælir	sælar	sæl
blessaður	blessuð	blessaðir	blessaðar	blessuð

　相手に調子を尋ねるには Hvað segirðu (gott)? といいます．この質問に対しては Allt gott/allt fínt〈元気です〉のように答えましょう．別れの挨拶には Bless (bless) をよく耳にしますが sæll や blessaður に vertu をつけて Vertu sæll などの表現もあります．〈またね〉は (Við) sjáumst が一般的ですが，電話口などでは Heyrumst も用いられます．

強変化名詞①

2.1 名詞の性・数・格

アイスランド語の名詞には 3 つの性（男性・女性・中性）の区別があります．名詞の性は文法的なもので，生物学的な性とは基本的に関係ありません．一部，男性名詞 strákur〈男の子〉や女性名詞 stelpa〈女の子〉など名詞の性と生物的な性が一致するものもありますが，これはむしろ少数です．普通名詞の他，地名や国名などの固有名詞も性を持ちます．また，複合語の性は語の最後の要素の性にしたがいます．

kaffi コーヒー（中） + **bolli** カップ（男） → **kaffibolli** コーヒーカップ（男）

te 紅茶（中） + **skeið** スプーン（女） → **teskeið** ティースプーン（女）

名詞には 4 つの格（主格・対格・与格・属格）があり，格によって語形が変わります．大まかにいえば，主格は「…は，が」，対格は「…を（直接目的格）」，与格は「…に（間接目的格）」，属格は「…の（所有格）」に対応しますが，英語とは異なり，一緒に用いられる動詞や前置詞などに合わせて異なる格の形が用いられます．アイスランド語の名詞には単数と複数があり，複数にも同じく 4 つの格があるため，通常 1 つの名詞につき 8 つの語形を覚えなければなりません．基本的に，辞書の見出しには単数主格形が載せられているので，紙の辞書を使うときなどには注意しましょう．

2.2 強変化名詞の語形変化

名詞には，（単数形の）語形が大きく変化する強変化名詞と，変化が比較的単純な弱変化名詞があります．名詞の格について，現代アイスランド語では主格，対格，与格，属格の順で表記されるのが一般的ですが，古い文法書などでドイツ語式（主格，属格，与格，対格）の順を採用しているものもあります．アイスランド語辞書で名詞を調べると，見出し語（単数主格形）に加えて単数属格と複数主格の語尾が載っていることがありますが，これを見れば名詞が大体どのような変化をするかが分かります．名詞の語形変化には多くの異なる変化パターンがあるため，この章ではおおまかなものを学習し，知らない語に出会ったときには語形変化をその都度確認しましょう．語形変化を調べる際には，巻末で紹介しているアイスランド語の単語の語形を調べられるウェブサイト *Beygingarlýsing íslensks nútímamáls* をぜひ活用してください（全てアイスランド語で書かれたウェブサイトですが，検索に必要な用語の日本語訳は巻末の文法用語リストに載せてありますので，こちらもご活用ください）．

ちなみに，12 章で確認しますがアイスランド語では前置詞が特定の格を支配します．

つまり，どの前置詞を使うかによって後続する名詞の形が変わるのですが，前置詞 um〈...について〉は対格，frá〈...から〉は与格，til〈...に〉は属格を支配します．名詞の格変化を覚える時には，hestur〈馬〉であれば *"(hér er) hestur - um hest - frá hesti - til hests"* のように，名詞の前にこれらの前置詞を付けて復唱すると良いかもしれません．

強変化男性名詞

　多くの強変化男性名詞は単数主格形が -ur で終わります．強変化男性名詞は，この -ur を落とした形（あるいは単数対格形）に，複数主格で -ar，複数対格で -a をつけるグループ，そして複数主格で -ir，複数対格で -i をつけるグループに分かれます．なお，語に変化語尾をつける前の形，語形変化の基準となる形のことを語幹（アイスランド語 stofn）と呼ぶことがあります．

①複数主格で -ar，複数対格で -a をつけるグループ

　単数主格形（見出し語形）の語末の -ur を落とした形（単数対格形と同じ形）に，単数属格で -s，複数主格で -ar，複数対格で -a をつけます．複数与格では名詞の性や変化グループに関係なく -um をつけます．さらに，u で始まる語尾がつくとき（つまり複数与格で），第 1 音節の母音が a であれば ö に変わります．ただし単数主格ではこの変化は起こりません（下表 hattur〈帽子〉を参照）．単数与格では通常語尾に -i をつけますが，この -i がつかない語もあります（sannleikur〈真実〉など）．なお dagur〈日〉の単数与格は degi です．

	単数	複数	単数	複数
主	hestur　馬	hestar	hattur　帽子	hattar
対	hest	hesta	hatt	hatta
与	hesti	hestum	hatti	höttum
属	hests	hesta	hatts	hatta

　例 **fiskur** 魚 / **heimur** 世界 / **hundur** 犬 / **vindur** 風 / **strákur** 男の子 / **bátur** ボート / **dagur** 日 / **Noregur** ノルウェー（単のみ）/ **Íslendingur** アイスランド人

　また，fugl〈鳥〉や háls〈首，のど〉，ofn〈オーブン〉など，単数主格で語尾がつかないものもあります．その他の格の語尾は上の語と同じです（表中下線部を参照）．

	単数	複数	単数	複数
主	fugl　鳥	fuglar	ofn　オーブン	ofnar
対	fugl	fugla	ofn	ofna
与	fugli	fuglum	ofni	ofnum
属	fugls	fugla	ofns	ofna

25

単数主格形が -(i) r で終わる語は単数対格・与格が同じ形になりますが，パターンは基本的に同じです（他 Geysir〈ゲイシール〉）．単数主格語尾が -r の snjór〈雪〉や skór〈靴〉（複主 skór・対 skó・与 skóm）も不規則ですが概ねこのパターンにしたがいます．

	単数		複数	単数		複数
主	læknir	医者	læknar	snjór	雪	snjóar
対	lækni		lækna	snjó		snjóa
与	lækni		læknum	snjó		snjóum
属	læknis		lækna	snjós(/snjóar)		snjóa

②単数主格形が -(l)l/-(n)n で終わるグループ（複数主格 -ar・複数対格 -a）

変化パターンは①とほぼ同じで，（本来）単数主格語尾であった -r がその前の -l-/-n- に同化したため，単数主格の語末がそれぞれ -ll/-nn になります（bíl-r > bíll）．格語尾は①と同じく単数対格形（単数主格形の語末から -l/-n を一つ落とした形）を基準に考えます．単数主格形の語末が -all/-ill/-ull/-ann/-inn/-unn で終わる語では，語尾が母音で始まるとき，その語尾直前の母音を落とします．

jökull の単数与格：jökull + -i > jökli   himinn の複数対格：himinn + -a > himna

	単数		複数	単数		複数
主	bíll	車	bílar	steinn	石	steinar
対	bíl		bíla	stein		steina
与	bíl		bílum	steini		steinum
属	bíls		bíla	steins		steina
主	jökull	氷河	jöklar	himinn	天, 空	himnar
対	jökul		jökla	himin		himna
与	jökli		jöklum	himni		himnum
属	jökuls		jökla	himins		himna

例 **stóll** 椅子 / **lykill** 鍵 / **engill** 天使 / **gaffall** フォーク / **morgunn** 朝

③複数主格で -ir，複数対格で -i をつけるグループ

単数主格形の語末の -ur を落とした形（＝単数対格形）に，複数主格で -ir，複数対格で -i をつけます．単数属格では -ar か -s（多くは -ar）をつけます．このグループの名詞の多くは単数与格で -i がつきません．

	単数		複数	単数		複数
主	gestur	客	gestir	staður	場所	staðir
対	gest		gesti	stað		staði
与	gesti		gestum	stað		stöðum
属	gests		gesta	staðar		staða

26

語末が -uður/-aður で終わる語もこのグループに入ります．このタイプの語には単数与格で -i をつけます．また，語末が -uður で終わる語は，a で始まる語尾がつくとき（単数・複数属格）語尾の直前の u が a に変わります（下表 mánuður〈月〉を参照）．

	単数	複数	単数	複数
主	mánuður 月	mánuðir	markaður 市場	markaðir
対	mánuð	mánuði	markað	markaði
与	mánuði	mánuðum	markaði	mörkuðum
属	mánaðar	mánaða	markaðar/markaðs	markaða

※ markaður の単数属格は一般的に markaðar を用いますが，複合語では markaðs の語形が用いられます（markaðskönnun〈市場調査〉，markaðssetja〈市場に出す〉など）．
※ hönnuður〈デザイナー〉（単属 hönnuðar）のように母音が変わらない語もあります．

例 **vegur** 道（単属 vegar）/ **veggur** 壁（単属 veggjar）/ **dalur** 谷（単属 dals）
fatnaður 衣服（単属 fatnaðar）/ **fögnuður** 歓喜，大喜び（単属 fagnaðar）

なお，数は多くありませんが，複数主格で -ir，複数対格で -i がつくグループの中には第1音節の母音が変わるものがあります．第1音節の母音が単数主格で ö のとき（köttur〈猫〉，fjörður〈フィヨルド〉など），語尾が a で始まるところで ö が a，i で始まるところで ö が e/i に変わります．また，第1音節の母音が á であれば（þáttur〈要素，一部〉），語尾が i で始まるところで æ に変わります．

	単数	複数	単数	複数
主	köttur 猫	kettir	fjörður フィヨルド	firðir
対	kött	ketti	fjörð	firði
与	ketti	köttum	firði	fjörðum
属	kattar	katta	fjarðar	fjarða
主	björn 熊	birnir	þáttur 要素，一部	þættir
対	björn	birni	þátt	þætti
与	birni	björnum	þætti	þáttum
属	bjarnar	bjarna	þáttar	þátta

この他，ávöxtur〈果物〉や sonur〈息子〉（単与・複対 syni，単属 sonar，複主 synir），örn〈ワシ〉などにも同様の母音変化が見られます．

強変化女性名詞

強変化女性名詞は，大きく分けて複数主格・対格で語尾 -ir がつくグループ，-ar がつくグループ，-ur がつくグループ，そして -r がつくグループに分かれます．女性名詞は，どの変化グループに関係なく，複数主格と複数対格が常に同じ形になります．
①複数主格，複数対格で -ir をつけるグループ
単数主格の形（見出し語形）を基準に，単数属格で -ar，複数主格・対格で -ir をつ

27

けます. 第1音節の母音が単数主格でöの場合, 単数属格, 複数主格・対格・属格でaに変わります (下表 gjöf〈贈り物〉を参照). 一方, 語末が -un で終わる語の場合, 複数主格・対格・属格で語尾直前の母音がuからaに変わり, さらにその直前の (第1音節の) 母音がöであればaに変わります (逆に, 単数属格ではöからaに変わることはありません. 下表 pöntun〈予約〉を参照).

		単数	複数	単数	複数
主		mynd 絵	myndir	gjöf 贈り物	gjafir
対		mynd	myndir	gjöf	gjafir
与		mynd	myndum	gjöf	gjöfum
属		myndar	mynda	gjafar	gjafa
主		áætlun 計画	áætlanir	pöntun 予約	pantanir
対		áætlun	áætlanir	pöntun	pantanir
与		áætlun	áætlunum	pöntun	pöntunum
属		áætlunar	áætlana	pöntunar	pantana

例 **stund** 時間 / **tíð** 時間 / **árstíð** 季節 / **gröf** 墓 / **heimsókn** 訪問 / **þjóð** 国民
könnun 調査 / **menntun** 教育 / **skemmtun** 楽しみ / **hönnun** デザイン (単のみ)

②複数主格・対格で -ar をつけるグループ

単数主格の形を基準に, 単数属格, 複数主格・対格で -ar をつけます. 語末が -ing の語は単数対格・与格でさらに -u をつけます.

		単数	複数	単数	複数
主		kinn 頬	kinnar	bygging 建物	byggingar
対		kinn	kinnar	byggingu	byggingar
与		kinn	kinnum	byggingu	byggingum
属		kinnar	kinna	byggingar	bygginga

例 **hlið** 側面, 側 / **nál** 針 / **sundlaug** プール / **vél** 機械, モーター / **skeið** スプーン
rigning 雨 / **merking** 意味 / **spurning** 質問 / **tilfinning** 感情 / **uppfinning** 発明

③複数主格・対格で -ur をつけるグループ

単数主格の形を基準に, 複数主格・対格で -ur をつけます. 一部の語は単数属格語尾も -ur となります (下表 sæng〈掛け布団〉や nótt〈夜〉など). このグループには第1音節の母音が変わるものが数多くあります.

28

	単数	複数	単数	複数
主	sæng 掛け布団	sængur	önd アヒル	endur
対	sæng	sængur	önd	endur
与	sæng	sængum	önd	öndum
属	sængur	sænga	andar	anda
主	nótt 夜	nætur	bók 本	bækur
対	nótt	nætur	bók	bækur
与	nótt	nóttum	bók	bókum
属	nætur	nótta/nátta	bókar	bóka
主	hönd 手	hendur	tönn 歯	tennur
対	hönd	hendur	tönn	tennur
与	hendi	höndum	tönn	tönnum
属	handar	handa	tannar	tanna

例 **vík** 湾（単属 víkur）/ **bót** 治療（複主・対 bætur）/ **kind** 羊

④複数主格・対格で -r をつけるグループ

　このグループの多くは単数主格形が母音で終わり，複数主格・対格で単数主格の形に -r の語尾をつけます．複数与格語尾が -um ではなく -m となります．また，複数主格・対格で母音が変わるものもあります（下表 brú〈橋〉など）．

　なお，**mús**〈ハツカネズミ〉や **kýr**〈雌牛〉の語形変化は少し特殊で，**mús** には複数主格・対格語尾の -r がつかず，**kýr** は単数主格で -r がつくため単数主格・属格，複数主格・対格が全て同じ形になります．

	単数	複数	単数	複数
主	á 川	ár	brú 橋	brýr
対	á	ár	brú	brýr
与	á	ám	brú	brúm
属	ár	áa	brúar	brúa
主	mús ハツカネズミ	mýs	kýr 雌牛	kýr
対	mús	mýs	kú	kýr
与	mús	músum	kú	kúm
属	músar	músa	kýr	kúa

例 **skrá** 目録 / **tá** つま先（単属 táar, 複主・対 tær）

強変化中性名詞

　強変化中性名詞のほとんどは下の①のグループに含まれますが，語末が -i/-é で終

29

わる語は少し異なる変化パターンにしたがいます．中性名詞は，どの変化グループかに関係なく，単数主格と対格が同じ形に，また複数主格と対格も同じ形になります．

①基本語形変化パターンにしたがうグループ

単数主格・対格の形（見出し語形）に単数与格で -i，属格で -s，複数与格で -um，属格で -a をつけます．第1音節の母音が a のとき，複数主格・対格で ö に変わります（-u で始まる語尾がかつてあったため）．さらに，2音節の語で2音節目の母音が a のとき，複数主格・対格で a から u に変わります（ただし folald〈子馬〉の複主・対 folöld のような例もあります）．

なお，語末が -ur で終わる中性名詞の -ur は主格語尾ではありません（語幹の一部です）．そのため，他の格でもこの -ur は残りますが，語尾が母音で始まる単数与格，複数与格・属格では u のみ脱落します（下表 veður〈天気〉を参照．sumar〈夏〉の語末の -ar では -a が脱落）．

	単数		複数	単数		複数
主	barn　子供	börn	veður　天気	veður
対	barn	börn	veður	veður
与	barni	börnum	veðri	veðrum
属	barns	barna	veðurs	veðra
主	hundrað　百	hundruð	sumar　夏	sumur
対	hundrað	hundruð	sumar	sumur
与	hundraði	hundruðum	sumri	sumrum
属	hundraðs	hundraða	sumars	sumra

例　**ár** 年 / **blóm** 花 / **kvöld** 晩 / **land** 国，土地 / **Ísland** アイスランド（単のみ）
orð 単語 / **safn** 博物館 / **hérað** 地区，地方（複主・対 héruð）/ **meðal** 薬（複主・対 meðul）

②語末が -i/-é で終わるグループ

単数与格で -i がつかず，単数主格・対格・与格が同じ形になります．ただし hlé〈休憩〉の単数与格形 hléi などの例外もあります．また，複数与格・属格で母音が変わる語や複数与格・属格で -j- が挿入される語もあります（下表 tré〈木〉を参照）．

	単数	複数	単数	複数
主	epli　リンゴ	epli	tré　木	tré
対	epli	epli	tré	tré
与	epli	eplum	tré	trjám
属	eplis	epla	trés	trjáa

例　**ríki** 国家（複属 ríkja）/ **hné** 膝 / **hlé** 休憩（単与 hléi・複与 hléum・複属 hléa）

30

第3章 人称代名詞・基本語順②

3.1 人称代名詞の語形変化

　第 1 章で紹介したように，人称代名詞には名詞と同じく格（主格・対格・与格・属格）と数（単数・複数）の区別があり，さらに 3 人称には性（男性・女性・中性）の区別があります．アイスランド語には 3 人称複数（英語の they）にも性の区別が存在し，þeir は複数の男性，þær は複数の女性，そして þau は男女混合グループに対して用いられます．ただし，3 人称複数与格 þeim，属格 þeirra は性に関係なく全て同じ形であり，また 3 人称の女性複数主格・対格 þær，中性単数主格・対格 það，中性複数主格・対格 þau もそれぞれ同じ形となります．これらの語形変化パターンから，名詞と人称代名詞の格変化の並行性，類似性が見えてくるのではないでしょうか.

<table>
<tr><td colspan="2" rowspan="2"></td><td rowspan="2">1 人称</td><td rowspan="2">2 人称</td><td colspan="3">3 人称</td></tr>
<tr><td>男性</td><td>女性</td><td>中性</td></tr>
<tr><td rowspan="5">単数</td><td></td><td>私</td><td>あなた</td><td>彼，それ</td><td>彼女，それ</td><td>それ</td></tr>
<tr><td>主</td><td>ég</td><td>þú</td><td>hann</td><td>hún</td><td>það</td></tr>
<tr><td>対</td><td>mig</td><td>þig</td><td>hann</td><td>hana</td><td>það</td></tr>
<tr><td>与</td><td>mér</td><td>þér</td><td>honum</td><td>henni</td><td>því</td></tr>
<tr><td>属</td><td>mín</td><td>þín</td><td>hans</td><td>hennar</td><td>þess</td></tr>
<tr><td rowspan="5">複数</td><td></td><td>私たち</td><td>あなたたち</td><td>彼ら，それら</td><td>彼女ら，それら</td><td>彼ら，それら</td></tr>
<tr><td>主</td><td>við</td><td>þið</td><td>þeir</td><td>þær</td><td>þau</td></tr>
<tr><td>対</td><td>okkur</td><td>ykkur</td><td>þá</td><td>þær</td><td>þau</td></tr>
<tr><td>与</td><td>okkur</td><td>ykkur</td><td>þeim</td><td>þeim</td><td>þeim</td></tr>
<tr><td>属</td><td>okkar</td><td>ykkar</td><td>þeirra</td><td>þeirra</td><td>þeirra</td></tr>
</table>

　なお，古いアイスランド語には「2 人」を表す代名詞 vit〈（2 人の）私たち〉および þit〈（2 人の）あなたたち〉があり，それ以上の人数には vér〈（3 人以上の）私たち〉，þér〈（3 人以上の）私たち〉を用いていました．現代のアイスランド語にはもはや「2 人」を指す代名詞はなく，元々「2 人」を意味した vit/þit 由来の við/þið を 1・2 人称複数で用います．ただし，フォーマルな場面でまれに við の代わりに vér〈私たち（対・与 oss，属 vor）〉，þú/þið の代わりに þér〈あなた，あなたたち（対・与 yður，属 yðar）〉を用いることがあります．このとき，動詞の活用はそれぞれ við および þið のものと同じになります.

　ちなみに,（使用頻度はあまり高いとは言えませんが）アイスランド語にはジェンダーニュートラルな代名詞 hán が存在します．この語は 2018 年に新語辞典（*Nýyrði*）に

登録され, 現代アイスランド語辞典（*Íslensk nútímamálsorðabók*）にも載っています. 語形変化は対格 hán, 与格 háni, 属格 háns のように強変化中性名詞のパターン（barn〈子供〉など）にしたがいます. 複数では 3 人称中性複数の形 þau が用いられます. さらに, hán については（補語に使用される）形容詞の語形変化についても考える必要があり, この場合, 中性単数の語形変化パターン（☞ 5 章）にしたがうようです.

3.2 人称代名詞の注意すべき用法

ここまで人称代名詞が人を指す場合について説明しましたが, 人以外のものを指すときには英語とは用法が大きく異なります. 英語では基本的に he/she はそれぞれ男性 1 人, 女性 1 人を指すときにのみ用いられ人以外に対しては it/they を用いますが, アイスランド語の人称代名詞 hann/hún は, 人だけでなくそれぞれ男性名詞, 女性名詞の単数を指すときにも用いられます. また, 中性名詞の単数には það を用い, さらに男性名詞の複数には þeir, 女性名詞の複数には þær, そして中性名詞の複数あるいは男性, 女性, 中性名詞の混合グループには þau を用います. つまり, 3 人称では代名詞が指す名詞の性によって用いられる代名詞が異なります.

	英語	性	アイスランド語（þetta er/eru ... こちら／これ（ら）は...です ☞ 6.3）
人単数	he	男	hann	Þetta er Jón. Hann er Íslendingur. こちらはヨウンです. 彼はアイスランド人です.
	she	女	hún	Þetta er Anna. Hún er kennari. こちらはアンナです. 彼女は先生です.
人以外単数	it	男	hann	Þetta er tómatur. Hann er rauður. ※ tómatur は男性名詞. これはトマトです. それは赤いです.
		女	hún	Þetta er appelsína. Hún er appelsínugul. ※ appelsína は女性名詞. これはオレンジです. それはオレンジ色です.
		中	það	Þetta er blóm. Það er hvítt. ※ blóm は中性名詞. これは花です. それは白いです.
人複数	they	男	þeir	Þetta eru Jón og Helgi. Þeir eru Íslendingar. こちらはヨウンとヘルギです. 彼らはアイスランド人です.
		女	þær	Þetta eru Anna og María. Þær eru kennarar. こちらはアンナとマリアです. 彼女たちは先生です.
		中	þau	Þetta eru Jón og Anna. Þau eru Íslendingar. こちらはヨウンとアンナです. 彼らはアイスランド人です.
人以外複数		男	þeir	Þetta eru tómatar. Þeir eru rauðir. これらはトマトです. それらは赤いです.
		女	þær	Þetta eru appelsínur. Þær eru appelsínugular. これらはオレンジです. それらはオレンジ色です.
		中	þau	Þetta eru blóm. Þau eru hvít. これらは花です. それらは白いです.

なお，句や節をうける際には 3 人称中性単数形 það を用います．

Ég borða sjaldan hádegismat en ég ætla að gera það í dag.

　　私は滅多に昼食をとらないが，今日は食べる（←そうする）つもりである．

　　※この文では gera það が borða hádegismat〈朝食をとる〉をうけています．gera は動詞の反復を避けるために用いるいわゆる代動詞です（☞ ætla〈...つもりである〉の用法は 7.5）．

Ertu með kvef? – Já, ég held það.　　君，風邪？— うん，そうだと思う．

　　※ held は halda〈思う〉の一人称単数形で，その目的語 það は前文を受けています．kvef が〈風邪〉，vera með kvef〈風邪を引いている〉（☞ 7 章プラスワン）．☞ 疑問文の語順は 3.4．

3.3 ［人称代名詞＋人名・家族関係を表す名詞)］の表現

主に話し言葉で用いられる表現で，すでに知り合い，あるいは関係のある人に言及する際，人名あるいは家族関係を表す名詞の前に 3 人称の代名詞を置くことがあります．

Hann Gunnar drekkur ekki áfengi.　　　　（あの）グンナルはお酒を飲まない．※ áfengi 酒

Ég hringi í hana Freyju seinna.　　　　　私は後で（あの）フレイヤに電話します．

Hún litla systir mín á afmæli á morgun. （あの）私の妹は明日が誕生日です．

　　※ mín は所有代名詞 minn〈私の〉の女性単数主格形（☞ 6.1）．afmæli 誕生日．（☞ 7 章プラスワン）

Þau Einar og Helga eru hjón.　　　　　あのエイナルとヘルガは夫婦です．※ hjón 夫婦

話し手自身あるいは聞き手を含む複数人について述べる際，それぞれ［við ＋人名・家族名詞］〈私と...〉，［þið ＋人名・家族名詞]〈君と...〉という表現も用いられます．við/þið の後に特定の名詞の複数既知形が続くこともあります（☞ 既知形は 4 章）．

Við pabbi (＝ Ég og pabbi) komum aftur á morgun. 私とお父さんはまた明日来ます．

Þið Gunnar (＝ Þú og Gunnar) eruð vinir.　　　　君とグンナルは友達です．

Þið strákarnir borðið of mikið.　　君ら男の子たちは食べ過ぎです．※ strákarnir は主格形．

3.4 疑問文の語順

平叙文の基本語順は［主語＋動詞］（動詞が文要素の 2 番目）ですが，疑問文では主語と動詞を入れ替えて［動詞＋主語］の語順にします．動詞の形は平叙文の場合と同じですが，2 人称単数 þú が動詞の後にくるとき，動詞と þú が 1 語のように発音され，それに合わせて 1 語のように綴られることがあります（talar þú > talarðu, ert þú > ertu）．

Er	**hún**	**Íslendingur?**	彼女はアイスランド人ですか？
動詞	主語	補語	
Borða	**þau**	**brauð?**	彼らはパンを食べますか？
動詞	主語	目的語	

33

Talar þú/Talarðu japönsku?	君は日本語を話しますか？

このような疑問文に対しては，já〈はい〉あるいは nei〈いいえ〉で答えます．

Er hún kennari?	彼女は先生ですか？
– Já, hún er kennari.	はい，彼女は先生です．
– Nei, hún er ekki kennari.	いいえ，彼女は先生ではありません．
Borðarðu mikið?	君はたくさん食べますか？　※ borðar þú > borðarðu
– Já, ég borða mikið.	はい，私はたくさん食べます．
– Nei, ég borða ekki mikið.	いいえ，私はあまり食べません．

hvað〈何〉，hvenær〈いつ〉などの疑問詞は通常文頭に置かれます（☞ 17 章）．

Hvað er þetta?	これは何ですか？
Hvenær kemurðu heim?	いつ家に帰ってくるの？

　否定疑問文を作るときには，否定文の主語と動詞の語順を入れ替えます．ただし否定疑問文では答え方が já/nei ではなく，jú/nei となります．否定疑問文はアイスランド語と日本語で「はい」，「いいえ」が逆になるため，アイスランド語文と日本語訳とを比べると混乱するかもしれません．しかし実際の仕組みは単純で，返答の文が否定文なら答えには nei を，肯定文なら jú を使うと考えましょう（言い方を変えると，疑問文の段階で ekki を無視して考えて，答えが já なら jú，nei なら nei と言いましょう）．

Er hann ekki Íslendingur?	彼はアイスランド人ではないのですか？
– Jú, hann er Íslendingur.	いいえ，彼はアイスランド人です．
– Nei, hann er ekki Íslendingur.	はい，彼はアイスランド人ではありません．
Borðarðu ekki fisk?	君は魚を食べないのですか？
– Jú, ég borða fisk.	いいえ，私は魚を食べます．
– Jú jú, ég borða fisk.	いやいや，（もちろん）私は魚を食べます．

　※ jú を二つ重ねると，「もちろん」というニュアンスを出すことができます．

– Nei, ég borða ekki fisk.	はい，私は魚を食べません．

　平叙文に疑問を付加するいわゆる付加疑問の場合には文末に er það ekki をおきます．否定文に付加疑問をつける場合には er það とします．

Þú þekkir Jón, er það ekki?	君はヨウンを知っているのですよね？
Þú þekkir ekki Jón, er það?	君はヨウンを知らないのですよね？

3.5　代名詞の語順

　通常否定の副詞や頻度を表す副詞は動詞直後に置かれますが（☞ 1.4），動詞の目的語が代名詞のとき，これらの副詞は動詞直後ではなく目的語の後ろに置かれます．

34

Barnið	borðar	ekki	fisk.	その子供は魚を食べない.
主語	動詞	**副詞**	目的語	

Barnið	borðar	hann	ekki.	その子供はそれを食べない.
主語	動詞	目的語	**副詞**	

※この文の hann は男性名詞（fiskur〈魚〉など）を受ける人称代名詞 hann の対格形です.

Er mamma þín heima? 君のお母さんは家にいる？

– Ég veit það ekki. 私は知りません.

※ veit 知っている（vita の現在 1 人称単数）. það は直前の疑問文の内容を指しています.

二重目的語をとる文でも同様です（☞ 二重目的語について詳しくは 21.1）.

Hann	gefur	ekki	Ástu	gjöfina.	彼はアウスタにその贈り物をあげない.
主語	動詞	**副詞**	目的語	目的語	

Hann	gefur	henni	hana	ekki.	彼は彼女にそれをあげない.
主語	動詞	目的語	目的語	**副詞**	

※ gefur あげる, 渡す（gefa の現在 3 人称単数, 英語 give に相当）. 文中 henni は Ásta を, hana は gjöfina〈その贈り物（gjöf の単数対格既知形）〉を指しています（☞ 既知形は 4 章）.

3.6 倒置文の語順

1.4 では主語が文頭に置かれる文を取り上げましたが, アイスランド語では, 強調などの理由で, 目的語や, 時間・場所などを表す語句（副詞・副詞句）が文頭にくることがあります. このように主語以外の要素が文頭にくるとき, 動詞が文の要素の 2 番目におかれる規則のため, 主語と動詞の語順が入れ替わります.

Hann	bakar	stundum	smákökur.	彼は時々クッキーを焼く.
主語	**動詞**	副詞	目的語	

Smákökur	bakar	hann	stundum.	クッキーを彼は時々焼く.
目的語	**動詞**	主語	副詞	

Stundum	bakar	hann	smákökur.	時々彼はクッキーを焼く.
副詞	**動詞**	主語	目的語	

なお, það は英語の it と同じくそれ自体に（具体的な）意味を持たない形式主語として機能することがありますが, í dag〈今日〉などの副詞（句）が文頭にくる文や疑問文で倒置が起こるとしばしば省略され, 結果として主語のない文ができあがります（það の脱落について詳しくは 22 章を参照）.

Það	er	kalt	í Reykjavík	í dag.	今日レイキャヴィークは寒い.
主語	**動詞**	補語	副詞句	副詞句	

※英語の It is cold in Reykjavik today. に相当します.

35

Í dag	er	kalt	í Reykjavík.	今日レイキャヴィークは寒い．（主語なし）
副詞句	**動詞**	補語	副詞句	

Er	kalt	í Reykjavík	í dag?	今日レイキャヴィークは寒いですか？（主語なし）
動詞	補語	副詞句	副詞句	

※二つ目，三つ目の例文では，一つ目の例文の主語である það が脱落しています．

プラスワン：アイスランド語で自己紹介

ここでは自己紹介のときに役立つ表現を紹介します．まず，相手に名前を伝えるときには，動詞 heita〈…という名前である〉を用いて次のように言いましょう．

Hvað heitir þú?　あなたの名前は何ですか？

– Ég heiti Yuki.　私の名前はユキです．

※相手の名前を忘れてしまったら，後ろに aftur〈再び〉をつけ Hvað heitir þú aftur? と言ってもう一度名前を尋ねましょう．

出身地を聞きたいときには疑問詞 hvaðan〈どこから〉を用います．出身を聞かれた後で相手に聞き返す時には en þú?〈あなたは？〉と言います．

Hvaðan ertu?　どこからきたの？　※ ert þú を 1 語で綴ると ertu になります（☞ 3.4）．

– Ég er frá Japan, en þú?　日本からきました，あなたは？

話せる言語について聞きたいときには，mál/tungumál〈言語〉を用いて次のように尋ねます．tungumál の直前の hvaða は英語の which に相当する疑問詞です（☞ 17.1）．

Hvaða tungumál talar þú?　あなたはどの言語を話しますか？

– Ég tala japönsku, ensku og smá íslensku.

　私は日本語，英語，そして少しアイスランド語を話します．

※言語を表す多くの名詞は語末が -ska で終わります（女性名詞で文中は対格形，☞ 4.2）．上の文のように，自信がないときには smá〈少しの，ちょっとの〉をつけると良いでしょう．

第4章 強変化名詞②・弱変化名詞・名詞の既知形

4.1 家族関係を表す名詞 & その他の名詞

家族関係を表す名詞は，性が生物的な性に一致しますが，性に関係なく語形変化が似ています．語形変化は特殊で，単数対格・与格・属格，複数主格・対格が -ur で終わります．この -ur は複数与格・属格にも残りますが，母音で始まる語尾が続くため語尾直前の u が脱落します．また複数で systir〈姉, 妹〉を除き母音が変わります．

	単数	複数	単数	複数
主	faðir 父	feður	bróðir 兄, 弟	bræður
対	föður	feður	bróður	bræður
与	föður	feðrum	bróður	bræðrum
属	föður	feðra	bróður	bræðra
主	móðir 母	mæður	dóttir 娘	dætur
対	móður	mæður	dóttur	dætur
与	móður	mæðrum	dóttur	dætrum
属	móður	mæðra	dóttur	dætra

※ただし sonur〈息子〉は köttur〈猫〉や fjörður〈フィヨルド〉のパターンと同じです（☞ 2.2）．

vetur〈冬〉と fingur〈指〉は，どちらも男性名詞ですが単数主格の語末の -ur が主格の語尾ではありません．そのため，この -ur は他の格でも残りますが，母音で始まる語尾が続く単数与格・属格，複数与格・属格で -u- が脱落します．ただし，fingur の単数属格は語尾が -s のため -u- の脱落はなく，また複数主格・対格に語尾がつかないことから，単数主格・対格，複数主格・対格が同じ形になります．

	単数	複数	単数	複数
主	vetur 冬	vetur	fingur 指	fingur
対	vetur	vetur	fingur	fingur
与	vetri	vetrum	fingri	fingrum
属	vetrar	vetra	fingurs	fingra

さらに fótur〈足〉や maður〈男〉も不規則な変化をするので覚えておきましょう．

	単数	複数	単数	複数
主	fótur 足	fætur	maður 男	menn
対	fót	fætur	mann	menn
与	fæti	fótum	manni	mönnum
属	fótar	fóta	manns	manna

37

4.2 弱変化名詞の語形変化

弱変化名詞は単数形の変化が単純で，全ての性で対格・与格・属格が同じ形（中性名詞は全ての格で同じ形）です．この単数形の変化パターンは他の語形変化，特に形容詞の弱変化を学習するときにも使えるのでしっかりと確認しておきましょう．

弱変化男性名詞

単数主格形の語末の -i は弱変化男性名詞の単数主格語尾です．単数対格・与格・属格では，この単数主格形語末の -i を落とした上で -a をつけます．複数形は強変化男性名詞（hestur など）と基本的に同じですが，Ítali〈イタリア人〉や Dani〈デンマーク人〉など国民を表す語の中に複数主格で -ir，対格で -i をつけるものがあります．

	単数	複数	単数	複数
主	skóli 学校	skólar	Ítali イタリア人	Ítalir
対	skóla	skóla	Ítala	Ítali
与	skóla	skólum	Ítala	Ítölum
属	skóla	skóla	Ítala	Ítala

単数主格形が -(a)ndi で終わる語もこのグループに入りますが，このタイプの名詞は複数主格・対格語尾が -ur になります．また，複数で語尾直前の母音が a から e（下表 nemandi），ó から æ（下表 bóndi）に変わります．

	単数	複数	単数	複数
主	nemandi 学生	nemendur	bóndi 農民	bændur
対	nemanda	nemendur	bónda	bændur
与	nemanda	nemendum	bónda	bændum
属	nemanda	nemenda	bónda	bænda

例 **gluggi** 窓 / **pabbi** パパ / **penni** ペン / **áhorfandi** 視聴者 / **notandi** 利用者

弱変化女性名詞

①単数主格で -a，対格・与格・属格で -u をつけるグループ

単数主格形の語末の -a は弱変化女性名詞の単数主格語尾です．単数対格・与格・属格では，単数主格形の語末の -a を落とした上で -u をつけます．複数主格・複数対格語尾は -ur ですが，複数属格には -na をつけるものと -a をつけるものがあります．個別に覚える必要がありますが，語尾を除いた形（下表 peysa なら peys-）が j/n/r で終わる場合には語尾 -a をつける傾向があり，また gj/kj で終わる場合には j を落とした上で -na をつけます．なお，kona〈女性〉の複数属格は不規則で kvenna となります．

38

	単数	複数	単数	複数
主	peysa セーター	peysur	dýna マットレス	dýnur
対	peysu	peysur	dýnu	dýnur
与	peysu	peysum	dýnu	dýnum
属	peysu	peysa	dýnu	dýna
主	saga 話, 歴史	sögur	kirkja 教会	kirkjur
対	sögu	sögur	kirkju	kirkjur
与	sögu	sögum	kirkju	kirkjum
属	sögu	sagna	kirkju	kirkna

　例　**kona** 女性（複属 kvenna）/ **pera** 洋ナシ, 電球（複属 pera）/ **stelpa** 少女（複属 stelpna）/ **taska** 鞄（複属 taska/taskna）/ **tölva** コンピューター（複属 tölva）

②単数が全て同じ形のグループ

　単数が全て同じ形です．複数では，単数形の語末の -i を落として複数語尾（複数主格・対格で -ar）をつけますが，下表 athygli〈注意〉のように複数形がないものもあります.

	単数	複数	単数	複数
主	lygi 嘘	lygar	athygli 注意	-
対	lygi	lygar	athygli	-
与	lygi	lygum	athygli	-
属	lygi	lyga	athygli	-

　例　**feimni** 内気（単のみ）/ **gersemi** 宝 / **reiði** 怒り（単のみ）

弱変化中性名詞（身体部位などを表すごく一部の語）

　単数が全て同じ形で語末が -a で終わります．複数では，単数形の語末 -a を落とした上で，複数主格・対格で -u, 複数与格で -um, 複数属格で -na をつけます.

	単数	複数	単数	複数
主	auga 目	augu	hjarta 心, 心臓	hjörtu
対	auga	augu	hjarta	hjörtu
与	auga	augum	hjarta	hjörtum
属	auga	augna	hjarta	hjartna

　例　**eyra** 耳 / **lunga** 肺 / **nýra** 腎臓 / **þema** 主題, テーマ（複属 þema）

※ herra〈（敬称的に）男性, 主人〉や, sendiherra〈大使〉, ráðherra〈大臣〉は男性名詞.

4.3 人名の語形変化

アイスランド語では人名も格に合わせて形が変わりますが、基本的に男性名は男性名詞、女性名は女性名詞の変化パターンとなります（例外的に男性名 Sturla は女性名詞の弱変化パターン）。強変化の男性名では、属格で -s をつけるものと -ar をつけるものがあり、女性名では対格・与格で -u をつけるものと -i をつけるものがあります。

	男性名			女性名		
	弱変化	強変化		弱変化	強変化	
主	Guðni	Ólafur	Sigurður	Anna	Guðrún	Sigríður
対	Guðna	Ólaf	Sigurð	Önnu	Guðrúnu	Sigríði
与	Guðna	Ólafi	Sigurði	Önnu	Guðrúnu	Sigríði
属	Guðna	Ólafs	Sigurðar	Önnu	Guðrúnar	Sigríðar

4.4 名詞の未知形・既知形

名詞には未知形と既知形があります。英語でいえば、未知形は無冠詞あるいは不定冠詞のついた名詞に、既知形は定冠詞 the のついた名詞におおむね相当します。名詞の未知形は、初めて話題にのぼるなど、名詞が指す対象を聞き手が知らない、特定できないと話し手が考えている場合に用いられます（アイスランド語に不定冠詞はありません）。これまでの章で扱った名詞の語形変化は全て未知形のものです。

Ég er læknir.　　　　　　私は医者です。（英語：I am a doctor.）

Hann borðar appelsínu.　彼はオレンジを1つ食べる。（英語：He eats an orange.）

※ただしアイスランド語には不定冠詞がないことから、この文の目的語 appelsína〈オレンジ〉は数えられる "an orange"（形がくっきりしたオレンジ丸ごと1つ）と数えられない "orange"（境界のはっきりした丸い形を想定しないオレンジ）の両方の意味に解釈できます。

それに対し、名詞の既知形は、話し手と聞き手の間ですでに共通認識のあるもの、あるいは状況から特定可能なものに対して用いられます。このような場合、英語では定冠詞を用いますが、アイスランド語では名詞の最後にそれぞれの性・数・格に応じた語尾をつけて既知形を作ります。

4.5 既知形の語形変化

既知形語尾は強変化名詞（表左）と弱変化名詞（表右）で大きな違いはありません。弱変化名詞では、そのまま既知形語尾をつけると母音が連続してしまう場合に既知形語尾最初の母音 i が脱落します。また、複数与格語尾最後の m は、既知形語尾をつける際に脱落します。その際、既知形複数与格の語末 -unum の1つ目の u は o のような発音になります（hestunum は [hɛstɔnʏm]）。加えて、男性名詞の複数主格および女

性名詞の複数主格・対格では rn のコンビネーションがあるため，弱い t の音が挿入されます（hestarnir が [hɛstatnɪr] など）．

男性名詞

	単数	複数	単数	複数
主	hesturinn その馬	hestarnir	skólinn その学校	skólarnir
対	hestinn	hestana	skólann	skólana
与	hestinum	hestunum	skólanum	skólunum
属	hestsins	hestanna	skólans	skólanna

女性名詞

	単数	複数	単数	複数
主	myndin その絵	myndirnar	sagan その物語	sögurnar
対	myndina	myndirnar	söguna	sögurnar
与	myndinni	myndunum	sögunni	sögunum
属	myndarinnar	myndanna	sögunnar	sagnanna

中性名詞

	単数	複数	単数	複数
主	barnið その子供	börnin	augað その目	augun
対	barnið	börnin	augað	augun
与	barninu	börnunum	auganu	augunum
属	barnsins	barnanna	augans	augnanna

4.6 既知形の用法

既知形は，聞き手と話し手の間で共通認識がある（と話し手が思っている）対象について用いられます．下の3例の最初の2文では，話し手も聞き手もそれぞれ strákurinn〈少年〉と barnið〈子供〉が具体的に誰を指しているのか分かっていることが想定されています．最後の文では sól〈太陽〉が既知形ですが，太陽はそもそも1つしか存在しないため共通認識があるのは自然なことです．

Strákurinn er frá Kína.	その少年は中国出身です．
Hann þekkir barnið mjög vel.	彼はその子供をとてもよく知っている．※ vel よく
Sólin lækkar á lofti.	太陽が沈む．　※ lækka 下げる，下がる

また，身体部位など英語では所有代名詞が用いられるところでアイスランド語は既知形を用います．英語ではしばしば無冠詞の複数形が用いられるような種族全体を表す総称表現についてもアイスランド語では単数既知形が用いられます．

Hann hristir höfuðið.　　　彼は首を横に振る．（英語：He shakes his head.）※ höfuð 頭
Íslenski hesturinn er smávaxinn.　アイスランドの馬は体が小さい．

※形容詞 smávaxinn〈体が小さい〉の vaxinn は元々 vaxa〈成長する〉の過去分詞（☞ 22.1）．
なお，既知形は名詞に所有代名詞が後続する場合にも用いられます（☞ 6.1）．

プラスワン：アイスランド人の名前

　アイスランド人には一部を除き名字がなく，現在でも父称（あるいは母称）を用います．男性の場合は［父親（母親）の名前の属格 + son］〈...の息子〉，女性の場合は［父親（母親）の名前の属格 + dóttir］〈...の娘〉となります．本来 son の単数主格は sonur ですが，人名の場合には主格・対格ともに son となります．サッカーの国際試合などでアイスランドチームのほとんどの選手が「...ソン」で終わることを不思議に思ったことがあるかもしれませんが，それは現在でもこの父称が用いられているためです．

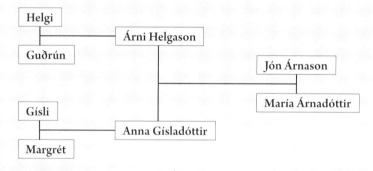

　上のような家族を例にとって見てみましょう．父 Helgi と母 Guðrún との間に生まれた息子 Árni は Árni Helgason，父 Gísli と母 Margrét との間に生まれた娘 Anna は Anna Gísladóttir となり，その二人の間に生まれた息子 Jón と娘 María はそれぞれ Jón Árnason，María Árnadóttir となります．この慣習自体は現代の大陸北欧諸国にはもはや残っていませんが，いくつかの名字の中にその名残りが見られます．アンデルセン童話で有名な H. C. Andersen やムーミンの作者 Tove Jansson の名前もこの名残りの一つです．

第5章 形容詞

5.1 形容詞の強変化

　形容詞は関係する（代）名詞の性・数・格にしたがって形が変化します．基本的に，各形容詞に強変化と弱変化の両方があり，関係する名詞の未知・既知により強変化と弱変化を使い分けます．まずは形容詞の語形変化について確認しましょう．形容詞に共通する特徴は次の通りです．

・女性複数主格・対格，および中性単数主格・対格がそれぞれ同じ形になります．
・女性単数主格と中性複数主格・対格が全て同じ形になります．ここでは，男性単数主格形で第1音節の母音がaであればöに変わります（langur〈長い〉など）．ただし，形容詞の接尾辞-leg-がついている場合，第1音節の母音がaであっても続く第2音節の母音がa以外であればaの変化はありません．第2音節の母音がaであれば，最初のaはöに，2つ目のaはuに変わります．
・第1音節の母音がaの場合，語尾が-u-で始まる男性・中性単数与格，男性・女性・中性複数与格でaからöに変わります（ただし男性単数主格では変化なし）．
・複数与格は全ての性で同じ形に，かつ複数属格も全ての性で同じ形になります．

強変化グループ1

　形容詞の見出し語形は男性単数主格形ですが，語形変化を考える際には，ほとんどの場合，女性単数主格形を基準とします．ただし，男性単数主格形で第1音節の母音がaの場合は女性単数主格形でöに変わることがあり，その場合は母音のみ男性単数主格形のものを基準とします．言い換えると，見出し語形（男性単数主格形）から男性単数主格語尾（このグループであれば-ur）を除いた形が基準となります．例えば，langur〈長い〉の語形変化はlang-を，fallegur〈美しい〉はfalleg-を基準に考えます．

　以上の形を基準として，形容詞には性・数・格に合わせて異なる語尾がつきます．語尾の形は表中の下線の通りです．このグループは最も基本的な変化パターンにしたがうので，まずはこのグループの形容詞の語形変化をしっかりと覚えてください．

43

		単数			複数		
		男性	女性	中性	男性	女性	中性
主		langur 長い	löng	langt	langir	langar	löng
対		langan	langa	langt	langa	langar	löng
与		löngum	langri	löngu	löngum	löngum	löngum
属		langs	langrar	langs	langra	langra	langra
主		fallegur 美しい	falleg	fallegt	fallegir	fallegar	falleg
対		fallegan	fallega	fallegt	fallega	fallegar	falleg
与		fallegum	fallegri	fallegu	fallegum	fallegum	fallegum
属		fallegs	fallegrar	fallegs	fallegra	fallegra	fallegra

例　**ríkur** 裕福な / **þykkur** 厚い / **frægur** 有名な / **skemmtilegur** 面白い

　なお，第1音節の母音の直後に -dd-/-ð-/-tt- が続く形容詞の中性単数主格・対格形は少し特殊で，母音の直後に t を 2 つ重ねます．また，第1音節の母音の後に子音を1つ挟んで -d-/-ð-/-t- が続く形容詞の中性単数主格・対格形は子音の後に t を 1 つ続けます．

［母音 + dd/ð/tt］ 男単主	［母音 + tt］ 中単主・対	［子音 + d/ð/t］ 男単主	［子音 + t］ 中単主・対
saddur 満腹の	**satt**	**kaldur** 寒い	**kalt**
hraður 早い	**hratt**	**harður** 固い	**hart**
brattur 急な	**bratt**	**fastur** 固定した	**fast**

※その他，例外的に góður〈良い〉の中性単数主格・対格形は gott，sannur〈本当の〉の中性単数主格・対格形は satt になります．

強変化グループ 2：-r/-s で終わる形容詞・子音＋n で終わる形容詞

　このグループには男性単数主格語尾 -ur がつきません．したがって，男性単数主格形の第1音節の母音が a でなければ男性・女性単数主格が同じ形になります．このグループの語形変化は，男性単数主格形を基準に考えましょう（stór の場合は stór-）．

		単数			複数		
		男性	女性	中性	男性	女性	中性
主		stór 大きい	stór	stórt	stórir	stórar	stór
対		stóran	stóra	stórt	stóra	stórar	stór
与		stórum	stórri	stóru	stórum	stórum	stórum
属		stórs	stórrar	stórs	stórra	stórra	stórra

44

	単数			複数		
	男性	女性	中性	男性	女性	中性
主	ljós 明るい	ljós	ljóst	ljósir	ljósar	ljós
対	ljósan	ljósa	ljóst	ljósa	ljósar	ljós
与	ljósum	ljósri	ljósu	ljósum	ljósum	ljósum
属	ljóss	ljósrar	ljóss	ljósra	ljósra	ljósra
主	jafn 等しい	jöfn	jafnt	jafnir	jafnar	jöfn
対	jafnan	jafna	jafnt	jafna	jafnar	jöfn
与	jöfnum	jafnri	jöfnu	jöfnum	jöfnum	jöfnum
属	jafns	jafnrar	jafns	jafnra	jafnra	jafnra

　語末が -ss の語は男性・中性単数属格で -s- が，-rr の語は女性単数与格・属格および男性・女性・中性複数属格で -r- が一つ脱落します．つまり -r-/-s- について，それぞれ同じ文字が 3 つ連続することはありません．

	単数			複数		
	男性	女性	中性	男性	女性	中性
主	hress 元気な	hress	hresst	hressir	hressar	hress
対	hressan	hressa	hresst	hressa	hressar	hress
与	hressum	hressri	hressu	hressum	hressum	hressum
属	hress	hressrar	hress	hressra	hressra	hressra
主	kyrr 静かな	kyrr	kyrrt	kyrrir	kyrrar	kyrr
対	kyrran	kyrra	kyrrt	kyrra	kyrrar	kyrr
与	kyrrum	kyrri	kyrru	kyrrum	kyrrum	kyrrum
属	kyrrs	kyrrar	kyrrs	kyrra	kyrra	kyrra

　例　**dýr** 高価な / **laus** 自由な，解けた / **hvass** 鋭い / **þurr** 乾いた

強変化グループ 3：男性単数主格形が母音 á/ó/ú/ý/æ ＋語尾 -r で終わる形容詞

　このグループの形容詞の男性単数主格形語末の -r は（グループ 2 の語とは異なり）語尾のため，女性単数主格形にこの -r はつきません（語形変化は女性単数主格形を基準に考えます）．変化パターンはこれまでのものと大きく違いはありませんが，中性単数主格・対格語尾は -tt，また女性単数与格・属格および男性・女性・中性複数属格では -r- を 2 つ重ねます．また，第 1 音節の母音が ý/æ で語尾が -a-/-u- で始まる場合，語尾直前に -j- を挿入します．

	単数			複数		
	男性	女性	中性	男性	女性	中性
主	hár 高い	há	hátt	háir	háar	há
対	háan	háa	hátt	háa	háar	há
与	háum	hárri	háu	háum	háum	háum
属	hás	hárrar	hás	hárra	hárra	hárra
主	nýr 新しい	ný	nýtt	nýir	nýjar	ný
対	nýjan	nýja	nýtt	nýja	nýjar	ný
与	nýjum	nýrri	nýju	nýjum	nýjum	nýjum
属	nýs	nýrrar	nýs	nýrra	nýrra	nýrra

例 **blár** 青い / **grár** 灰色の / **hlýr** 暖かい（男単対 hlýjan）/ **hrár** 生の / **gagnsær** 透き
通った，透明な（= gegnsær，男単対 gagnsæjan）/ **mjór** 細い

※ gagnsær と gegnsær は綴りが異なりますが，意味の違いはありません.

強変化グループ4：男性単数主格形が -ll/-nn で終わる形容詞

男性単数主格形の最後の -l/-n は男性単数主格語尾 -r が直前の子音に同化したもの
です（よって語形変化は男性単数主格形語末の -l/-n を除いた形を基準に考えます），
このグループでは，同様の現象が女性単数与格・属格および男性・女性・中性複数属
格でも起こり，語尾最初の -r- がその直前の子音 -l/-n に同化します.

sæll の女性単数与格形：sæl- + -ri > sæl-ri > sælli

grænn の女性単数属格形：græn- + -rar > græn-rar > grænnar

	単数			複数		
	男性	女性	中性	男性	女性	中性
主	sæll 幸運な	sæl	sælt	sælir	sælar	sæl
対	sælan	sæla	sælt	sæla	sælar	sæl
与	sælum	sælli	sælu	sælum	sælum	sælum
属	sæls	sællar	sæls	sælla	sælla	sælla
主	grænn 緑色の	græn	grænt	grænir	grænar	græn
対	grænan	græna	grænt	græna	grænar	græn
与	grænum	grænni	grænu	grænum	grænum	grænum
属	græns	grænnar	græns	grænna	grænna	grænna

このグループには2音節の形容詞がありますが，母音で始まる語尾がつくとき2
音節目の母音が脱落します. また，語末が -inn で終わる形容詞は，男性単数主格・
対格が同じ形で，かつ中性単数主格・対格で語末が -ið になります. 強変化動詞の過
去分詞の多くはこれと同じ変化パターンになります（☞ 過去分詞については 22.1）.

gamall の男性単数対格形：gamal- + -an > gamal-an > gamlan

fyndinn の男性複数主格形：fyndin- + -ir > fyndin-ir > fyndnir

	単数			複数		
	男性	女性	中性	男性	女性	中性
主	gamall 古い	gömul	gamalt	gamlir	gamlar	gömul
対	gamlan	gamla	gamalt	gamla	gamlar	gömul
与	gömlum	gamalli	gömlu	gömlum	gömlum	gömlum
属	gamals	gamallar	gamals	gamalla	gamalla	gamalla
主	fyndinn 面白い	fyndin	fyndið	fyndnir	fyndnar	fyndin
対	fyndinn	fyndna	fyndið	fyndna	fyndnar	fyndin
与	fyndnum	fyndinni	fyndnu	fyndnum	fyndnum	fyndnum
属	fyndins	fyndinnar	fyndins	fyndinna	fyndinna	fyndinna

　なお，mikill〈（数えられないものについて）たくさんの，大きい〉と lítill〈小さい〉
も語末が -ll で終わりますが，語形変化が直前のものとわずかに異なり，男性単数対
格形がそれぞれ mikinn/lítinn になります．また，（fyndinn と同じく）中性単数主格・
対格がそれぞれ mikið/lítið になり，さらに lítill では 2 つ目の母音が脱落するとき 1
つ目の母音 í が i に変わります．

	単数			複数		
	男性	女性	中性	男性	女性	中性
主	mikill たくさんの	mikil	mikið	miklir	miklar	mikil
対	mikinn	mikla	mikið	mikla	miklar	mikil
与	miklum	mikilli	miklu	miklum	miklum	miklum
属	mikils	mikillar	mikils	mikilla	mikilla	mikilla
主	lítill 小さい	lítil	lítið	litlir	litlar	lítil
対	lítinn	litla	lítið	litla	litlar	lítil
与	litlum	lítilli	litlu	litlum	litlum	litlum
属	lítils	lítillar	lítils	lítilla	lítilla	lítilla

　例　**brúnn** 茶色の／**fínn** 良い，精巧な／**seinn** 遅い／**vinsæll** 人気のある／**feginn**
　　　心が軽くなって，嬉しい／**lasinn** 体調が悪い／**skrýtinn** 奇妙な（= skrítinn）
　※ skrýtinn と skrítinn は，綴りは異なりますが意味の違いはありません．

強変化グループ 5：語末の -ur が語尾ではない（語幹の一部である）形容詞

　男性単数主格形の語末の -ur は語尾ではないため，男性単数主格形の第 1 音節の母
音が a でなければ男性・女性単数主格が同じ形になります．また，gamall や fyndinn
と同じく，母音で始まる語尾が続くと -ur の u が脱落します．

47

dapur の男性複数主格形：dapur- ＋ -ir > dapu̵rir > daprir

	単数			複数		
	男性	女性	中性	男性	女性	中性
主	dapur 悲しい	döpur	dapurt	daprir	daprar	döpur
対	dapran	dapra	dapurt	dapra	daprar	döpur
与	döprum	dapurri	döpru	döprum	döprum	döprum
属	dapurs	dapurrar	dapurs	dapurra	dapurra	dapurra
主	vitur 賢い	vitur	viturt	vitrir	vitrar	vitur
対	vitran	vitra	viturt	vitra	vitrar	vitur
与	vitrum	viturri	vitru	vitrum	vitrum	vitrum
属	viturs	viturrar	viturs	viturra	viturra	viturra

例 **fagur** 美しい ※このグループに入る形容詞の数は多くありません.

5.2 形容詞の弱変化

弱変化のパターンは強変化よりも単純です. 単数は弱変化名詞単数形の変化パターンと同じで, 男性単数主格で語末に -i, 斜格（対格・与格・属格）で a, 女性単数主格で -a, 斜格で -u, 中性単数の全ての格で -a をつけます. 複数では性・格に関わらず全て同じ形で語末に -u をつけます. 第1音節の母音がaのものは, 語尾が母音 u で始まるとき ö に変わります. また, 2音節の形容詞は（後に続く語尾が全て母音で始まるため）2音節目の母音が脱落します（下表 gamall を参照）. さらに, nýr のタイプ（第1音節の母音が ý または æ）は, 男性単数主格以外で語尾直前に -j- を挿入します.

	単数			複数		
	男性	女性	中性	男性	女性	中性
主	langi 長い	langa	langa	löngu	löngu	löngu
斜	langa	löngu	langa	löngu	löngu	löngu
主	gamli 古い	gamla	gamla	gömlu	gömlu	gömlu
斜	gamla	gömlu	gamla	gömlu	gömlu	gömlu
主	nýi 新しい	nýja	nýja	nýju	nýju	nýju
斜	nýja	nýju	nýja	nýju	nýju	nýju

5.3 強変化・弱変化の用法

形容詞は, 文中での役割によって強変化と弱変化を使い分けます. 一言でいえば, 叙述用法, また限定用法で名詞の未知形を修飾するときには強変化を, 限定用法で名

48

詞の既知形を修飾するときには弱変化を用います．以下で詳しく見ていきましょう．

（vera/verða をともない）主語を叙述する補語になるとき（叙述用法，強変化）

　連結動詞 vera〈...である〉の後に，主語に関する説明を加える形容詞（補語）を続けることができます（いわゆる叙述用法，英語の第 2 文型（SVC）に相当）．このとき形容詞は強変化となり，語形は主語となる（代）名詞の性・数に合わせます．主語が未知形であるか既知形であるかは形容詞の語形に関係しません．基本的に，主語の名詞は主格を取ることが多く，その場合，形容詞も主格形にします．

<u>Hann</u> er <u>ungur</u>.	彼は若い．※ ungur 若い（の男単主）
<u>Bækurnar</u> eru <u>skemmtilegar</u>.	それらの本は面白い．※ skemmtilegur 面白い（の女複主）
<u>Barnið</u> er <u>þreytt</u>.	その子供は疲れている．※ þreyttur 疲れている（の中単主）

　主語が ég〈私〉や þú〈あなた〉のときには，人称代名詞が指す人物の性によって男性単数，女性単数が使い分けられます．同様に við〈私たち〉や þið〈あなたたち〉も男性グループなのか，女性グループなのか，あるいは男女混合なのかに合わせてそれぞれ男性複数，女性複数，中性複数が使い分けられます．

<u>Ég</u> er <u>ungur/ung</u>.	私（男性／女性）は若い．
<u>Við</u> erum <u>ungir/ungar/ung</u>.	私たち（男性／女性／男女混合）は若い．

　動詞 verða（☞ 10.2, 11.1 も参照のこと）は意味的に vera の未来版といえる語ですが，英語の become に相当する〈...になる〉という意味も表します．

<u>Leikurinn</u> verður <u>skemmtilegur</u>.	その試合は面白くなる．
<u>Maðurinn</u> verður aldrei <u>veikur</u>.	その男性は決して病気にならない．

　なお，形容詞を強めるには副詞 mjög〈とても〉を形容詞の直前におきます．alveg〈完全に〉や afar〈かなり〉，of〈あまりに...，...すぎて〉，tiltölulega〈わりと，比較的〉などの副詞も形容詞の前でよく用いられます．反対に程度が少しである場合，nokkuð〈いくらか，まあまあ〉や svolítið/dálítið/eilítið〈少し，ちょっと〉を用います．

Hann er <u>mjög</u> ungur.	彼はとても若い．
Það er <u>alveg</u> rétt.	全くもって正しい．※ réttur 正しい（の中単主）
Þessi taska er <u>of</u> lítil.	このかばんは小さすぎる．※例文の þessi〈この〉は女単主（☞ 6.3）
Bærinn er <u>tiltölulega</u> stór.	その町はわりと大きい．

　※この他，dauðþreyttur〈死ぬほど疲れた〉のように，接頭辞（ここでは dauð-）をつけて意味を強めることができるものもあります（☞ 本章プラスワン）．

Hann er <u>nokkuð</u> ánægður með þjónustuna. ※ þjónusta サービス

　彼はそのサービスにまあまあ満足している．

Það er <u>svolítið</u> kalt í dag. 今日はちょっと寒い．

49

目的語を叙述する補語になるとき（叙述用法，強変化）

　形容詞が目的語を叙述する補語になる（英語の第5文型（SVOC）に相当）とき，その形容詞は強変化になります．この構文では，何かを作ったり変化させたりする意味を持つ動詞がしばしば用いられ，主に「あるもの（目的語）をある状態（形容詞）にする」事態を表します．このとき形容詞は目的語の後ろに置かれますが（[動詞＋目的語＋補語]），そのとき形容詞は目的語の性・数・格に一致させます．

　　Þeir ætla að <u>mála húsið hvítt</u>.　　彼らはその家を白に塗るつもりです．

　　※ mála〈塗る〉は対格目的語をとる動詞のため（☞ 7章），直後の目的語 húsið は対格です．そして húsið が中性名詞の単数対格形であるため，形容詞 hvítur〈白い〉も同じ中性単数対格形 hvítt の形をとります．

　　Þú gerir mig <u>hræddan/hrædda</u>.　　あなたは私（男性／女性）を怖がらせる．

　　※目的語が mig のとき，mig の指す人物の性別によって形容詞の形が変わります．文中の hræddan は男性単数対格，hrædda は女性単数対格形（☞ 5.1 の形容詞強変化グループ 1）．

限定用法で名詞の未知形を修飾するとき（限定用法，強変化）

　名詞を直接修飾するとき，通常形容詞は名詞の前に置かれます．修飾する名詞が未知形なら直前の形容詞は強変化となり，性・数・格は修飾する名詞に合わせます．

　　Reykjavík er <u>falleg borg</u>.　　レイキャヴィークは美しい街です．

　　※ borg（女性名詞 borg〈街〉の単主）を修飾する形容詞は女性単数主格形．

　　Stelpan ætlar að kaupa <u>hlýja peysu</u>.　　その少女は暖かいセーターを買うつもりです．

　　※ peysu（女性名詞 peysa〈セーター〉の単対）を修飾する形容詞は女性単数対格形．

限定用法で名詞の既知形を修飾するとき（限定用法，弱変化）

　形容詞が名詞の既知形の直前に置かれるとき（形容詞が名詞の既知形を修飾するとき），その形容詞は弱変化となります．また，形容詞が指示代名詞 þessi〈この，その〉や定冠詞 hinn をともなう名詞句の中で用いられるときも弱変化の形をとります．アイスランドの温泉施設ブルーラグーン（"Bláa lónið"）やアメリカのホワイトハウス（"Hvíta húsið"）などの固有名詞でもこの形式をとるものがあります．

　　Hann talar við <u>gamla manninn</u>.　　彼はその年をとった男性と話します．

　　Við flytjum inn í <u>nýja húsið</u>.　　私たちはその新しい家に引っ越します．

　　Það er ekki auðvelt að svara <u>þessari stóru spurningu</u>.　　※☞ þessi の語形については 6.3.

　　　　その大きな問いに答えるのは容易ではありません．

　　<u>Svarti bíllinn</u> er nýr.　　その黒い車は新しいです．　　※叙述的に用いられた nýr〈新しい〉は強変化．

なお，定冠詞 hinn の語形変化は次の通りです．

50

	単数			複数		
	男性	女性	中性	男性	女性	中性
主	hinn	hin	hitt	hinir	hinar	hin
対	hinn	hina	hitt	hina	hinar	hin
与	hinum	hinni	hinu	hinum	hinum	hinum
属	hins	hinnar	hins	hinna	hinna	hinna

定冠詞 hinn を使うと格式ばった表現になるため，日常的な話し言葉ではあまり用いません．また使用できるのは次に形容詞が続く場合に限られ，形容詞は弱変化，名詞は未知形となります．ただし hinn には指示代名詞の用法もあります（☞ 23.1）．

Það er bara hið minnsta mál.　それは全くささいな問題にすぎない．

※ minnsta は lítill〈小さい〉の最上級（☞ 24 章）．

5.4 不変化の形容詞

形容詞の中には名詞の性・数・格の影響を受けず語形が変化しないものがあります．このタイプの形容詞の多くは -a で終わり，強変化や弱変化もありません．また，現在分詞由来の形容詞も基本的に不変化ですが，こちらは 7.6 で取り上げます．

andvaka	眠れずに，起きて	**einmana**	一人ぼっちの	**einnota**	使い捨ての
ekta	本物の，真の	**forviða**	とても驚いた	**hissa**	驚いた
hugsi	物思いに耽っている	**ósammála**	反対している	**samferða**	一緒に行って
sammála	賛成している	**sjálfkrafa**	自動の		

※この他 einstaka/einstöku〈個々の，単独の〉はどちらも不変化で，意味的な違いもありません．
※ forviða，hissa，ósammála，samferða，sammála は叙述用法でのみ用いられます．また，口語ですが英語借用の töff〈イカした〉，næs〈良い，優しい〉，kúl〈素敵な〉も不変化です．

Hann er/Hún er/Þær eru mjög hissa.　彼／彼女／彼女たちはとても驚いている．

Þetta er ekta íslenskur lakkrís.　これが正真正銘のアイスランドのリコリスです．

Þetta er ekta íslensk lopapeysa.　これが本物のアイスランドの羊毛セーターです．

Þetta er ekta íslenskt veður.　これが真のアイスランドの天気です．

※ ekta の後の形容詞 íslenskur〈アイスランドの〉は続く名詞の性に合わせて語形が変わります（lakkrís〈リコリス〉は男性，lopapeysa〈羊毛セーター〉は女性，veður〈天気〉は中性）．

5.5 形容詞と格

形容詞の中には，その前後に斜格の（代）名詞をともなうものがあります．ほとんどの場合は与格が選ばれ［与 + 形容詞］または［形容詞 + 与］の形式をとります．このタイプの形容詞の多くは 2 つのものの比較や関係性を表します．

fjarlægur	遠い	jafn	等しい	líkur	似ている
nálægur	近い	ólíkur	似ていない	ósammála	反対している
ósvipaður	似ていない	óvanur	慣れていない	sammála	賛成している
skyldur	親戚である	svipaður	似ている	tengdur	つながっている
vanur	慣れている	þakklátur	感謝している		

※ ósviðaður はしばしば二重否定で用いられます.

Hann er skyldur mér.　　　　　　彼は私と親戚である.

Ég er alveg sammála þessu.　　　私は完全にそれに賛成である.

Ég er þér þakklátur fyrir hjálpina. 助けていただいてあなたに感謝しています.

Ég er vanur köttum.　　　　　　私は猫に慣れている.

　形容詞が vera/verða の後に置かれる（つまり補語として用いられる）とき，通常形容詞の性・数は主語である名詞の性・数に一致し，格は主語の格に合わせて主格となります．しかし，主語が有生物であり，かつ形容詞が主語の身体的感覚や感情を表すとき［与 + er/verður + 形容詞中性単数主格］の形式をとることがあります．この形式をとる形容詞には次のようなものがあります（☞ 21.2）.

flökurt 吐き気がする	heitt 暑い(男単主 heitur)	illt 調子が悪い(男単主 illur)
kalt 寒い(男単主 kaldur)	sama 同じ，どうでもよい	

Mér er kalt/heitt.　　　　　私は寒い／暑い.

Okkur er kalt/heitt.　　　　私たちは寒い／暑い.

　※ mér でも okkur でも動詞 vera は三人称単数の形をとります.

Mér er illt í maganum.　　　お腹の調子が悪い.

Mér er alveg sama um þetta. そんなこと私には全くもってどうでもいい.

プラスワン：否定・反対を表す接頭辞 ó-

「否定・反対」を表す ó- はよく用いられる接頭辞の一つです．ó- がつく語は数が多く全てを挙げることはできませんが，よく使われる語には次のようなものがあります．

ánægður	満足した	óánægður	不満な
dýr	高価な	ódýr	安い
hollur	健康的な	óhollur	体に悪い
kurteis	礼儀正しい	ókurteis	無礼な
líklegur	起こりうる	ólíklegur	ありえそうにない
sammála	賛成している	ósammala	反対している
venjulegur	普通の	óvenjulegur	珍しい
þekktur	よく知られた	óþekktur	知られていない
þolandi	耐えられる	óþolandi	耐えられない
þolinmóður	忍耐強い	óþolinmóður	我慢していられない
þægilegur	快適な	óþægilegur	不快な

この他にもアイスランド語には「数が多い」ことを表す fjöl-（fjölmiðill〈マスメディア〉, fjölskylda〈家族〉）や「度を越している」ことを表す of-（ofnæmi〈アレルギー〉, ofnota〈使いすぎる〉, ofmeta〈過大評価する〉），「否定・欠如」を表す van-（vanlíðan〈不快感〉, vankunnátta〈無知〉, vanmeta〈過小評価する〉），「反対」を表す and-（andstæður〈反対の〉, andheiti〈反意語〉），「共に・一緒に」を表す sam-（samband〈関係, つながり〉, samfélag〈社会, コミュニティ〉）など様々な接頭辞があります．

第6章 所有代名詞・指示代名詞・不定代名詞①

6.1 所有代名詞

1人称，2人称単数の所有関係について述べるときには所有代名詞 minn〈私の〉，þinn〈あなたの〉を用います．これらの代名詞は通常名詞の直後に置かれ，名詞の性・数・格に合わせて形が変わります（minn/þinn が指す人物の性は関係ありません）．その変化は名詞の既知形語尾の形によく似ていますが，語中の母音について，直後の子音 n が二つのときには i を，一つのときには í を用いるので注意してください．

	単数			複数		
	男性	女性	中性	男性	女性	中性
主	minn	mín	mitt	mínir	mínar	mín
対	minn	mína	mitt	mína	mínar	mín
与	mínum	minni	mínu	mínum	mínum	mínum
属	míns	minnar	míns	minna	minna	minna
主	þinn	þín	þitt	þínir	þínar	þín
対	þinn	þína	þitt	þína	þínar	þín
与	þínum	þinni	þínu	þínum	þínum	þínum
属	þíns	þinnar	þíns	þinna	þinna	þinna

所有代名詞を名詞の直後に置くとき，その名詞は既知形となります．

Þetta er bókin þín.　　これはあなたの本です．※☞ þetta については 6.3．

Viltu lána mér bókina þína?　　あなたの本を私に貸してくれますか？

Uppáhaldsmaturinn minn er pitsa.　　私の好物はピザです．

※ uppáhald〈お気に入り，好きなもの〉の単数属格形 uppáhalds- は，uppáhaldslitur〈好きな色〉や uppáhaldsbók〈お気に入りの本〉のように名詞にくっついて用いられることがあります．

これ以外の 1・2 人称複数や 3 人称の所有関係について述べるときには人称代名詞の属格形が用いられます．これらは全て不変化で，一緒に用いる名詞の性・数・格に一致させる必要はありません（直前の例文と次の例文を見比べてみてください）．

1人称複数	okkar	私たちの	2人称複数	ykkar	あなたたちの
3人称単数男性	hans	彼の	3人称単数女性	hennar	彼女の
3人称単数中性	þess	その	3人称複数	þeirra	彼らの，それらの

Þetta er bókin hans.　　これは彼の本です．

Viltu lána mér bókina hans?　　彼の本を私に貸してくれますか？

Uppáhaldsmaturinn hans er pitsa.　　彼の好物はピザです．

所有代名詞や人称代名詞の属格形は単独で用いることもできます．

Veskið þitt er ekki hér. Þetta er mitt.

あなたのハンドバッグはここにはないですよ．それは私のです．

所有代名詞および人称代名詞の属格形は，所有関係の強調や対比などの目的で名詞の前に置くこともできますが，その場合，修飾される名詞は未知形となります．

Þetta er þitt herbergi.　　　こちらが（他の人のではなく）あなたの部屋です．

Þetta er mín bók, ekki hans.　これは私の本で，彼のではない．

また，これらの代名詞の直前に置く名詞が家族や友人を表す語である場合にも未知形を用います．名詞の前におく形容詞は弱変化となります．

Sonur hans heitir Gunnar.　　彼の息子の名前はグナルである．

Ég hjálpa vinum mínum.　　　私は私の友人たちを手伝う．

※ pabbi minn〈私のお父さん〉，vinkona mín〈私の女友達〉など．ただし maður〈夫〉，kona〈妻〉は（＋しばしば kærasti〈彼氏〉，kærasta〈彼女〉も）既知形をとります（例 konan mín〈私の妻〉）．

Hann er besti vinur minn.　　彼は私の一番の友人である．

※ besti は góður〈良い〉の最上級（bestur）の男性弱変化単数主格形です（☞ 24.2）．

加えて skoðun〈意見〉，athygli〈注意〉，áhugi〈興味〉などの抽象名詞もこれらの代名詞の前で未知形をとることがあります（直前に形容詞を置く場合は強変化）．

Pólitísk skoðun hans er enn óbreytt.　　彼の政治的見解は未だに変わっていない．

その他，形容詞 eigin〈自身の〉が名詞の前に置かれることがあります（名詞の後に置かれることはありません）．eigin はほぼ不変化ですが，中性単数主格・対格で eigið となります．また，まれに男性単数主格・対格が eiginn になることがあります．さらに eigin の前には所有代名詞を置くこともできます．

Við þurfum að taka ábyrgð á eigin lifi.　　私たちは自分自身の人生に責任を持つ必要がある．

※［þurfa að ＋不定詞］〈...する必要がある〉（☞ 10.2）

Ég opna mitt eigið kaffihús í mars.　　　私は 3 月に自分のカフェをオープンする．

6.2 所有関係を表すその他の表現

さらに，名詞の属格形を用いて所有関係を表すことがあります．名詞の属格形は所有対象を表す名詞の後ろに置かれますが，その名詞の性・数・格によって形が変わることはありません．また，このとき所有対象を表す名詞は未知形となります．

Þetta er penni mannsins.　　これはその男のペンです．

Hann bjargar lífi mannsins.　彼はその男の命を救う．

※ penni は男性単数主格形，lifi は中性単数与格形ですが，後続する mannsins はどちらも同じ形（maður の男性単数属格既知形）をとっています．

55

Þetta er bíll Jóns.　　　　これはヨウンの車です.

　所有者として名前を用いる場合には, しばしば名前の直前に対応する人称代名詞属格形が挿入されます. このとき, 修飾される名詞は既知形となります. pabbi〈お父さん〉や mamma〈お母さん〉など家族関係を表す名詞でも同様の用法が見られます. この表現は特に口語で用いられます (☞ 3.3).

Þetta er bíllinn hans Jóns (= bíll Jóns).　これはヨウンの車です.

Barnið notar oft tölvuna hans pabba.　その子はよく父親のパソコンを使う.

　なお, 身体部位を含む表現について英語では所有代名詞が用いられますが, アイスランド語では多くの場合名詞の既知形を用います. それが誰のものかを明示するときにはしばしば［身体部位を表す語（既知形）＋前置詞 á/í ＋与］の形式がとられます.

Hann horfir beint inn í augun á mér.　　彼は私の目を真っ直ぐに見つめる.

Hjartað í honum byrjar að slá hraðar.　彼の心臓の鼓動が早くなり始める.

6.3 指示代名詞

　人やものを指し示すときに用いる指示代名詞 þessi〈この, その〉, sá〈その, この〉の語形変化は次の通りです.

	単数			複数		
	男性	女性	中性	男性	女性	中性
主	þessi	þessi	þetta	þessir	þessar	þessi
対	þennan	þessa	þetta	þessa	þessar	þessi
与	þessum	þessari	þessu	þessum	þessum	þessum
属	þessa	þessarar	þessa	þessara	þessara	þessara
主	sá	sú	það	þeir	þær	þau
対	þann	þá	það	þá	þær	þau
与	þeim	þeirri	því	þeim	þeim	þeim
属	þess	þeirrar	þess	þeirra	þeirra	þeirra

　指示代名詞 þessi は, 実際に指し示すことができるような物理的に話者の近くにある対象を（会話の）場面に導入する役割があります. þessi が名詞を直接修飾する場合, その語形は修飾する名詞の性・数・格にしたがいます. また þessi は単独で用いることもでき, その場合, 語形は語が指す名詞の性・数にしたがいます.

Þessi maður heitir Jón.　　　　　この男はヨウンという名前です.

Notarðu þessa tösku?　　　　　　あなたはこのかばんを使いますか？

Mig vantar hatt. En þessi er of stór.　私には帽子がない. だがこれは大きすぎる.

　※ þessi（男単主）は直前の hatt〈帽子〉（男性名詞 hattur の単対）を指しています.

ただし，目の前の対象が話し手には何なのかが分かっておらず，それについて尋ねる場合，また（しばしばその質問の返答として）話し手が聞き手に新しく目の前の対象を紹介する場合などには中性単数形 þetta が用いられます．このときに用いられる [þetta er/eru ＋名詞の主格]〈これ（ら）は，こちらは〉の形式では動詞 vera の語形が後ろの名詞に合わせて変化するので注意してください（動詞 vera に続く名詞が単数の場合は er，複数の場合は eru）．また，þessi の直後に hérna〈ここ〉や þarna〈そこ，あそこ〉をおくことで話者からの距離をより具体的に表すこともできます．

Hvað er þetta?	これは何ですか？
– Þetta er spjaldtölva.	これはタブレット端末です．
Þetta er Gunnar.	こちらはグンナルです．
Þetta eru íslenskar agúrkur.	こちらはアイスランドのキュウリです．
Hvað kostar þetta (hérna/þarna)?	これ（これ／あれ）はいくらですか？

対して，指示代名詞 sá は目の前の実際に指すことができる対象ではなく，文章や会話の中ですでに紹介された，あるいはこれから説明するものごとに対して用います．これから説明するものについていうときには，sá は接続詞 að〈...ということ〉や関係代名詞 sem をともないますが，これらについてはそれぞれ 16.2，16.3 で取り上げます．

Hann gefur út nýja bók. Í þeirri bók lýsir hann menningarlífi í Reykjavík.

彼は新刊を出版する．その本の中で彼はレイキャヴィークの文化生活について描いている．

Sannleikurinn er sá að hann er frægur leikari í Bandaríkjunum.

実は（←真実はこうだ），彼はアメリカで有名な俳優なのだ．

※ sannleikur〈真実〉が男性名詞のため sá が男性形で用いられています．女性名詞 ástæða〈理由〉が主語であれば ástæðan er sú að ...〈理由は...である〉となります．この他，staðreynd〈事実〉や niðurstaða〈結果，結論〉，munur〈違い〉，afleiðing〈結果，結末〉などの語もよくこの形式で用いられます．

Sá sem kemur fyrst upp í hugann er Nökkvi.　　　※ sá sem ...　...の人

一番最初に頭に浮かぶのはノックヴィである．

直前で学習したように，þessi は実際に指し示すことができる対象について用いられることが多いですが，心理的に近い対象を指す（つまり実際に目の前にはなく，物理的には指し示すことができない）場合にも用いられることがあります．このような場合，þessi と sá の用法はとてもよく似ています．例えば，下の例文ではどちらの語も dagur〈日〉を修飾しており，日本語では〈その日〉と訳すことができます．

Veðrið var gott þennan dag og við sátum úti í garði.

その日は天気が良く，私たちは外の庭に座っていた．

Hún kom til Japans 8. ágúst 2000 og það rigndi mikið þann dag.

彼女は 2000 年 8 月 8 日に日本に来たが，その日は大雨が降っていた．

※この þann dag は直前の日付を受けています（☞ 日付の読み方については 19.2）．

なお，sá には þann 8. ágúst のように［þann + 日にち］の形式もあり，これはイベント開催の日にちなど，特定の日を紹介する文脈などで用いられることがあります．

Hátíðin verður haldin þann 1. júlí.　その祝典は 7 月 1 日に開催される．

6.4 不定代名詞①

不特定の人やものを指すときには不定代名詞を用います．ここではまず allur〈全て〉，sumur〈いくらか〉，einhver〈誰か，何か〉，maður〈人〉の 4 つを取り上げます．

---

allur 全て

不定代名詞 allur の語形変化は形容詞の強変化パターンと同じです．allur は名詞の未知形とも既知形とも一緒に用いることができ，その際 allur の性・数・格は allur を用いる名詞に一致させます．形容詞に似ていますが，代名詞には弱変化がなく，名詞の未知・既知に関係なく表中の形を用います．

	単数			複数		
	男性	女性	中性	男性	女性	中性
主	allur	öll	allt	allir	allar	öll
対	allan	alla	allt	alla	allar	öll
与	öllum	allri	öllu	öllum	öllum	öllum
属	alls	allrar	alls	allra	allra	allra

［allur + 名詞の既知形］は，限定された特定グループ内の〈全て，全部〉を指します．名詞の単数形を修飾する場合には，〈全体，全部（英語の whole に相当）〉を表します．

Allir krakkarnir eru í íþróttabuxum.　　　全ての子達がスポーツパンツを履いている．

Hún hefur starfað í öllum Norðurlöndunum.　彼女は全北欧諸国で働いたことがある．

※☞［hafa + 完了分詞］〈したことがある〉については 9.3．

Hún er upptekin allan daginn.　　　彼女は一日中忙しい．※ upptekinn 忙しい

Þessar tölur segja ekki alla söguna.　これらの数字だけでは全て（の話）は分からない．

一方，［allur + 名詞の未知形］では具体的な特定グループは想起されません．

Allir menn eru jafnir fyrir guði.　　人は皆，神の前では平等である．

Skrifstofan er opin kl. 9-15 alla virka daga.　　※☞ 時刻表現は 19.1．

事務所は平日の 9 時から 15 時まで開いている．

さらに allur は単独で用いることもあります．男性複数形 allir では通常〈（性別にか

かわらず）皆，全員〉を表し（女性のみであれば allar），中性単数形 allt は〈全ての
こと〉を表します．また，前の要素を受けて allur が単独で用いられる場合もあります．

Allir eru sammála um þetta.　それについては皆賛成している．

Hann veit allt um fótbolta.　彼はサッカーについて何でも知っている．

Áttu alla þessa bíla?　これらの車全部君が所有しているの？

– Nei, ekki alla.　いや，全部ではないよ．

※ alla þessa bíla の名詞 bíla は未知形ですが，þessi〈この〉があるため特定グループが想起されます．
なお áttu は átt þú に基づきます．なお átt は eiga の現在 2 人称単数形（☞ 9.2）．

> **sumur** いくらか

sumur の語形変化パターンは直前の allur と基本的に同じです．

	単数			複数		
	男性	女性	中性	男性	女性	中性
主	sum<u>ur</u>	sum	sum<u>t</u>	sum<u>ir</u>	sum<u>ar</u>	sum
対	sum<u>an</u>	sum<u>a</u>	sum<u>t</u>	sum<u>a</u>	sum<u>ar</u>	sum
与	sum<u>um</u>	sumr<u>i</u>	sum<u>u</u>	sum<u>um</u>	sum<u>um</u>	sum<u>um</u>
属	sum<u>s</u>	sum<u>rar</u>	sum<u>s</u>	sum<u>ra</u>	sum<u>ra</u>	sumra

sumur は，通常あるグループの一部を指して用いられます．上述の allur 同様，名
詞の未知形，既知形の両方と結びつき，未知形のときには具体的なグループを想起せ
ず一般的に，既知形のときには何らかの具体的なグループを指し示します．

Sumar bækur fá mikla athygli.　大きな関心を集める本がいくつかある．

Sumar bækurnar eru aðgengilegar sem hljóðbækur.

いくつかの書籍はオーディオブックとして利用できる．

※ sumar bókanna のように，[sumur ＋名詞複数属格形] の形も可能です．

男性複数形 sumir が単独で用いられるとき，英語の Some ..., others ... のように，し
ばしば aðrir と対比〈...な人もいれば...な人もいる，...なものもあれば...なものもある〉
されることがあります（aðrir は annar の男性複数主格形．☞ annar については 23.1）．

Sumir eru góðir í stærðfræði en aðrir ekki.　数学が得意な人もいればそうでない人もいる．

※ aðrir ekki において，繰り返されている箇所（aðrir <u>eru ekki</u> góðir ...）は省略されています．

> **einhver** 誰か，何か

einhver の語形変化は形容詞の強変化と似ています．語尾が母音で始まる場合には
語尾の直前に -j- を挿入します．また，中性単数主格・対格では ein- が eitt- に変わり，
さらに名詞を修飾する eitthvert と単独で用いる eitthvað の 2 種類の形があります．

59

	単数			複数		
	男性	女性	中性	男性	女性	中性
主	einhver	einhver	eitthvert eitthvað	einhverjir	einhverjar	einhver
対	einhvern	einhverja	eitthvert eitthvað	einhverja	einhverjar	einhver
与	einhverjum	einhverri	einhverju	einhverjum	einhverjum	einhverjum
属	einhvers	einhverrar	einhvers	einhverra	einhverra	einhverra

einhver は，単独で用いる場合，男性・女性形では人を，中性形（特に単数）では物を指し示しますが，その対象が具体的に誰・何なのか話し手は分かっていません．また einhver の直後に形容詞をおく形式［einhver ＋形容詞］も可能です．

Veit einhver hvað hann heitir?　　　　　彼が何という名前か誰か知ってる？

Þekkir þú einhvern sem býr í útlöndum?　君は外国に住んでいる人を誰か知ってる？

※ sem は関係代名詞．［einhver sem ...］〈誰か...する人〉（☞ 16.3）

Sérðu eitthvað?　　　　　　　　　　　　何か見える？

Við lærum alltaf eitthvað nýtt.　　　　　私たちは常に何か新しいことを学ぶ．

※英語の something new に相当．形容詞の性・数・格は eitthvað に一致させます．

einhver を名詞の直前に置く場合も，その名詞の指す対象が具体的に誰，何なのか話者には不明である点が強調されます．そのため名詞は常に未知形をとります．einhver の性・数・格は後続する名詞に一致させます．

Það hringdi einhver maður í mig í gær. 誰かが昨日私に電話をしてきた．

※ einhver の後ろの名詞は未知形ですが，未知形の（つまり聞き手にとって新情報である）名詞をいきなり文頭に置いてしまうと聞き手が聞き逃してしまう恐れがあるため，あえて仮の主語として文頭に það を置いた文になっています．なお，hringdi は hringja〈電話する〉の過去3人称単数形です（☞ 8.6）.

Áttu eitthvert gæludýr?　　　　　　　　君は何かのペットを飼ってる？　　※ gæludýr ペット

┌─────────────────────────────┐
│ **maður**〈（しばしば話者を含めた）人〉│
└─────────────────────────────┘

maður は不定代名詞的に用いられることがあります（英語の one に相当）．この場合，maður は一般の〈人〉を表しますが，しばしば話者自身を含むこともあります．

Maður veit aldrei hvað getur gerst. 何が起こりうるかなんて決して分からない．

※ gerst は gerast〈起こる〉の完了分詞（☞ geta については 10.4. 動詞の -st 形は 20.4）.

プラスワン：感謝の表現

アイスランド語でよく用いられる感謝表現は takk です．この一言を覚えておけば，アイスランド語だけでなく，デンマーク語，ノルウェー語，スウェーデン語，フェーロー語でも大体通じるのでとても便利です（ただし綴りや発音は微妙に異なります）．また，動詞 þakka〈感謝する〉を用いた表現もあります．

Takk (kærlega) fyrir. / Þakka þér (kærlega) fyrir. （本当に）ありがとう．

また fyrir の後ろには様々な語句を続けて，場面に応じた感謝を述べることができます．前置詞 fyrir の後ろは対格をとります．

Takk fyrir hjálpina.　　　　手伝ってくれてありがとう．

– Ekkert að þakka.　　　　どういたしまして．（直訳：感謝することではありませんよ．）

Takk fyrir daginn/síðast.　今日は／先日はありがとう．

– (Takk,) sömuleiðis.　　　こちらこそ．

Takk fyrir mig.　　　　　　ごちそうさま．

– Verði þér að góðu.　　　どういたしまして．

※ Verði þér að góðu は〈さあ召し上がれ．〉の意味でも用いられます．

Viltu kaffi? コーヒーはいかが？

– Já, takk. はい，お願いします．／ **Nei, takk.** いいえ，結構です．

61

動詞の格支配①・不定詞・現在分詞

7.1 動詞の格支配

アイスランド語で文を作るときには，どの動詞や前置詞を用いるかによって主語や目的語の語形が変わります．これをそれぞれ動詞，前置詞の格支配と呼びます．英語では主格と目的格で I/me，he/him など代名詞のみ形が変わりますが，アイスランド語では名詞や形容詞の形も変わります．個々の動詞や前置詞が支配する格は動詞・前置詞を見ているだけでは判断できず，一つの動詞・前置詞が複数の格を支配することもあるため個別に覚える必要があります．この章ではまず動詞の格支配を取り上げます．

7.2 主格

主格は辞書の見出し語に現れる形で文法的な主語を表し，概ね日本語の「...は」に相当します．アイスランド語では基本的に目的語に主格をとる動詞がなく，主格は主語の目印となる格といえます．実際は，目的語に主格をとっているように見える動詞もあるのですが，それらは 21.2 で取り上げます．

<u>Hann</u> borðar banana.　彼はバナナを食べる．　※ banani バナナ

<u>Ég</u> tala íslensku.　私はアイスランド語を話す．

7.3 動詞と目的語の格

目的語に対格を要求する動詞

アイスランド語の動詞の目的語は対格，与格，属格のいずれかとなりますが，一番多いのは対格です．大雑把にいえば英語の直接目的語，日本語の「...を」に相当しますが，「...を」と言える表現がアイスランド語で全て対格を要求するわけではありません．当然ながら，最終的にはどの動詞が対格をとるのか個別に覚える必要があります．

Hann borðar <u>fisk</u>.　彼は魚を食べる．

Þú talar <u>íslensku</u>.　君はアイスランド語を話す．

1.4, 3.6 で見たように，アイスランド語では動詞を 2 番目におく語順の規則があるため，目的語を文頭に置けば［目的語＋動詞＋主語］の語順になります．どちらが主語でどちらが目的語なのか混乱してしまいそうですが，（ほとんどの場合）名詞の形からその判別が可能です．次の 2 つの文では，文頭がそれぞれ主語，目的語となっています．しかし，どちらの文も ég〈私は〉が主格，fiskur〈魚〉が対格を取っています．

<u>Ég</u> borða <u>fisk</u>.　私は魚を食べる．

<u>Fisk</u> borða ég.　魚を私は食べる.

目的語に与格を要求する動詞

　目的語に与格を要求する動詞も比較的数が多く，ゆるやかな意味のつながりが見えるものもあります．全てを挙げることはできませんが，主要な動詞は次の通りです．

①支配，管理

ráða	決定，管理する	**stjórna**	支配する	**stýra**	舵をとる

②援助，救助

bjarga	救助する，救う	**hjálpa**	助ける，手伝う

③信頼，同意，反対

fagna	喜ぶ，祝う	**fylgja**	従う，後を追う	**hafna**	断る，拒絶する
hlýða	従う	**játa**	同意する	**mótmæla**	反対する
neita	否定する	**treysta**	信頼する	**trúa**	信じる

④（しばしば道具などを目的語にとって）（素早い）動き

aka	(車を) 運転する	**blanda**	混ぜる	**bregða**	(素早く)動かす
hella	注ぐ	**kasta**	投げる	**lyfta**	持ち上げる
róa	(オールで) 漕ぐ	**ríða**	(馬に) 乗る	**safna**	集める
skila	返す，提出する	**snúa**	回す，ひっくり返す	**sparka**	蹴る
stela	盗む	**sá**	(種を) まく	**ýta**	押す

⑤その他

fresta	延期する	**gleyma**	忘れる	**heilsa**	挨拶する
hætta	やめる	**kvíða**	心配する	**ljúka**	終える
loka	閉める	**pakka**	(箱などに) 入れる，包む		
stríða	からかう	**svara**	答える		

Við <u>stjórnum</u> ekki <u>náttúrunni</u>.	我々は自然を支配してはいない．※ náttúra 自然
Ég <u>gleymi þér</u> aldrei.	私はあなたのことを決して忘れない．
Viltu aðeins <u>hjálpa mér</u>?	ちょっと私を手伝ってくれる？
Ég <u>trúi því</u> ekki.	私はそのことを信じ(られ)ない．※☞ því の語順については 3.5.

目的語に属格を要求する動詞

　属格を支配する動詞もやはり個別に覚えていく必要がありますが，対格や与格を支配する動詞と比べると数は多くありません．また，属格支配の動詞の中には決まった形で用いられる表現も多くあります．

63

①不足していることからくる感情や要求

bíða	待つ	**biðja**	頼む	**krefjast**	要求する
leita	探す	**sakna**	いないのを寂しく思う	**óska**	望む
vænta	期待する	**þarfnast**	必要とする	**þurfa**	必要とする

※ þurfa は属格支配のとき，しばしば þurfa þess ekki〈そうする必要がない〉の形で用います．

②消費

neyta	消費する	**njóta**	楽しむ

③過去の行為などに対して

biðjast	(biðjast afsökunar などの形で) 謝罪する	**geta**	言及する
gjalda	罰を受ける，償う	**hefna**	(hefna sín で) 復讐する
minnast	思い出す	**skammast**	(skammast sín で) 恥ずかしく思う

④その他

afla	(しばしば〔afla sér ＋属〕で) 手にいれる	**gæta**	世話をする
nema	(nema staðar で) 止まる		

Ég sakna þín mjög mikið.	あなたがいなくて私はとても寂しい．
Við reynum að njóta lífsins.	私たちは人生を楽しもうとしている．
Hann gengur inn í húsið án þess að bíða svars.	彼は返事を待たずに家に入る．

※ án þess að ... ...することなく（☞ 12.4）

目的語に属格を要求する動詞の中には前置詞を用いて同じ意味を表すことができるものがあります．例として，〔bíða ＋属〕と〔bíða eftir ＋与〕〈...を待つ〉や〔leita ＋属〕と〔leita að ＋与〕〈...を探す〉，〔biðja ＋属〕と〔biðja um ＋対〕〈...を頼む〉などが挙げられます．ただし bíða や leita などの動詞では，属格表現でより抽象的，比喩的な意味を，前置詞表現ではより具体的な意味を表す傾向があります．

Ég veit ekki hvað bíður mín.	何が（私を）待ち受けているのか私には分からない．
Ertu að bíða eftir mér?	君は私を待っているの？
Við erum að leita leiða til að leysa málið.	
我々はその問題を解決する方法を探っているところだ．	
Hann er að leita að þér.	彼は君を探している．

7.4 不定詞

動詞の辞書の見出し語形（主語の人称や数，時制が定まっていない形）を不定詞といいます．不定詞は，例外はありますが基本的に母音（ほとんどが -a）で終わります．

名詞的用法

　英語の to に相当する語（いわゆる不定詞マーカー）として，アイスランド語では að を用います．これをつければ動詞「...する」を名詞的「...すること」に扱うことができ，主語や補語，目的語として使うことができます．また英語の［it is ... to ＋不定詞］のような，いわゆる形式主語構文もあります．このとき主語には það をおき，後ろに［að ＋不定詞］を続けます．

Að læra tungumál er að læra menningu.	言語を学ぶことは文化を学ぶことである．
Kennarinn byrjar að lesa textann.	その先生はそのテクストを読み始める．
Það er erfitt að læra tungumál.	言語を学ぶのは難しい．

　アイスランド語には動名詞がなく，たとえ前置詞の後であってもこの［að ＋不定詞］の形式を用います（☞ 前置詞は 12 〜 14 章）．不定詞句において否定の副詞 ekki は通常動詞の直後に置かれます．

Hvað segirðu um að fara í bíó?	映画に行くのはどうですか？
Hún hefur áhuga á að spila fótbolta.	彼女はサッカーをすることに興味がある．
Ég hlakka til að fara til Íslands.	私はアイスランドに行くのを楽しみにしている．

　※［hlakka til þess að ...］のように，前置詞の直後には það（の前置詞の支配する格に合わせた形）が
　　挿入されることがあります．

Við biðjum fólk um að fara ekki inn í húsið.

　私たちは人々にその家に入らないようにお願いしている．

副詞的用法

　［að ＋不定詞］の形式を目的「...するために」の意味で副詞的に用いることもありますが，この意味では多くの場合［til（þess）að ＋不定詞］の形式が用いられます．

Hann fer út í búð að kaupa mjólk.　彼は牛乳を買いにお店に行く．

Hún kemur til Íslands til þess að upplifa íslenska náttúru.

　彼女はアイスランドの自然を体験するためにアイスランドにやって来る．

形容詞的用法

　不定詞の形容詞的用法については，英語 something に相当する eitthvað〈何か〉（☞ 6.4）を用いた次の表現を街のファストフードスタンドなどでよく耳にします．

(Má bjóða þér) Eitthvað að drekka?　何か飲み物はいかが？

7.5　不定詞を用いた表現

　繰り返しになりますが，アイスランド語には英語の動名詞に相当するものが存在し

ないため，動詞の後ろにさらに動詞をおく場合，基本的に［動詞＋að＋不定詞］の形式をとります．その中でも，特に次の表現は重要です．

vera að ＋不定詞 …している

継続や進行中の動作（いわゆる進行形「…している」）を表すには［vera að＋不定詞］を用います．人称・数・時制によって vera の形は変わりますが，不定詞マーカー að の後は常に不定詞です．頻度の副詞 alltaf〈いつも〉をともない反復的動作を表すこともありますが，これは文脈によっては話者のうんざりした気持ちを表すこともあります．また，しばしば alveg〈まったく〉をともなって，出来事が始まる瞬間を表します．この用法では detta〈転ぶ〉や sofna〈眠る，眠りに落ちる〉など瞬間的な出来事や変化を表す動詞が選ばれます．ただし，sitja〈座っている〉や sofa〈眠っている〉など状態を表す動詞にはこの形式を使わず，代わりに現在形を用います（☞ 1.5）．

Við erum að elda hádegismat.	私たちは昼食を作っている．
Hann er alltaf að borða.	彼はいつも食べてばかりいる．
Ég er að koma.	今いくよ．
Hann er alveg að sofna.	彼は今ちょうど眠りかけている．

fara að ＋不定詞 …し始める，…し出す

動作や出来事の開始については fara〈行く〉を用いて［fara að＋不定詞]〈…し始める，…し出す〉の形式で表すことができます．特に未来の特定の時間を表す副詞句をともなっていたり，fara が過去形の場合にはこの意味となります．

Það fer að rigna í kvöld.	今晩は雨になる．
Hann fór að gráta af hræðslu.	彼は怖くて泣き出した．※ fór は fara の過3単（☞ 11.3）．

ただし［fara að＋不定詞］が現在形のとき，しばしば alveg〈まったく〉や bráðum〈まもなく〉をともない発話時点から近い未来〈…しようとしている，…するところだ〉を表すことがあります．また［vera að＋不定詞］と［fara að＋不定詞］を組み合わせた［vera að fara að＋不定詞］の形式ではさらに差し迫った未来を表します．

Ég fer alveg að koma heim.	（私は）もうすぐ家に帰るよ．
Við förum bráðum að leggja af stað.	私たちはもうすぐ出発する．※ leggja af stað 出発する
Barnið er alveg að fara að gráta.	子供が今にも泣き出しそうだ．

ætla að ＋不定詞 …するつもりである

未来の予定については［ætla að＋不定詞]〈…するつもりである〉の形式を用います．

Þau ætla að læra dönsku.	彼らはデンマーク語を学ぶつもりだ．

Hann ætlar að búa í Reykjavík.　彼はレイキャヴィークに住むつもりだ.

　方向を表す副詞を置くことにより，ætla の後ろの að fara〈行く〉が省略されることがあります.

Við ætlum (að fara) heim saman.　私たちは一緒に帰宅するつもりだ.

　その他にも reyna〈...しようとする〉や ákveða〈...を決める〉，byrja〈...し始める〉，nenna〈...したい気がする〉など数多くの動詞が［að＋不定詞］の形式をとります. 助動詞の中にもこの形式をとるものがありますが，こちらは 10.2 でとりあげます.

Hann reynir að opna glugga.　彼は窓を開けようとする.

Ég nenni ekki að fara út að borða.　私は外食する気がしない.

　※ nenna はほとんどの場合，否定文あるいは疑問文で用いられます.

7.6 現在分詞

　動詞を形容詞的に用いるには分詞にする必要があります. 分詞には現在分詞と過去分詞があり，それぞれ異なる接尾辞がつけられます（☞ 過去分詞は 22.1）.

　現在分詞は動詞の不定詞に -ndi（不定詞の語末が -a 以外のものは -andi）をつけて作ります. 英語の現在分詞とは異なり，アイスランド語の現在分詞は基本的に進行形で用いることはありません. しかし sofandi や vakandi など一部の状態動詞から作るものは進行を表すことがあり，また現在分詞を動詞の後ろにおいて（動詞が表す）行為の様態を表すこともあります. ただし，アイスランド語では，現在分詞を英語の動名詞のように用いることはできないので注意してください.

Er hann sofandi?　彼は寝ているの？

Maðurinn liggur vakandi í rúminu.　男はベッドの中で寝ずに横になっている.

Hann horfir spyrjandi á mig.　彼は何かを聞きたそうに私を見る.

現在分詞の形容詞化

　現在分詞由来の形容詞は基本的に強変化も弱変化もなく不変化です.

áberandi	傑出した，目立つ	**eftirfarandi**	次の，下記の	**fyrrverandi**	前の
fullnægjandi	満足な，十分な	**gildandi**（法的に）有効な		**komandi**	次の
hikandi	ためらいながら	**lifandi**	生きている	**núverandi**	現在の
spennandi	興奮させる，ワクワクさせる			**vakandi**	起きて
vaxandi	増大する	**viðeigandi** 適切な		**viðkomandi**	問題の，当該の

Keppnin er mjög spennandi.　その競争はとてもワクワクする.

Þetta er bara óþolandi.　これはただただ耐えられない.

現在分詞の副詞化

副詞の中にも現在分詞由来のものがあります.

brennandi 焼けるほど	**ljómandi** とても	**vonandi** 願くば

Vatnið er brennandi heitt.　　　そのお湯は焼けるほど熱い.

Þetta er ljómandi góð hugmynd.　それはとても良い考えだ.

ただし, brennandi〈熱烈な〉や ljómandi〈素晴らしい〉は形容詞としても用いられます.

Hún hefur brennandi áhuga á sálfræði.　彼女は心理学に熱烈な関心を持っている.

Þetta er alveg ljómandi.　　　　　全くもって素晴らしい.

現在分詞の名詞化

名詞の中には現在分詞由来のものが数多くあり, これらは弱変化男性名詞の変化パターンにしたがいます. 複数形の語形変化は少し特殊で, 語末が主格・対格で -endur, 与格で -endum, 属格で -enda となります (☞ 4.2).

byrjandi	初心者	**eigandi**	所有者	**kaupandi**	購入者
gefandi	贈与者, 与える人	**keppandi**	競争者	**móttakandi**	受取人
notandi	利用者	**spyrjandi**	質問者	**umsækjandi**	申請者

プラスワン：所有関係を表す動詞

アイスランド語には所有を表す動詞（表現）が 3 つあります.

> **eiga** 所有する, (家族や友人が) いる (対格支配)

eiga は一般的に物の所有を表すのに用いられます. 目的語には具体的な物や家族, 友人を表す名詞や, より抽象的な von〈期待〉や afmæli〈誕生日〉, その他副詞 heima〈家で〉([eiga heima + 場所]〈...に住んでいる〉) などの語もともないます. この動詞の活用は不規則ですのでそのまま覚えましょう (☞ 活用は 9.2).

Ég á margar bækur.　　　　　　　私はたくさんの本を持っています.

Þau eiga tvö börn.　　　　　　　彼らには 2 人の子供がいます.

Við eigum von á gestum á morgun.　(私達は) 明日来客があると思います.

Hvenær áttu afmæli?　　　　　　あなたの誕生日はいつですか？

– Ég á afmæli í ágúst.　　　　　私の誕生日は 8 月です.

Hvar áttu heima? どこにお住まいですか？

– Ég á heima í Reykjavík. レイキャヴィークに住んでいます．

---

hafa 持っている，（興味や時間などが）ある（対格支配）

活用は UR グループで，さらに単数で第 1 音節の母音が a から e に変わります（☞ 8.7）．目的語には抽象的な意味を持つ名詞がくる傾向があり，しばしば感情（áhugi〈興味〉，áhyggja〈不安〉，gaman〈楽しさ〉）や，tækifæri〈機会〉，leyfi〈許可〉といった語と一緒に用いられます．その他 samband〈つながり，接触〉や áhrif〈影響〉，tími〈時間〉などとも用いられるため，日本語では〈…がある〉と訳すことが多いかもしれません．加えて，hafa は調子を聞くときなどにも用いられます．

Hún hefur áhuga á bókmenntum. 彼女は文学に関心があります．

Ég hef ekki tíma. （私は）時間がありません．

Hafðu samband. （ウェブサイトなどで）お問い合わせ ※ hafðu は hafa の命令形（☞ 8.1）.

Hvernig hefurðu það? – Ég hef það fínt. 調子はどうですか？ – 元気です．

---

vera með （手元に）持っている，（身体的特徴が）ある（対格支配）

この表現は，実際に身に付けていたり手に持っていたりして対象物が手元にあることを表します．前置詞 með の後に続く名詞（句）には対格がとられます．しかし，必ずしもその所有権を有しているとは限らず，この点で eiga とは意味が異なります．その他身体的な特徴や病気について言うときにもこの表現が用いられます．

Hann er með bækurnar en hann á þær ekki.

彼はそれらの本を手に持っていますが，それらの持ち主ではありません．

Hann er með sítt hár. 彼は長い髪をしています．※ síður（髪などが）長い

Hún er með hita. 彼女は熱があります．

69

第8章 **動詞の命令形・過去形**

8.1 命令形

　動詞の命令形と過去形は作り方が似ているため，本章でまとめて確認します．最初に命令形の作り方について見ていきます．命令形は 2 人称単数の命令と 2 人称複数の命令で異なる形を用います．そして，2 人称単数の命令形は動詞に 2 人称単数の þú 由来の接尾辞 -ðu/-du/-tu をつけた形を用います．

短縮命令形（アイスランド語の stýfður boðháttur に相当）

　短縮命令形の用法は次節 8.2 で確認しますので，ここで先に短縮命令形の作り方を確認します．作り方は簡単で，不定詞から語末の -a もしくは -ja を取り除きます．ただし，AR グループの動詞や a 以外の母音で終わる単母音動詞は不定詞の形がそのまま短縮命令形になります．なお，基本的にこの短縮命令形の形は動詞の語幹に相当します．

不定詞	短縮命令形	不定詞	短縮命令形
kaupa 買う	**kaup**	**gera** する	**ger**
segja 言う	**seg**	**telja** 数える	**tel**
kalla 呼ぶ（AR）	**kalla**	**tala** 話す（AR）	**tala**
skrá 記録する	**skrá**	**ná** 届く	**ná**

※この他，sökkva〈沈める〉など不定詞が -va で終わる動詞は短縮命令形で -va を落とします．

接尾辞 -ðu をつけるグループ

　ここから 2 人称単数の命令形の作り方について見ていきます．

① AR グループの動詞

　短縮命令形（不定詞・語幹と同じ形）に -ðu をつけます．

　　kalla + -ðu > kallaðu 呼べ　　　　　　　　**tala + -ðu > talaðu** 話せ

②短縮命令形（＝語幹）が母音あるいは［母音 + f/g(g)/r］で終わる動詞

　短縮命令形（語幹と同じ形）に -ðu をつけます．

　　skrá + -ðu > skráðu 記録せよ　　　　　　**æfa + -ðu > æfðu** 練習せよ

　　leggja + -ðu > leggðu （横にして）置け　　**gera + -ðu > gerðu** せよ

接尾辞 -du をつけるグループ

①短縮命令形（＝語幹）が［母音 + l/m(m)/n/ð］で終わる，あるいは -ngja で終わる動詞

短縮命令形に -du をつけます．ただし，短縮命令形が -ð で終わる場合，命令形の語末の -ðdu を -ddu にします．

telja + **-du** > **teldu**　数えよ　　　　**gleyma** + **-du** > **gleymdu**　忘れよ

reyna + **-du** > **reyndu**　試せ　　　　**greiða** + **-du** > **greiðdu** > **greiddu**　支払え

hengja + **-du** > **hengdu**　掛けよ　　　**hringja** + **-du** > **hringdu**　鳴らせ，電話せよ

接尾辞 -tu をつけるグループ

①短縮命令形（＝語幹）が［母音＋ k(k)/p(p)/s(s)/t(t)］で終わる動詞

短縮命令形に -tu をつけます．

leika + **-tu** > **leiktu**　遊べ　　　　**vekja** + **-tu** > **vektu**　起こせ

hlaupa + **-tu** > **hlauptu**　走れ　　　**læsa** + **-tu** > **læstu**　鍵をかけろ

mæta + **-tu** > **mættu**　会え　　　　**setja** + **-tu** > **settu**　置け

②短縮命令形（＝語幹）が［子音＋ d/ð/t］で終わる動詞

子音の後に -tu をつけます．

synda + **-tu** > **syntu**　泳げ　　　　**virða** + **-tu** > **virtu**　尊敬せよ

snerta + **-tu** > **snertu**　触れよ　　　※例外的に senda + -du > sendu　送れ

上記以外（個別に覚える必要のある動詞）

①短縮命令形（＝語幹）が -ll/-nn で終わる動詞

短縮命令形に -du あるいは -tu をつけます（個別に覚える必要があります）．

fella + **-du** > **felldu**　落とせ　　　**hella** + **-tu** > **helltu**　注げ

brenna + **-du** > **brenndu**　燃やせ　　**kynna** + **-tu** > **kynntu**　知らせろ

②その他

次の動詞は，不定詞から命令形の形を予測するのが困難です．

ganga > **gakktu**　歩け　　　**standa** > **stattu**　立て　　　**binda** > **bittu**　縛れ，結べ

þegja > **þegiðu**　黙れ　　　**vera** > **vertu**　であれ

2 人称複数に対する命令

2 人称複数への命令文の作り方は基本的に動詞の 2 人称複数現在形と同じです．ただし，特に口語で後ろに þið 由来の -i がつくことがあります．

tala > **talið/taliði**　話せ　　**segja** > **segið/segiði**　言え　　**þegja** > **þegið/þegiði**　黙れ

8.2 命令文の強調

命令文で代名詞（þú/þið）を強調したければ，代名詞を動詞の直後に置くこともで

71

きます．その場合，2 人称単数の命令文では［動詞の短縮命令形 ＋ þú］の形を，2 人称複数の命令文では［動詞の 2 人称複数現在形 ＋ þið］の形を用います．

2 人称単数		2 人称複数	
tala > tala þú	話せ	hlaupa > hlaupið þið	走れ
gleyma > gleym þú	忘れろ	borða > borðið þið	食べろ

8.3 否定の副詞をともなう命令文

否定の命令文では否定の副詞 ekki を命令形の直後におきますが（［命令形 ＋ ekki]），ekki を文頭におき，その後に不定詞をおく［Ekki ＋ 不定詞］の形式も一般的です．

Hlauptu ekki! / Ekki hlaupa!　　　　走らないで！

Gleymdu mér ekki! / Ekki gleyma mér!　私のことを忘れないで！

※☞ 人称代名詞 mér と ekki の語順については 3.5.

8.4 命令形の用法

命令形はその名前の通り 2 人称の相手に何かを命令するときに用いられます．

Talaðu ekki um það.　　それについて話さないで．

Svaraðu já eða nei.　　「はい」か「いいえ」で答えなさい．

ただし，命令形は助言や依頼，勧誘などのために用いることもあります．何かを勧めるときに言う gerðu/gjörðu svo vel〈どうぞ〉，注意を引くために使う heyrðu〈ちょっと（聞いて）〉，（特に子供が）何かをお願いするときに言う gerðu það〈お願い〉も形は命令形です．

Taktu með þér hlý föt!　　　温かい服を持っていきなさい！

Farðu varlega!　　　気をつけて！

Farðu að sofa, annars verður þú fljótt þreyttur á morgun.　※ annars さもないと
　もう寝なさい，でないと明日すぐに疲れてしまうよ．

Gjörðu svo vel og fáðu þér sæti.　　どうぞお座りになってください．

Heyrðu, ég verð að fara.　　ちょっと，僕もう行かなきゃ．

Komdu með mér, gerðu það!　　私と一緒に来てよ，お願い！

反対に，命令や助言をするときに必ずしも命令形を使うわけではなく，助動詞 skulu などを用いることもあります（☞ skulu については 10.3）．

Þú skalt ekki vera feiminn.　　恥ずかしがってはいけないよ．

Þið skuluð fara heim.　　君たちは家に帰った方がいいよ．

8.5 1人称複数形を用いる提案・勧誘表現

　動詞の現在1人称複数形を用いて提案や勧誘〈（一緒に）…しましょう〉を表すことがあります．この形式は主語を用いない点で命令形と似ています．語末が -st のため分かりにくいですが，別れのときに言う sjáumst〈またね〉や heyrumst〈（電話口などで）またね〉もこの形式です（☞ 動詞の -st 形は20.4）．なお，verum í bandi〈またね（連絡を取り合おうね，ただし verða の1人称複数を用いた verðum í bandi の方が一般的）〉のように，vera の特殊な形を用いた表現もあります（☞ verum の語形については25.2）．

　Förum út að borða.　（外に）食べに行こうよ.

　Lærum saman.　　　一緒に勉強しようよ.

8.6 弱変化動詞の過去形

　動詞の過去形には大きく2つの作り方があります．1つ目は -ð/-d/-t を含む接尾辞をつけて過去形を作るグループで，これを弱変化動詞といいます．もう一つは動詞の語幹母音（第1音節の母音）を変えることで過去形を作るグループで，これらを強変化動詞といいます（一部弱変化動詞の中にも母音が変わるものがあります）．大雑把に言えば，弱変化動詞と強変化動詞はそれぞれ英語の規則動詞，不規則動詞に相当します．

　弱変化動詞の過去形は，語幹の後に -ð/d/t を含む接尾辞，その後に過去形の活用語尾をつけて作ります．活用語尾は現在形の活用に関係なく1・3人称単数で -i，2人称単数で -ir，1人称複数で -um，2人称複数で -uð，そして3人称複数で -u となります．動詞がどの接尾辞を取るかの区別は基本的に命令形の場合と同じです（☞ 8.1）.

接尾辞 -(a)ð- をつけるグループ

① AR グループの動詞

　不定詞（語幹・短縮命令形と同じ形）に -ð- をつけます．ただし，複数では（活用語尾が全て -u- で始まることから）活用語尾直前の -að- が -uð- に変わります．さらに第1音節の母音が a であれば，複数形で ö に変わります（下表 tala〈話す〉を参照）.

	borða　食べる		**tala**　話す	
	単数	複数	単数	複数
1人称	ég borð**a**ði	við borð**u**ðum	ég tal**a**ði	við töl**u**ðum
2人称	þú borð**a**ðir	þið borð**u**ðuð	þú tal**a**ðir	þið töl**u**ðuð
3人称	hann borð**a**ði	þeir borð**u**ðu	hann tal**a**ði	þeir töl**u**ðu

※例外的に meina〈という考えである〉は過去3人称単数形が meinti になります.

73

②語幹が母音あるいは［母音 + f/g(g)/r］で終わる動詞

語幹（短縮命令形と同じ形）に -ð- をつけます.

	ná 届く		gera する	
	単数	複数	単数	複数
1 人称	ég náði	við náðum	ég gerði	við gerðum
2 人称	þú náðir	þið náðuð	þú gerðir	þið gerðuð
3 人称	hann náði	þeir náðu	hann gerði	þeir gerðu

例 **byggja** 建てる / **keyra** 運転する / **lifa** 生きる / **læra** 学ぶ / **skrá** 登録する

接尾辞 -d- をつけるグループ

①語幹が［母音 + l/m(m)/n/ð］で終わる, あるいは -ngja で終わる動詞

語幹に -d- をつけます. 語幹が -ð で終わる場合, 活用語尾直前の -ðd- を -dd- にします.

greiða〈支払う〉の過去 3 人称単数形：greiða + -di > greið̠di > greiddi

	greiða 支払う, 櫛でとかす		tengja つなぐ	
	単数	複数	単数	複数
1 人称	ég greiddi	við greiddum	ég tengdi	við tengdum
2 人称	þú greiddir	þið greidduð	þú tengdir	þið tengduð
3 人称	hann greiddi	þeir greiddu	hann tengdi	þeir tengdu

例 **gleyma** 忘れる / **hengja** 掛ける / **klæða**（服などを）着せる / **reyna** 試す / **þola** 耐える / **þýða** 意味する, 翻訳する

接尾辞 -t- をつけるグループ

①語幹が［母音 + k(k)/p(p)/s(s)/t(t)］で終わる動詞

語幹に -t- をつけます.

	keppa 競争する		læsa 鍵をかける	
	単数	複数	単数	複数
1 人称	ég keppti	við kepptum	ég læsti	við læstum
2 人称	þú kepptir	þið kepptuð	þú læstir	þið læstuð
3 人称	hann keppti	þeir kepptu	hann læsti	þeir læstu

例 **kyssa** キスをする / **mæta** 出会う / **setja** 置く / **vaka** 起きている

※ sökkva〈沈める〉などの -va で終わる動詞は -va を落として過去形を作ります. したがっ
   て, sökkva の過去 3 人称単数形は sökkti になります.

②語幹が［子音 + d/ð/t］で終わる動詞

　子音の後に -t- をつけます（例外的に senda > sendi〈送った〉）.

　synda〈泳ぐ〉の過去 3 人称単数形：synda + -ti > synti

	synda 泳ぐ		virða 尊敬する	
	単数	複数	単数	複数
1 人称	ég **synti**	við **syntum**	ég **virti**	við **virtum**
2 人称	þú **syntir**	þið **syntuð**	þú **virtir**	þið **virtuð**
3 人称	hann **synti**	þeir **syntu**	hann **virti**	þeir **virtu**

　例　**gilda** 有効である / **henda** 投げる, 捨てる / **lenda** 着陸する, 陥る / **herða** 硬くする / **birta** 公表する, 明るくなる / **snerta** 触れる / **velta** 転がす

上記以外（個別に覚える必要のある動詞）

①語幹が -ll/-nn で終わる動詞

　語幹に -d- あるい -t- はをつけます.

	kenna 教える		spenna 張る, 緊張させる	
	単数	複数	単数	複数
1 人称	ég **kenndi**	við **kenndum**	ég **spennti**	við **spenntum**
2 人称	þú **kenndir**	þið **kennduð**	þú **spenntir**	þið **spenntuð**
3 人称	hann **kenndi**	þeir **kenndu**	hann **spennti**	þeir **spenntu**

　例　**fella** 落とす（3 単 felldi）/ **fylla** 満たす（3 単 fyllti）/ **hella** 注ぐ（3 単 hellti）/ **brenna** 燃やす（3 単 brenndi）/ **kynna** 知らせる（3 単 kynnti）

8.7　弱変化動詞の母音変化

　UR グループおよび一部の IR グループの動詞は，過去形をつくる際に第 1 音節の母音が変わります．主な母音の変化は次の通りです．

過去形で第 1 音節の母音が変わる動詞

①不定詞で e・過去形で a（不定詞 > 過去 3 人称単数形）

telja > taldi　数えた　　　　　**leggja > lagði**　（横にして）置いた

velja > valdi　選んだ　　　　　**vekja > vakti**　起こした

segja > sagði　言った（IR）　　**þegja > þagði**　黙った（IR）

②不定詞で y・過去形で u

spyrja > spurði　尋ねた　　　　**flytja > flutti**　引っ越した

styðja > studdi　支えた

75

③不定詞で ý・過去形で ú

flýja > flúði　逃げた　　　　　**knýja > knúði**　　強いた

④その他

þiggja > þáði　受け取った　　　**valda > olli**　　　原因になった

sækja> sótti　取ってきた（IR）　**kaupa > keypti**　買った（IR）

yrkja > orti　詩をつくった（IR）　**þykja > þótti**　思われた（IR）

⑤不変化

ただし，直前で挙げた母音を含む動詞の中には，以下の語のように母音の変化を伴わないものもあります．

selja > seldi　売った　　　　　**setja > setti**　　　置いた

skilja > skildi　理解した

現在形で第 1 音節の母音が変わる動詞

次の動詞では，現在形で第 1 音節の母音が変わります．過去形は弱変化で母音は不定詞と同じになります（☞ 11.2）．（不定詞 > 現在 3 人称単数形）

hafa > hefur　持っている　　　　**ná > nær**　　　　届く

þvo > þvær　洗う　　　　　　　**slökkva > slekkur**　（電気などを）消す

※ valda〈原因となる〉の現在 3 人称単数形は veldur，過去 3 人称単数形は olli で，現在形でも過去形でも母音が不定詞とは異なります．

8.8　過去形の用法

過去形は文字通り過去の出来事や行為について述べるときに用います．現在とは切り離された過去を表します．また，過去形を用いた文ではしばしば過去のある時点を表す副詞表現がともないます．

Hann flutti til Japan fyrir fimm árum.　彼は 5 年前に日本に引っ越した．

※［fyrir ＋時間（与）］…前（☞ 時を表す表現については 19 章）

Einu sinni var strákur sem hét Jón.　　昔々ヨウンという名前の男の子がいた．

※昔話では，よく Einu sinni var …〈昔々…がいた〉で話が始まります．

過去のある時点で継続していた事態，行為（英語の過去進行形）を表すときには，動詞 vera の過去形（☞ 11.3）を用いて［vera の過去形＋ að ＋不定詞］とします．

Ég var bara að lesa bók.　　　　　　私は本を読んでいただけだ．

Við vorum einmitt að tala um þig.　私達はちょうど君のことを話していたところなんだ．

76

プラスワン：注文・お願いの表現

　何かをお願いする時に覚えておくと良い表現の中で最も便利なのは afsakið/fyrirgefðu〈すみません／申し訳ありません〉と［geturðu/gætirðu + 完了分詞］でしょう．店員など見知らぬ人に呼びかける際に用いるのは Afsakið〈すみません〉が一般的です．これは本来 2 人称複数の命令形ですが，話し手の人数に関係なく用いることができます．友人など見知った間柄であればよりインフォーマルな［Viltu + 不定詞］（☞ vilja の用法は 10.3）や［Nennirðu að + 不定詞］も用いることができます．

Fyrirgefðu, (en) ég skil þig ekki. すみませんが，あなたの言っていることが分かりません．

Geturðu/Gætirðu talað (aðeins) hægar? （もう少し）ゆっくり話してくれますか？

　※ gætirðu の方が丁寧さの度合いが高くなります（☞ geta の用法は 10.4）．なお，geta の後には動詞の完了分詞が続くため，tala が完了分詞形 talað で用いられています（☞ 9.1）.

Viltu útskýra það betur? もっとちゃんと説明してくれる？

Nennirðu að hita kaffi? コーヒー温めてくれない？ ☞ nenna については 7.5

お店でメニューなどをもらったり，注文をするときには次のように言いましょう．

Get/Gæti ég fengið matseðilinn/vatnsglas? メニュー／水を 1 杯いただけますか？

　※ fengið は fá〈手に入る，もらう〉の完了分詞です．なお，お店などで水をもらう際には，例文中の vatnsglas〈水 1 杯（vatns + glas）〉がよく用いられます．氷が欲しければ後に með klaka〈氷入りの〉と言いましょう（ちなみに með engum klaka で〈氷なしの〉）.

Ég ætla að fá hamborgara og kók. ハンバーガーとコーラをください．

　※お店で注文するときには，この［ég ætla að fá + 対］を使うと良いでしょう（☞ 7.5）.

Get/Gæti ég fengið reikninginn? お勘定お願いします．

Ég ætla að borga með greiðslukorti. （私は）カードで支払います．

　※銀行のキャッシュカードは bankakort，デビットカードは debetkort（bankakort にデビットカードの機能が備わっているものもあり），クレジットカードは kreditkort といいます．そして greiðslukort（greiðslu〈支払い〉 + kort〈カード〉，単に kort とも）はデビットカードやクレジットカードなど支払いに用いるカード全般を指します．なお，現金で支払うことを borga með peningum，あるいは少し堅い表現ですが reiðufé〈現金〉を用いて borga í reiðufé などと言うことができますが，現在アイスランド国内で現金で支払いをすることはあまりないかもしれません．どうしても現金を引き出す必要があれば，hraðbanki〈ATM，現金自動預払機〉などで引き出すことができます．

第 9 章

動詞の完了形・その他の特殊な動詞

9.1 弱変化動詞の完了分詞

　英語には，過去に起こった事態が現在まで続いている，あるいは現在まで影響を及ぼしていることを伝える現在完了［have の現在形＋過去分詞］，それを過去に移した過去完了［have の過去形＋過去分詞］の形式がありますが，アイスランド語にもよく似た［hafa の現在形＋完了分詞］，［hafa の過去形＋完了分詞］の形式があります．

　この章ではまず，現在完了や過去完了などで使われる動詞の完了分詞の作り方を確認します．完了分詞（アイスランド語 sagnbót に相当）とは過去分詞の中性単数主格・対格形のことを指しますが，過去分詞については改めて 22.1 で取り上げます．

弱変化動詞グループ 1（AR グループ）（例は，不定詞 > 完了分詞）

　不定詞（短縮命令形・語幹と同じ形）に -ð をつけます．

borða + **-ð** > **borða<u>ð</u>**	食べる	**tala** + **-ð** > **tala<u>ð</u>**	話す
kalla + **-ð** > **kalla<u>ð</u>**	呼ぶ	**elda** + **-ð** > **elda<u>ð</u>**	料理する

弱変化動詞グループ 2（IR グループ）

①語幹（短縮命令形と同じ形）に -t をつける動詞（不定詞 > 完了分詞）

　不定詞の語末の -a あるいは -ja を落とした上で（つまり語幹に）-t をつけます．ただし，語幹が［母音 + ð］で終わる（過去形が -ddi となる）動詞は -ðt が -tt となります．また，語幹が［子音 + d/ð/t］で終わる動詞には子音の直後に t をつけます．

gera + **-t** > **ger<u>t</u>**	する	**heyra** + **-t** > **heyr<u>t</u>**	聞く
sýna + **-t** > **sýn<u>t</u>**	見せる	**klæða** + **-t** > **klæ<u>ðt</u>** > **klæ<u>tt</u>**	（服を）着せる
þýða + **-t** > **þý<u>ðt</u>** > **þý<u>tt</u>**	意味する	**synda** + **-t** > **synd<u>t</u>**	泳ぐ
virða + **-t** > **vir<u>t</u>**	尊敬する	**birta** + **-t** > **birt**	公表する

②語幹に -að をつけるタイプ

　不定詞の語末の -a を落とした上で -að（あるいは不定詞に -ð）をつけます．

brosa + **-að** > **brosað**	微笑む	**lifa** + **-að** > **lifað**	生きる
stara + **-að** > **starað**	じっと見る	**trúa** + **-að** > **trúað**	信じる
vaka + **-að** > **vakað**	起きている	**þola** + **-að** > **þolað**	耐える
þora + **-að** > **þorað**	あえて...する		

弱変化動詞グループ3（UR グループ）

①語幹に -ið をつけるタイプ

不定詞の語末の -a あるいは -ja を落とした上で -ið をつけます．第 1 音節の母音は過去形と同じになります（☞ 8.7）．

telja + **-ið > talið**　数える　　　**skilja** + **-ið > skilið**　理解する

velja + **-ið > valið**　選ぶ　　　　**vekja** + **-ið > vakið**　起こす

②語幹に -t をつけるタイプ

不定詞の語末の -a あるいは -ja を落とした上で -t をつけます．第 1 音節の母音は過去形と同じになります（☞ 8.7）．

flytja + **-t > flutt**　引っ越す，運ぶ　　**selja** + **-t > selt**　　　売る

setja + **-t > sett**　置く　　　　　　**slökkva** + **-t > slökkt**　消す

※ slökkva〈消す〉のように -va で終わる動詞は -va を落とした上で -t をつけます．

語幹が母音で終わる（単母音）動詞（多くが IR グループの -á で終わる動詞）

不定詞（語幹・短縮命令形と同じ形）に -ð をつけます．

skrá + **-ð > skráð**　記録する　　　**spá** + **-ð > spáð**　予言する，予測する

ná + **-ð > náð**　　届く　　　　　　**tjá** + **-ð > tjáð**　表現する，伝える

その他

こちらの動詞の完了分詞はそのまま覚えましょう．

þiggja > þegið　受け取る　　　　　**þvo > þvegið**　洗う

þegja > þagað　黙る

9.2 その他の特殊な動詞の語形変化

その他の特殊な語形変化パターンを持つ動詞についても確認しておきましょう．

語末に -ri をつけて過去形を作る動詞

数は少ないですが，アイスランド語には -ri を語末につけて過去形を作る動詞（róa〈（オールで）漕ぐ〉, gróa〈（植物が）育つ, （傷などが）癒える〉, núa〈こする〉, snúa〈回す〉）があります．活用語尾は弱変化動詞のものと同じです．また，過去形の第 1 音節の母音は通常 e と綴りますが，é のように発音されるため，それに合わせて e を é と書くこともあります．さらに，これらの動詞は現在形でも母音が変わり，また活用語尾は強変化の R タイプと同じです（☞ 11.1）．

79

	róa （オールで）漕ぐ			
	現在単数	現在複数	過去単数	過去複数
1人称	ég **ræ**	við **róum**	ég **reri/réri**	við **rerum/rérum**
2人称	þú **rærð**	þið **róið**	þú **rerir/rérir**	þið **reruð/réruð**
3人称	hann **rær**	þeir **róa**	hann **reri/réri**	þeir **reru/réru**
完了分詞	hafa **róið**			

	snúa　回す，向きを変える			
	現在単数	現在複数	過去単数	過去複数
1人称	ég **sný**	við **snúum**	ég **sneri/snéri**	við **snerum/snérum**
2人称	þú **snýrð**	þið **snúið**	þú **snerir/snérir**	þið **sneruð/snéruð**
3人称	hann **snýr**	þeir **snúa**	hann **sneri/snéri**	þeir **sneru/snéru**
完了分詞	hafa **snúið**			

過去・現在動詞

　アイスランド語には，本来過去形の活用パターンであったものが現在形に現れる動詞，いわゆる過去・現在動詞と呼ばれるグループが存在し，これに属する動詞は活用が特殊です．このグループの動詞の多くは助動詞に分類されます（☞ 10 章）．

	kunna　...の仕方を知っている，...ができる （☞ 10.2)			
	現在単数	現在複数	過去単数	過去複数
1人称	ég **kann**	við **kunnum**	ég **kunni**	við **kunnum**
2人称	þú **kannt**	þið **kunnið**	þú **kunnir**	þið **kunnuð**
3人称	hann **kann**	þeir **kunna**	hann **kunni**	þeir **kunnu**
完了分詞	hafa **kunnað**			

	eiga　所有する，...しなければならない，した方が良い （☞ 10.2)			
	現在単数	現在複数	過去単数	過去複数
1人称	ég **á**	við **eigum**	ég **átti**	við **áttum**
2人称	þú **átt**	þið **eigið**	þú **áttir**	þið **áttuð**
3人称	hann **á**	þeir **eiga**	hann **átti**	þeir **áttu**
完了分詞	hafa **átt**			

	þurfa　...する必要がある （☞ 10.2)			
	現在単数	現在複数	過去単数	過去複数
1人称	ég **þarf**	við **þurfum**	ég **þurfti**	við **þurftum**
2人称	þú **þarft**	þið **þurfið**	þú **þurftir**	þið **þurftuð**
3人称	hann **þarf**	þeir **þurfa**	hann **þurfti**	þeir **þurftu**
完了分詞	hafa **þurft**			

vilja ...したい (☞ 10.3)			
	現在単数	現在複数	過去単数	過去複数
1 人称	ég **vil**	við **viljum**	ég **vildi**	við **vildum**
2 人称	þú **vilt**	þið **viljið**	þú **vildir**	þið **vilduð**
3 人称	hann **vill**	þeir **vilja**	hann **vildi**	þeir **vildu**
完了分詞	hafa **viljað**			

mega ...してもよい (☞ 10.3)			
	現在単数	現在複数	過去単数	過去複数
1 人称	ég **má**	við **megum**	ég **mátti**	við **máttum**
2 人称	þú **mátt**	þið **megið**	þú **máttir**	þið **máttuð**
3 人称	hann **má**	þeir **mega**	hann **mátti**	þeir **máttu**
完了分詞	hafa **mátt**			

muna 覚えている			
	現在単数	現在複数	過去単数	過去複数
1 人称	ég **man**	við **munum**	ég **mundi**	við **mundum**
2 人称	þú **manst**	þið **munið**	þú **mundir**	þið **munduð**
3 人称	hann **man**	þeir **muna**	hann **mundi**	þeir **mundu**
完了分詞	hafa **munað**			

vita 知っている			
	現在単数	現在複数	過去単数	過去複数
1 人称	ég **veit**	við **vitum**	ég **vissi**	við **vissum**
2 人称	þú **veist**	þið **vitið**	þú **vissir**	þið **vissuð**
3 人称	hann **veit**	þeir **vita**	hann **vissi**	þeir **vissu**
完了分詞	hafa **vitað**			

※ unna〈愛している〉もこのグループに分類されますが，使用頻度が低いため省略します．

munu と skulu には過去形，完了分詞がありません（☞ 10.3．接続法過去形は 25.2）．

munu ...だろう, ...かもしれない		skulu ...することにしている	
	現在単数	現在複数	現在単数	現在複数
1 人称	ég **mun**	við **munum**	ég **skal**	við **skulum**
2 人称	þú **munt**	þið **munuð**	þú **skalt**	þið **skuluð**
3 人称	hann **mun**	þeir **munu**	hann **skal**	þeir **skulu**

9.3［hafa ＋完了分詞］の用法

　過去に起こった事態が現在に影響を及ぼしていることを伝えるときには現在完了
［hafa の現在形＋完了分詞］を用います．この形式は，hafa を現在形で用いることか
らも分かるように，現在の状況について述べています．下の文では，確かに本を読む
行為やノルウェーに行く行為は発話時点より前に行われたことですが，焦点は〈（何
度も本を読んだことがあるために）本の内容を覚えている〉，あるいは〈（頻繁にノル
ウェーに行っているために）ノルウェーについてよく知っている〉といった過去の行
為が及ぼす現在（発話時点）への影響にあります．

　Hann hefur lesið bókina mörgum sinnum. 彼はその本を何度も読んだことがある．

　Maðurinn hefur oft farið til Noregs. その男は（これまで）頻繁にノルウェーに行っている．

　この形式は，しばしば頻度を表す副詞（oft〈よく〉，aldrei〈一度も...ない〉，mörgum
sinnum〈何度も〉など）をともない経験〈...したことがある〉の意味を表します．ま
た，lengi〈長い間〉など期間を表す副詞表現をともない，継続〈ずっと...している〉
の意味を表すこともあります．この意味では，過去に始まった事態が現在（発話時点）
まで続いていることが示されます（☞ 時を表す表現は 19 章）．

　Ég hef aldrei farið til útlanda. 私は一度も外国に行ったことがない．

　Þau hafa búið í Reykjavík lengi. 彼らは長い間レイキャヴィークに住んでいる．

　Hún hefur verið veik í þrjá daga. 彼女は 3 日間ずっと病気だ．

　過去完了［hafa の過去形＋完了分詞］では，経験や継続の用法の他，ある過去の一
時点よりもさらに前に起こった出来事を表す，いわゆる大過去の用法も見られます．

　Ég hafði aldrei farið til útlanda áður en ég ferðaðist til Japan.

　　私は日本に旅行するまで，一度も外国に行ったことがなかった．

　Hún hafði lengi starfað sem blaðamaður þegar slysið varð.

　　その事故が起きた時には，彼女はジャーナリストとして長期にわたり働いていた．

　Hann hafði ákveðið það áður en hann fór af stað.

　　彼は出発する前にはすでにそれを決めてしまっていた．

　しかしながら，遠くない過去に完了した行為やその結果について述べるときには次
に学習する［vera búinn að ＋不定詞］の形式が好まれます．

9.4［vera búinn að ＋不定詞］の用法

　動詞 búa〈住む，準備する〉の過去分詞 búinn を用いた［vera búinn að ＋不定詞］
の形式も完了の意味を表すことができ，この形式は日常会話でもよく耳にします．
búinn は主語の性と数に合わせて変化します（☞ 過去分詞については 22.1）．

	単数			複数		
	男性	女性	中性	男性	女性	中性
主	búinn	búin	búið	búnir	búnar	búin

この形式は，不定詞に何らかの行為を表す動詞をとり，遠くない過去に完了した行為〈（もう）…してしまった〉を表します．行為が直前に行われたことを強調するときには nýbúinn〈ちょうど完了した〉も用いられます．

Ertu búinn að kaupa jólagjafirnar?　もうクリスマスプレゼントは買った？

Stelpan er búin að lesa bókina.　女の子はもうその本を読んでしまった．

Ég er nýbúinn að hitta hana.　私はちょうど今彼女に会ったところだ．

　この形式でも焦点は過去の行為ではなくむしろ過去の行為が及ぼす現在への状況にあります．下の2つの文を見てください．1つ目の過去形を用いた文は，彼らが8時に朝食をとったことを表す文ですが，この文では現在のことについては何も述べられていません．それに対して2つ目の［vera búinn að ＋不定詞］の形式を用いた文では，確かに朝食をとったのは今よりも過去のことですが，焦点は朝食をとったことによる現在への影響にあります．つまりここでは〈（朝食をとってしまったので）今はもう満腹である〉などの現在の状態が暗に示されているといえます．

Þeir borðuðu morgunmat klukkan átta.　彼らは8時に朝食をとった．

Þeir eru búnir að borða morgunmat.　彼らはもう朝食をとってしまった．

　この形式が sitja〈座っている〉や sofa〈眠っている〉などの状態動詞と用いられると，どのくらいその状態が継続しているかに焦点があたり，しばしば期間を表す副詞を伴います．また detta〈転ぶ〉や sofna〈眠りに落ちる〉などの瞬間的な動作を表す動詞は，この形式では（繰り返しによる継続解釈などの場合でなければ）用いられません．

Ertu búinn að búa lengi í Japan?　日本に住んでもう長いの？

Hann er búinn að vera veikur í tvo daga.　彼はここ2日体調を崩している．

過去のある時点を基準とする場合には動詞 vera を過去形にします．

Ég er búinn að gleyma því.　（それについて）忘れてしまったよ．

Ég var búinn að gleyma því en hún minnti mig á það.

　（それについて）忘れてしまっていたが，彼女が私にそれを思い出させてくれた．

※［minna ＋人（対）＋á＋対］（人に）…について思い出させる

　ちなみに，（上の完了の表現とは異なりますが）búinn の前に til をつけた tilbúinn〈準備ができた〉も日常でよく耳にします．

(Ertu) tilbúinn/tilbúin?　（男性に／女性に）準備はいい？

83

第10章 助動詞

10.1 助動詞

　ある事態について話し手がどの程度確信を持っているのか明示したいとき，あるいは主語の能力や意志，義務，願望について言及したいときには助動詞を用います（このような助動詞を特に法助動詞と呼びます）．助動詞は普通の動詞と同じく人称・数・時制にしたがって活用しますが，その多くは過去・現在動詞に属するため活用が特殊です（☞ 9.2．本章では，括弧内に 3 人称単数現在形 - 3 人称単数過去形 - 3 人称複数過去形 - 完了分詞を挙げています）．

　アイスランド語の法助動詞は，後続する動詞の形にしたがって，概ね［að + 不定詞］をとるもの，不定詞をとるもの，動詞の完了分詞をとるものとに分かれます．否定のekki は助動詞の直後におき，疑問文は助動詞を文頭におきます．

10.2 ［að + 不定詞］をとる助動詞

> **kunna** …の仕方を知っている，…ができる（kann - kunni - kunnu - kunnað）

　kunna は知識や技術を習得したことによる<u>後天的な能力</u>〈…の仕方を知っている，…ができる〉を表し，英語の can のように状況に基づく可能を表すことはありません．

Hann kann að spila á gítar.	彼はギターが弾ける．
Ég kann að tefla.	私はチェスの仕方を知っている．
Ég kann ekki að tefla.	私はチェスの仕方を知らない．
Kannt þú að keyra bíl?	君は車の運転できる？

　もう一つ，kunna は可能性〈…かもしれない〉を表すこともありますが，このとき，主語に人以外を表す名詞・代名詞をとる傾向があります．

Þetta kann að vera satt.	それは本当かもしれない．

　なお，kunna は対格の目的語をとることもあります．目的語に選ばれるのは科目や言語などに関わる名詞であり，それに関する知識，技術を習得していることを表します．

Hún kann íslensku.	彼女はアイスランド語ができます．

> **eiga** …しなければならない，した方が良い（á - átti - áttu - átt）

　助動詞 eiga（☞ 動詞の用法は 7 章プラスワン）は，行為を行う本人以外の決定による必要性，義務〈…しなければならない，した方が良い〉を表します（否定文は［eiga ekki að + 不定詞］〈…すべきでない〉）．2 人称で用いるとしばしば指示的，命令的な

84

意味合いが生まれます．特定の誰かについてではなくより一般的な義務についていうときには［það á að ＋不定詞］の形式も用いられます．

Ég á að lesa þessa grein.	私はその記事を読まなければならない．
Hvað á ég að gera?	どうしたらいいのだろうか？（←何をすべきだろうか？）
Skýrslunni á að skila á morgun.	その報告書は明日提出しなければならない．

※この文の本来の語順は það á að skila skýrslunni á morgun ですが，skila〈提出する〉の与格目的語 skýrslunni〈報告書〉が文頭に置かれることで主語と助動詞の倒置が起こり，その　結果 það が脱落しています（☞ það の脱落については 3.6 および 22 章プラスワン）．

Þú átt ekki að gera það núna.	君は今それをすべきではない．
Þú ættir að prófa þetta.	それ試してみた方がいいよ．

※ ættir のように eiga が接続法過去形（☞ 25 章）をとる場合，助言的な含みが生じます．

Þú hefðir átt að leggja af stað í morgun.	君は今朝出発すべきだったのに．

※［þú hefðir átt að ＋不定詞］君は…すべきだったのに（☞ 接続法については 25 章）

1 人称疑問文の形式［Á ég/Eigum við (ekki) að ＋不定詞］で提案〈（私／私たちが）…しましょうか？〉を表すこともあります．

Á ég að hjálpa þér?	手伝おうか？（←手伝った方がいい？）
Eigum við að hittast í kvöld?	今晩会おうか？（←今晩会った方がいい？）

（不確実な）推測，想定，伝聞〈…のはずだ，…とされている〉を表すこともあります．

Það á að snjóa í nótt.	今夜は雪が降るはずだ．
Tröllið á að hafa búið í þessum helli.	トロールはその洞窟に住んでいたと言われている．

> **þurfa** …する必要がある（þarf - þurfti - þurftu - þurft）

þurfa は eiga よりも高い必要性〈…する必要がある〉を表します（誰の決定によるものかは分かりません）．否定文では〈…する必要がない〉となります．eiga と同じく特定の誰かについて言うのでなければ［það þarf að ＋不定詞］の形式も可能です．

Við þurfum að kaupa miða.	私たちはチケットを買う必要がある．
Ég þarf að fara til læknis á morgun.	私は明日医者にいかないといけません．
Þú þarft ekki að vera hrædd.	怖がる必要はないよ．
Þú þarft ekki að kunna neitt til að taka þátt í verkefninu.	

そのプロジェクトに参加するのに，何か（特別なこと）を知っている必要はない．

※この例のように，アイスランド語の助動詞は 2 つ続けて用いることも可能です．

Það þarf að taka mynd.	写真を撮る必要がある．

さらに，þurfa は対格あるいは属格の目的語をとることもあります．属格の場合，

85

代名詞 það の属格形 þess をとることが多く，その場合直前で示された行為などを受けて〈（しばしば否定文で）そうする必要がある〉という意味を表します.

Við þurfum hjálp.　私たちには助けが必要だ. ※ hjálp〈助け〉は単数対格形.

Jón ætlar að svara en hann þarf þess ekki.

ヨウンは答えるつもりですが，彼にそうする必要はありません.

---

verða …しなければならない（強変化グループ 3：verður - varð - urðu - orðið）

verða は義務〈…しなければならない〉を表します（☞ 動詞 verða の用法は 5.3）. eiga や þurfa と似ていますが必要性の度合いはさらに高くなります. ただし［verða að + 不定詞］を否定で用いることはなく，その場合，代わりに þurfa が用いられます.

Ég verð að hringja í pabba.　私は父に電話をしなければならない.

Verður hann að borga?　彼はお金を払わなければなりませんか？

– Já, hann verður að borga.　はい，払わなければなりません.

– Nei, hann þarf ekki að borga.　いいえ，払う必要はありません.

---

hljóta …であるに違いない（強変化グループ 2：hlýtur - hlaut - hlutu - hlotið）

hljóta は論理的な必然性〈（状況から論理的に考えて）…でなければならない，…はずだ，…であるに違いない，…せざるをえない〉を表します.［hljóta að hafa + 完了分詞］では，過去に起こった事態に対する論理的な推測〈…したに違いない〉を表します.

Það hlýtur að vera erfitt.　それは難しいに違いない.

Hann hlýtur að vita það.　彼はそれを知っているに違いない.

Ég hlýt að viðurkenna það.　私はそれを認めざるをえない.

Hann hlaut að vera á leiðinni heim.　彼は帰宅途中に違いなかった.

Hún hlýtur að hafa sagt eitthvað.　彼女が何かを言ったに違いない.

この動詞は〈受け取る，もらう〉という意味で対格目的語を取ることもありますが，このとき物理的な物よりもむしろ抽象的な verðlaun〈賞〉, styrkur〈助成金〉, nafn〈名前〉, viðurkenning〈承認，評価〉などの名詞が目的語に選ばれます.

Hann hlaut verðlaun frá skólanum.　彼は学校から賞をもらった.

Hún hlaut styrk úr menningarsjóði.　彼女は文化基金から助成金を得た.

10.3 不定詞をとる助動詞

vilja …したい（vill - vildi - vildu - viljað）

vilja は強い願望〈…したい〉を表します. 語源的には英語の will と同じですがむし

ろ want に近い意味を表します．疑問文でもよく用いられ，このとき vilt þú が viltu のようにしばしば 1 語で綴られます．疑問文の場合，純粋に願望を問うものもありますが，そこからさらに要求，命令〈...してくれますか？〉も表します．［Viltu gjöra svo vel að ＋不定詞］や［Viltu vera svo góð(ur) að ＋不定詞］を用いて，より丁寧な要求〈どうか...していただけますか？〉を表すこともできます．

Ég vil fara heim.	私は家に帰りたい．
Þau vilja ekki vinna.	彼らは働きたくない．
Viltu koma með okkur?	私たちと一緒に来る（来たい）？
Viltu hjálpa mér að flytja?	引っ越すのを手伝ってくれる？
Viltu gjöra svo vel að opna dyrnar.	どうかドアを開けていただけますか．

※接続法過去を用いて Vildirðu/Vildir þú とすればさらに丁寧度は高まります（☞ 25 章）．また，gjöra は gera〈する〉の古い形で通常は gera の方が好まれますが，まれに上のような決まり文句で gjöra の形が現れることがあります．

さらに vilja は対格目的語をとり〈...が欲しい〉という意味を表したり，またその直後に接続詞 að をともない文を続けることもできます（☞ 接続詞 að については 16.2）．

Viltu kaffi?	コーヒー欲しい？
Viltu að við hringjum í þig?	君は私たちに（君に）電話をして欲しいのですか？

※この hringjum は接続法の 1 人称複数現在形（☞ 25.2）．

---

mega ...してもよい（má - mátti - máttu - mátt）

mega は許可，可能〈...してもよい〉を，否定文では〈...してはいけない〉という意味を表します．行為者を指定しない場合には［það mega 不定詞］の形式も可能です．

Þú mátt segja nei.	いやだと言ってもよい．
Má ég fara heim?	家に帰ってもいい？
Hvað ertu gamall, ef ég má/mætti spyrja?	もし聞いてよければ，あなたは何歳ですか？

※ má の代わりに接続法過去形 mætti を用いれば，より丁寧度が高まります（☞ 25 章）．

Það má ekki gleyma því. そのことを忘れてはなりません．

（お店などの）何かを提供する場面では次の文がよく使われます．

Hvað má bjóða ykkur?

何にいたしましょうか？（←あなた方に何を提供してもよいのでしょうか？）

Má bjóða þér kaffi? コーヒーはいかが？

さらに，mega は（しばしば mega vera の形で）可能性〈...かもしれない〉や可能〈...できる〉を表すことがあります．mega が表す可能性の度合いはあまり高くない場合が多く，後にしばしば en〈しかし〉が続きます．断定を避ける目的などであえて

87

mega が用いられることもあります.

Það <u>má</u> vera rétt.	正しいのかもしれない.
(Það) <u>má</u> vera.	そうかもね.
Hér <u>má sjá</u> mynd af svæðinu.	ここでその地域の写真が見られます.

※〔það mega ＋不定詞〕の形式で hér〈ここで〉を文頭に置いたために það が脱落しています（það の脱落については 3.6 および 22 章プラスワン).

munu ...だろう, ...かもしれない（mun - 直説法過去形・完了分詞なし）

munu は,（確実ではないが起こりうる）未来の事柄についての推測〈...だろう, ...かもしれない〉や（情報に基づく）推論〈...とされている〉などを表します. 接続法で用いられる munu については 25 章で取り上げます.

Hann <u>mun koma</u> til okkar á morgun.	彼は明日私たちのもとに来るだろう.
Ég <u>mun sakna</u> þín.	寂しくなるね（←あなたがいないのを寂しいと思うことだろう).
Hálsmenið <u>mun vera</u> frá víkingatímanum.	

そのネックレスはヴァイキング時代のものとされている.

Hún <u>mun hafa verið</u> 20 ára þegar hún kom til Íslands.	

彼女はアイスランドに来たとき 20 歳だったと言われている.

skulu ...することにする（skal - 直説法過去形・完了分詞なし）

この動詞は本来「誰かが決定したこと」を表します. ここを出発点として, 一人称単数の主語をとるときには, 自身の強い意志や約束, 申し出〈...することにする〉を表します. 主語が一人称複数の場合, 提案, 勧誘〈（一緒に）...しよう〉を表します.

Ég <u>skal athuga</u> það.	それについて調べてみるよ.
Ég <u>skal gera</u> mitt besta.	最善を尽くすよ.
Nú <u>skulum</u> við <u>fara</u> inn í húsið.	さあ家に入りましょう.
Við <u>skulum ekki kaupa</u> gotterí.	甘いものは買わないでおこう.

その他,（多くは発話者からの）忠告や命令, 要請〈...しなさい〉を表します.

Þú <u>skalt ekki ljúga</u>.	嘘をつかないようにしなさい.
Þið <u>skuluð fara</u> heim strax.	今すぐ家に帰りなさい.
Textinn <u>skal vera</u> á ensku.	テクストは英語でなければならない.

10.4 完了分詞をとる助動詞

geta ...できる（強変化グループ 5：getur - gat - gátu - getað(/getið)）

geta は〔geta ＋完了分詞〕の形式で可能〈...できる〉, 特に状況的あるいは先天的に何らかのことができるという可能の意味を表します. 後天的に習得した物事に関す

る可能には kunna を用います.

Þú getur keypt miða á netinu.　　チケットはネットで買えるよ.

Hann gat ekki leynt því.　　彼はそれを隠すことができなかった.

Fuglinn getur flogið hátt.　　鳥は空高く飛ぶことができる.

※☞ 総称表現に既知形を用いる用法については 4.6.

Ég vil geta hjálpað fólki.　　私は人々を助けられるようになりたい.

疑問文［Geturðu/Getur þú ＋完了分詞］ではお願い〈...できますか, してくれますか〉を表すこともできます. 上で確認した［Viltu ＋不定詞］よりも丁寧さの度合いが高い表現ですが, 接続法を用いると丁寧さの度合いはさらに高まります（☞ 25 章）.

Geturðu/Gætirðu komið á morgun?　明日来られますか／来ていただけますか?

Geturðu sagt mér hvað klukkan er?　何時か教えてくれますか?

geta は可能性〈...かもしれない〉を表すこともあります. すでに完了した事態に対する可能性〈...したのかもしれない〉については［geta hafa ＋完了分詞］の形式を用いますが, このとき hafa は geta の直後であっても不定詞のままとなります.

Það getur verið erfitt að taka fyrsta skrefið.

最初の一歩を踏み出すのは難しいかもしれない.

Þetta getur ekki verið satt.　　それが本当のはずがない.

Maðurinn getur hafa hjálpað henni.　　その男は彼女を助けたのかもしれない.

10.5 その他の助動詞

fá:〈...させてもらう〉（強変化グループ 7：fær - fékk - fengu - fengið）

fá は, 対格目的語をとり〈手に入る, もらう〉という意味を表す他, いくつかの異なる形式で用いられます.

① ［fá að ＋不定詞］許可〈...させてもらう〉

Ég fékk að spyrja hana nokkurra spurninga. 私は彼女にいくつかの質問をさせてもらえた.

Þau fengu að sofa í gestaherberginu. 彼らはゲストルームで寝かせてもらえた.

② ［fá ＋完了分詞］可能〈（しばしば否定文で）...できる〉

しばしば否定文で用いられます. ただし, 可能の意味では geta がより一般的です.

Enginn fær gert við því.　それについてはどうにもできない.

③ ［fá ＋対＋ til að ＋不定詞］〈...に...をしてもらう, ...に...をさせる〉

Ég fékk hann til að koma hingað.　（私は）彼にここに来てもらった.

Hún fékk okkur til að hugsa um umhverfið okkar.

彼女によって, 私たちは自分たちの周囲の環境について考えるようになった.

89

| **láta** ...させる, ...させてやる（強変化グループ7：lætur - lét - létu - látið）|

láta は［láta ＋ 不定詞］あるいは［láta ＋ 対 ＋ 不定詞］の形式をとり, 〈...させる, ...させてやる〉という意味を表します.

Ég læt vita þegar hann er kominn. 彼が来たら知らせてあげるよ.

Kennarinn lét nemendurna vinna saman í hópum.

その先生はそれらの生徒たちにグループワークをさせた.

láta は, その他にも対格目的語をとり 〈置く〉, 自動詞的に用いて 〈振舞う〉 などの意味を表します.

Ég lét bókina á skrifborðið. 私はその本を机の上に置いた.

Láttu ekki svona. （そんなふうに振る舞うのは）やめなさい.

※駄々をこねる子供などによく使われます.

第11章 強変化動詞

11.1 強変化動詞の現在形

　本章では英語の不規則動詞に相当する強変化動詞について見ていきます．強変化動詞の現在形の活用は大きく3つのグループに分けられ，また動詞の多くは語幹母音（第1音節の母音）が不定詞と現在単数形で異なります（☞ 11.2．強変化動詞の活用リストは巻末の主要動詞活用表を参照）．複数の活用パターンについては弱変化動詞と強変化動詞で違いはなく，さらに母音も不定詞と同じになります．ただし，不定詞の母音が a の場合には，一人称複数形で ö に変わります（下表 fara〈行く〉を参照）．

強変化動詞グループ1（UR グループ）

　不定詞の語末の -a あるいは -ja を落とした上で活用語尾をつけます．活用語尾は弱変化 UR グループと同じで，1人称単数では語尾をつけず，2・3人称で -ur をつけます．強変化動詞の多くはこの活用グループに入ります．

	líta 見る，目を向ける		**brjóta** 壊す	
	単数	複数	単数	複数
1人称	ég **lít**	við **lítum**	ég **brýt**	við **brjótum**
2人称	þú **lítur**	þið **lítið**	þú **brýtur**	þið **brjótið**
3人称	hann **lítur**	þeir **líta**	hann **brýtur**	þeir **brjóta**

　例　**gefa** 与える / **verða** ...になる / **sitja** 座っている / **koma** 来る

強変化動詞グループ2（R グループ）

　語幹（不定詞から -a/-ja を落とした形）が母音で終わる動詞がこの活用グループに入ります．1人称単数では語尾をつけず，2人称単数で -rð，3人称単数で -r をつけます．

	fá 手に入る，もらう		**hlæja** 笑う	
	単数	複数	単数	複数
1人称	ég **fæ**	við **fáum**	ég **hlæ**	við **hlæjum**
2人称	þú **færð**	þið **fáið**	þú **hlærð**	þið **hlæið**
3人称	hann **fær**	þeir **fá**	hann **hlær**	þeir **hlæja**

　例　**búa** 住んでいる / **deyja** 死ぬ / **sjá** 見える，見る / **slá** 打つ

91

強変化動詞グループ 3（語尾ゼログループ）

　語幹が -r/-s で終わる動詞がこのグループに入ります．1・3 人称単数では語尾をつけず，2 人称単数で語幹が -r で終わる場合には -ð を，-s で終わる場合には -t をつけます．

	fara　行く		lesa　読む，勉強する	
	単数	複数	単数	複数
1 人称	ég **fer**	við **förum**	ég **les**	við **lesum**
2 人称	þú **ferð**	þið **farið**	þú **lest**	þið **lesið**
3 人称	hann **fer**	þeir **fara**	hann **les**	þeir **lesa**

　例　**bera** 運ぶ / **blása** 吹く / **skera** 切る

（例外的に）語幹が -ín/-x で終わる動詞

　語幹が -ín/-x で終わる動詞は 1・2・3 人称単数が全て同じ形になります．

	skína　輝く		vaxa　成長する，大きくなる	
	単数	複数	単数	複数
1 人称	ég **skín**	við **skínum**	ég **vex**	við **vöxum**
2 人称	þú **skín**	þið **skíníð**	þú **vex**	þið **vaxíð**
3 人称	hann **skín**	þeir **skína**	hann **vex**	þeir **vaxa**

　例　**hrína**（大声で）泣く

11.2　現在形の母音変化

　強変化（および一部の弱変化）動詞の現在形は，単数でしばしば語幹母音（第 1 音節の母音）が変わります．

①不定詞で a/o/ö・現在形で e（不定詞 > 現在 3 人称単数形）

fara > fer	行く	**ganga > gengur**	歩いていく
koma > kemur	来る	**sofa > sefur**	眠っている
stökkva > stekkur	跳ぶ	**sökkva > sekkur**	沈む
hafa > hefur	持っている（弱）	**slökkva > slekkur**	（電気などを）消す（弱）

②不定詞で á/ó・現在形で æ

fá > fær	手に入る，もらう	**gráta > grætur**	泣く
ná > nær	届く（弱）	**róa > rær**	（オールで）漕ぐ（弱）
gróa > grær	（植物が）育つ（弱）		

③不定詞で ú/jó/jú・現在形で ý

búa > býr	住む	**súpa > sýpur**	一口飲む

bjóða > býður	提供する	brjóta > brýtur	壊す
fljúga > flýgur	飛ぶ	ljúga > lýgur	嘘をつく
snúa > snýr	回す（弱）		

④不定詞で au・現在形で ey

| auka > eykur | 増やす | hlaupa > hleypur | 走る |

⑤その他

| sjá > sér | 見る | skjálfa > skelfur | 震える |
| þvo > þvær | 洗う（弱） | | |

11.3 強変化動詞の過去形・完了分詞

　続けて強変化動詞の過去形と完了分詞について確認しましょう．弱変化動詞では接尾辞 -d-/-ð-/-t- をつけて過去形や完了分詞を作りますが，強変化動詞では語幹母音（第 1 音節の母音）が交替します．アイスランド語の強変化動詞はおおむね英語の不規則動詞に相当しますが，その変化は実際には不規則というわけではなく，母音の交替には決まったパターンがあります．ここでは，母音交替のグループについて慣習にしたがい「不定詞 - 過去単数 - 過去複数 - 完了（過去）分詞」の順で示しています．

　さらに，強変化動詞では過去形の活用語尾も弱変化動詞とは異なります．強変化動詞の過去形では，1・3 人称単数で語尾がつかず，2 人称単数で -st，1 人称複数で -um，2 人称複数で -uð，3 人称複数で -u がつきます．1・2・3 人称複数の活用は弱変化動詞と同じです．語幹が -t/s で終わる動詞は 2 人称単数形がそれぞれ -t-st/-s-st が -st となります（☞ 巻末主要動詞活用表）.

強変化グループ 1（í - ei - i - i）

　語幹母音の直後に子音が一つ続く動詞のグループです．

　bíta の過去 2 人称単数形：beit ＋ -st > beitst > beist

| | bíta かむ | | grípa つかむ | |
	過去単数	過去複数	過去単数	過去複数
1 人称	ég **beit**	við **bitum**	ég **greip**	við **gripum**
2 人称	þú **beist**	þið **bituð**	þú **greipst**	þið **gripuð**
3 人称	hann **beit**	þeir **bitu**	hann **greip**	þeir **gripu**
完了分詞	hafa **bitið**		hafa **gripið**	

不定詞		現在 3 人称単数	過去 3 人称単数	過去 3 人称複数	完了分詞
líta	目をやる	lítur	leit	litu	litið
skína	輝く	skín	skein	skinu	skinið
stíga	歩む	stígur	steig	stigu	stigið
svíkja	裏切る	svíkur	sveik	sviku	svikið
bíða	待つ	bíður	beið	biðu	beðið

※ bíða〈待つ〉は完了分詞が beðið になります. 同じく, 強変化グループ 5 に分類される biðja〈頼む〉の完了分詞も beðið となるため両者の活用を混同しないように注意しましょう.

強変化グループ 2 (jó/jú(/ú) - au - u - o)

(強変化グループ 1 と同じく) 語幹母音直後に子音が一つ続く動詞のグループです.

	bjóða 提供する		fljúga 飛ぶ	
	過去単数	過去複数	過去単数	過去複数
1 人称	ég bauð	við buðum	ég flaug	við flugum
2 人称	þú bauðst	þið buðuð	þú flaugst	þið fluguð
3 人称	hann bauð	þeir buðu	hann flaug	þeir flugu
完了分詞	hafa boðið		hafa flogið	

不定詞		現在 3 人称単数	過去 3 人称単数	過去 3 人称複数	完了分詞
brjóta	壊す	brýtur	braut	brutu	brotið
skjóta	撃つ	skýtur	skaut	skutu	skotið
ljúka	終える	lýkur	lauk	luku	lokið
lúta	屈める	lýtur	laut	lutu	lotið

強変化グループ 3 (e/i/ja(/ö/y) - a(/ö) - u - o/u)

語幹母音の直後に子音が 2 つ続く動詞のグループです. v の後に母音 o あるいは u が続くとき, 過去複数, 完了分詞で v が脱落します.

	sleppa 逃れる		vinna 働く	
	過去単数	過去複数	過去単数	過去複数
1 人称	ég slapp	við sluppum	ég vann	við unnum
2 人称	þú slappst	þið sluppuð	þú vannst	þið unnuð
3 人称	hann slapp	þeir sluppu	hann vann	þeir unnu
完了分詞	hafa sloppið		hafa unnið	

このグループには母音交替が ö(/y) - ö - u - o(/u) となるものもあります.

	sökkva 沈む		syngja 歌う	
	過去単数	過去複数	過去単数	過去複数
1 人称	ég **sökk**	við **sukkum**	ég **söng**	við **sungum**
2 人称	þú **sökkst**	þið **sukkuð**	þú **söngst**	þið **sunguð**
3 人称	hann **sökk**	þeir **sukku**	hann **söng**	þeir **sungu**
完了分詞	hafa **sokkið**		hafa **sungið**	

不定詞	現在 3 人称単数	過去 3 人称単数	過去 3 人称複数	完了分詞
drekka 飲む	**drekkur**	**drakk**	**drukku**	**drukkið**
detta 落ちる	**dettur**	**datt**	**duttu**	**dottið**
finna 見つける	**finnur**	**fann**	**fundu**	**fundið**
stökkva 跳ぶ	**stekkur**	**stökk**	**stukku**	**stokkið**

※☞ 子音の変化・脱落が起こるものについては 11.4.

強変化グループ 4 (e/o‐a(/o)‐á(/o)‐o/u)

語幹母音の後に流音か鼻音 (l/r/m/n) が一つ続く動詞のグループです.

	bera 運ぶ		skera 切る	
	過去単数	過去複数	過去単数	過去複数
1 人称	ég **bar**	við **bárum**	ég **skar**	við **skárum**
2 人称	þú **barst**	þið **báruð**	þú **skarst**	þið **skáruð**
3 人称	hann **bar**	þeir **báru**	hann **skar**	þeir **skáru**
完了分詞	hafa **borið**		hafa **skorið**	

不定詞	現在 3 人称単数	過去 3 人称単数	過去 3 人称複数	完了分詞
stela 盗む	**stelur**	**stal**	**stálu**	**stolið**
koma 来る	**kemur**	**kom**	**komu**	**komið**
sofa 眠っている	**sefur**	**svaf**	**sváfu**	**sofið**

※ sofa は l/r/m/n を語幹に含みませんが, このグループに入ります.

強変化グループ 5 (e/i(/é)‐a/á‐á‐e(/é))

語幹母音の直後に流音・鼻音 (l/r/m/n) 以外の子音が一つ続く動詞のグループです.

	gefa 与える		sitja 座っている	
	過去単数	過去複数	過去単数	過去複数
1 人称	ég **gaf**	við **gáfum**	ég **sat**	við **sátum**
2 人称	þú **gafst**	þið **gáfuð**	þú **sast**	þið **sátuð**
3 人称	hann **gaf**	þeir **gáfu**	hann **sat**	þeir **sátu**
完了分詞	hafa **gefið**		hafa **setið**	

95

このグループには é/(já) - á - á - é というバリエーションもあります.

	sjá 見る		éta 食べる	
	過去単数	過去複数	過去単数	過去複数
1 人称	ég sá	við sáum	ég át	við átum
2 人称	þú sást	þið sáuð	þú ást	þið átuð
3 人称	hann sá	þeir sáu	hann át	þeir átu
完了分詞	hafa séð		hafa étið	

※〈食べる〉という意味の動詞は，日常的には éta よりも borða を用います.

不定詞		現在 3 人称単数	過去 3 人称単数	過去 3 人称複数	完了分詞
biðja	頼む	biður	bað	báðu	beðið
drepa	殺す	drepur	drap	drápu	drepið
lesa	読む	les	las	lásu	lesið
meta	評価する	metur	mat	mátu	metið

※ liggja もこのグループですが過去 3 人称単数形が lá になります（☞ 11.4）．また vera も不規則（過 3 単 var・過 3 複 voru・完了分詞 verið）ですが同じくこのグループに入ります.

強変化グループ 6 (a/e(/á/o/ey/æ) - ó - ó - a/e)

語幹母音の直後に子音が一つ続く動詞のグループです.

	fara 行く		taka 取る	
	過去単数	過去複数	過去単数	過去複数
1 人称	ég fór	við fórum	ég tók	við tókum
2 人称	þú fórst	þið fóruð	þú tókst	þið tókuð
3 人称	hann fór	þeir fóru	hann tók	þeir tóku
完了分詞	hafa farið		hafa tekið	

不定詞		現在 3 人称単数	過去 3 人称単数	過去 3 人称複数	完了分詞
aka	運転する	ekur	ók	óku	ekið
grafa	埋める	grefur	gróf	grófu	grafið
slá	打つ	slær	sló	slógu	slegið
draga	引っ張る	dregur	dró	drógu	dregið
hlæja	笑う	hlær	hló	hlógu	hlegið
standa	立っている	stendur	stóð	stóðu	staðið

※☞ 語幹の子音が変化・脱落するものについては 11.4 で取り上げます.

96

強変化グループ 7（指定なし - é/jó - é/u - 不定詞と同じ）

過去単数および過去複数で語幹母音が é になります．

	heita 名前である，約束する		gráta 泣く	
	過去単数	過去複数	過去単数	過去複数
1 人称	ég **hét**	við **hétum**	ég **grét**	við **grétum**
2 人称	þú **hést**	þið **hétuð**	þú **grést**	þið **grétuð**
3 人称	hann **hét**	þeir **hétu**	hann **grét**	þeir **grétu**
完了分詞	**hafa heitið/heitað**		**hafa grátið**	

過去単数および過去複数で語幹母音が jó/ó - ju/u となるものもあります．

	hlaupa 走る		búa 住んでいる	
	過去単数	過去複数	過去単数	過去複数
1 人称	ég **hljóp**	við **hlupum**	ég **bjó**	við **bjuggum**
2 人称	þú **hljópst**	þið **hlupuð**	þú **bjóst**	þið **bjugguð**
3 人称	hann **hljóp**	þeir **hlupu**	hann **bjó**	þeir **bjuggu**
完了分詞	**hafa hlaupið**		**hafa búið**	

不定詞	現在 3 人称単数	過去 3 人称単数	過去 3 人称複数	完了分詞
falla 落ちる	**fellur**	**féll**	**féllu**	**fallið**
halda 持つ	**heldur**	**hélt**	**héldu**	**haldið**
leika 遊ぶ	**leikur**	**lék**	**léku**	**leikið**

※少し変化が特殊ですが ganga〈歩いていく〉や fá〈手に入る〉，hanga〈掛かっている〉などもこのグループに入ります（☞ 11.4）．

11.4 強変化動詞の語幹の子音変化

強変化動詞の中には過去単数で子音が変わる（あるいは脱落する）ものがあります．

①不定詞で ng・過去単数で kk（不定詞 > 過去 3 人称単数形（母音交替グループ））

spri<u>ng</u>a > spra<u>kk</u> 破裂する（3）　　**sti<u>ng</u>a > sta<u>kk</u>** 刺す（3）

ga<u>ng</u>a > ge<u>kk</u> 歩いていく（7）　　**ha<u>ng</u>a > hé<u>kk</u>** 掛かっている（7）

②不定詞で nd・過去単数で tt

bi<u>nd</u>a > ba<u>tt</u> 縛る（3）

③不定詞で d・過去単数で t

gja<u>ld</u>a > galt 支払う（3）　　**ha<u>ld</u>a > hélt** 持つ，思う（7）

④過去単数で子音脱落

bre<u>gð</u>a > brá （素早く）動かす（3）　　**dra<u>g</u>a > dró** 引っ張る（6）

hö<u>ggv</u>a > hjó たたき切る（7）

⑤その他（不定詞 > 過去 3 人称単数形 / 複数形（母音交替グループ））

次の動詞では特殊な子音変化（子音の挿入）があります．

finna > fann / fundu 見つける（3）　　sofa > svaf / sváfu 眠っている（4）

liggja > lá / lágu 横になっている（5）　standa > stóð / stóðu 立っている（6）

hlæja > hló / hlógu 笑う（6）　　　　slá > sló / slógu 打つ，殴る（6）

fá > fékk / fengu 手に入る（7）　　búa > bjó / bjuggu 住んでいる（7）

　その他，特殊な語形変化パターンの強変化動詞として，kvíða〈心配する〉と hanga
〈掛かっている〉，heita〈名前である〉は現在形の活用が弱変化 IR グループになります．

プラスワン：動詞の自他と強変化・弱変化

　アイスランド語には，不定詞が同じつづりにもかかわらず活用が異なる自動
詞と他動詞のペアが存在します．次の brenna と skella の例を見てみましょう．

Húsið hans brann til grunna. 彼の家は焼け落ちた．（強変化動詞・自動詞）

Hann brenndi bækurnar. 彼はそれらの本を燃やした．（弱変化動詞・他動詞）

Bókin skall í gólfið. 本が床にバタンと落ちた．（強変化動詞・自動詞）

Hún skellti hurðinni. 彼女はドアをバタンと閉めた．（弱変化動詞・他動詞）

　動詞 brenna には強変化動詞と弱変化動詞の2種類があり，強変化動詞は〈燃
える〉，弱変化動詞は〈燃やす〉という意味を表します．skella については，強
変化で〈（バタンと）ぶつかる〉，弱変化で〈（バタンと）ぶつける〉という意
味を表します．このように，強変化と弱変化で異なる自動詞と他動詞のペアが
あるとき，強変化タイプは自動詞，弱変化タイプは他動詞です．

	自動詞・強変化（グループ3）			他動詞・弱変化		
不定詞	3現単	3過単	意味	3現単	3過単	意味
brenna	brennur	brann	燃える	brennir	brenndi	燃やす
renna	rennur	rann	流れる	rennir	renndi	動かす，流す
stökkva	stekkur	stökk	跳ぶ	stökkvir	stökkti	追い立てる
sökkva	sekkur	sökk	沈む	sökkvir	sökkti	沈める
velta	veltur	valt	転がる	veltir	velti	転がす
svelta	sveltur	svalt	飢える	sveltir	svelti	飢えさせる
skella	skellur	skall	ぶつかる	skellir	skellti	ぶつける
sleppa	sleppur	slapp	逃れる	sleppir	sleppti	放つ

これらの他動詞で svelta〈飢えさせる〉は目的語に対格をとりますが，その他は与格をとります．ただし brenna は対格および与格支配で，対格をとる頻度が高いです．

　さらに次にあげる動詞のペアも強変化は自動詞，弱変化は他動詞です．

自動詞・強変化				他動詞・弱変化			
不定詞	3現単	3過単	意味	不定詞	3現単	3過単	意味
sitja	**situr**	**sat**	座っている	**setja**	**setur**	**setti**	置く
liggja	**liggur**	**lá**	横になっている	**leggja**	**leggur**	**lagði**	横にする
hanga	**hangir**	**hékk**	掛かっている	**hengja**	**hengir**	**hengdi**	吊り下げる
falla	**fellur**	**féll**	落ちる，倒れる	**fella**	**fellir**	**felldi**	落とす，倒す
sofa	**sefur**	**svaf**	眠っている	**svæfa**	**svæfir**	**svæfði**	寝かしつける

※ sofa は強変化グループ 4，sitja，liggja はグループ 5，hanga，falla はグループ 7 です．ただし hanga の現在形は IR タイプであることに注意．

第12章 1つの格を支配する前置詞

12.1 前置詞の格支配

前置詞の後ろに名詞や代名詞を置くとき，その名詞，代名詞は対格，与格，属格のいずれかの形をとります．どの格の形をとるかは前置詞によって異なり，これを前置詞の格支配と呼びます．多くの前置詞は対格，与格，属格のいずれか1つを支配しますが，中には意味によって2つの格（対格もしくは与格）を支配するものもあります．

対	(í) gegnum ...を通り抜けて / (í) kringum ...の周りに / um ...の辺りに umhverfis ...の周りには
与	að ...に / af ...から / andspænis ...に相対して / á eftir ...の後に á móti ...に向かって / ásamt ...と一緒に / á undan ...の前に / frá ...から gagnvart ...に対して / gegn ...に対して / gegnt ...の真向かいに / handa ...のために hjá ...のそばで / undan ...の下から / úr ...の中から / samkvæmt ...によると
属	auk ...に加えて / án ...なしで / (á) meðal ...の間に / (á) milli ...の間で / til ...へ vegna ...のために
対与	対で移動・与で静止：á ...の上 / í ...の中 / undir ...の下 / yfir ...を超えて その他：eftir ...の後で / fyrir ...の前で / með ...を持って / við ...に対して

これらの前置詞の中には動詞と結びついて一つの意味的なまとまりを形成するものがあり，また中には目的語を取らず副詞的に（一部小辞として）用いられるものもあります．ここではそのような例もいくつか取り上げています（☞ 小辞について詳しくは 15.5, 15.6）．

12.2 対格支配の前置詞

（í) gegnum ...を通り抜けて（í gegnum の方が頻度高）

① ...を通り抜けて

Gönguleiðin liggur í gegnum skóginn.　その散歩道は森の中を通っている．

② （時間について，しばしば tíð〈時間〉や ár〈年〉をともない）...にわたって

Í gegnum árin hefur hann kennt okkur margt.
　　長年にわたって，彼は私たちにたくさんのことを教えてくれた．

③ （対象物の中を通すイメージから手段に転じて）...を通じて，通して

Hann er að horfa á fuglinn í gegnum kíki.　彼は双眼鏡でその鳥を見ている．

Hægt er að panta tíma í gegnum appið.　アプリから時間の予約を取ることができる．

　　※〔það er hægt að 不定詞〕の文で，文頭に hægt を置いたことにより倒置が起こり það が脱落しています（☞ 22章プラスワン）．

> **(í) kringum** …の周りに（í kringum の方が頻度高）

① …の周りに，…の周りをまわって

 Við litum í kringum okkur. 　　私たちは周りを見回した．

 Þau dönsuðu í kringum jólatréð. 　　彼らはクリスマスツリーの周りで踊った．

 (í) kringum は周囲を回る動きを含むことが多く，静止の意味では **umhverfis**〈…の周りには（対格支配）〉も用いられます．この前置詞は，意味的には um と似ていますが，um は時間や事柄など抽象的なものを目的語にとれるのに対し，umhverfis は，hverfi〈地区〉を語に含んでいることからも分かるように主に具体的な場所を目的語にとります（多くは Ísland〈アイスランド〉, land〈国〉など）．

 Í hafinu umhverfis Ísland eru ein auðugustu fiskimið heims.
  アイスランドの周りの海は世界で最も豊かな漁場の一つです．

② （時間について）…の頃に

 Útsalan byrjar í kringum 15. desember. 　　セールが 12 月 15 日頃に始まる．

> **um**（基本イメージとして）…の辺り，周りに

① …の辺り，周りに，周りを回って

 Á Íslandi eru heitar laugar víða um landið. 　　アイスランドには国中に温水プールがある．

 Hún er með trefilinn um hálsinn. 　　彼女は首元にスカーフを巻いている．

 Kisan kom inn um gluggann. 　　猫ちゃんが窓を通って中に入ってきた．

 ※ um は直前に方向を表す副詞（út〈外へ〉, inn〈中へ〉, upp〈上へ〉, niður〈下へ〉）をとることがあり，この場合，移動の方向がより具体的に示されます．

② （時間について）（…あたり）の時間，期間に

 Tónleikarnir byrja klukkan 21 um kvöldið. 　　コンサートは晩の 21 時に始まる．

 Ég hlakka til að sjá þig um jólin. 　　クリスマスに君に会えるのを楽しみにしている．

③ （周りの事柄というイメージから）…について

 Þau eru að tala um íslenska menningu. 　　彼らはアイスランド文化について話している．

 Bókin fjallar um japanska menningu. 　　その本は日本文化について扱っている．

④ （1 周回ってやり直すイメージから）…を替えて，変えて

 Ég þarf að skipta um dekk á bílnum. 　　車のタイヤを履き替えないといけない．

 Það er ekki auðvelt að breyta um lífsstíl. 　　ライフスタイルを変えるのは簡単ではない．

⑤ （副詞的に，格を支配せずに）およそ…，約…

 Það tekur um 10 mínútur að svara spurningunum. 　　質問の回答には約 10 分かかる．

 ※ um það bil〈およそ（省略形 u.þ.b.）〉のような表現もあります．

⑥ （目的語を取らず小辞として）回して，回って（☞ 小辞については 15.5）

101

Ég svipaðist um eftir manninum.　　　私は男を探して辺りを見回した．
Áhorfendurnir veltust um af hlátri.　　観客たちは笑い転げた．※☞ -st 形は 20.4.

12.3 与格支配の前置詞

[að（基本イメージとして）点（に向かって）]

① …に向かって，…に

　　Maðurinn gekk að dyrunum.　　その男はドアに向かって歩いていった．
　　Afi er að leita að lyklinum.　　おじいちゃんが鍵を探している．

② （性質，測量，時間などについてある一点を指して）…に（についていうと）

　　Ísland er um 103.000 ferkílometrar að stærð.　　※☞ 数字については 18 章.
　　　アイスランドは大きさが約 103.000 平方キロメートルです．
　　Tíu verkefni hlutu styrk að þessu sinni.　　今回は 10 のプロジェクトが助成を受けた．

　この他，að minnsta kosti〈少なくとも〉や að lokum〈最後に〉，名詞 leyti〈点〉を用いた að mestu leyti〈大部分は〉，að nokkru leyti〈部分的には，ある程度は〉，að öðru leyti〈他の点では〉，að þessu leyti〈その点では〉などの表現もあります．

③ （点に向かって指をさすイメージで）…について何か（間違ったこと）があって

　　Hvað er að henni?　　彼女はどうかしたの？
　　※後ろに名詞をとらない形式 Hvað er að?〈どうかしたの？〉も可能です．
　　Það er eitthvað að bílnum.　　車が何かおかしい．
　　Þau finna að öllu sem ég geri.　　彼らは私のなすこと全てを批判する．

[af …から離れて（対義語 á …の上に）]

① （しばしば方向性を表す副詞をともない）…から（離れて）

　　Hún tekur trefil ofan af hillu.　　彼女は棚からスカーフを取る．
　　Barnið greip bókina af borðinu.　　その子供は机から本を取った．
　　Nú förum við af stað.　　さあ出発しよう．※ af stað 出発して（←場所から離れて）

② （対象から一部を引き離す，取り出してくるイメージで）…の（一部）

　　Það er svo góður ilmur af kaffi og nýbökuðu brauði.
　　　コーヒーと焼きたてのパンのとても良い香りがする．
　　Ég fékk mér sopa af teinu.　　私は紅茶を一口飲んだ．
　　Mamma tók mynd af okkur.　　ママは私たちの写真を撮った．

③ （出発点に着目した「起源，原因」のイメージで）…で，…によって

　　Þeir stirðna af hræðslu.　　彼らは恐怖で体を硬直させる．
　　Hann öskraði af reiði.　　彼は怒りから叫び声を上げた．

※ af hverju〈なぜ？〉や af því að〈...なので〉も同じイメージに基づきます.

④（小辞として）（離れた結果として）終わって

Þetta tekur fljótt af.　　　　　すぐに終わるから. ※文頭の þetta は対格（☞ 21.2）.

Skólinn lagðist af árið 1990.　　1990 年にその学校は廃校になった.

---

andspænis ...に向かい合って，...に相対して，...に直面して

gegnt と似ていますが，andspænis は dauði〈死〉や örlög〈運命〉など，より抽象的な対象を目的語にとることがあります.

Systkinin stóðu skjálfandi andspænis eldspúandi dreka.

　　そのきょうだいは震えながら炎を吐くドラゴンに相対した.

Söguhetjurnar standa andspænis dauðanum.　　主人公たちは死に直面している.

á eftir（空間的・時間的順序について）...の後に，で

Hundurinn hljóp á eftir barninu.　　　　その犬は子供の後を追って走っていった.

Á eftir þriðjudegi kemur miðvikudagur.　　火曜日の後には水曜日がくる.

á móti（2 者が相対するように）...に向かって，向かい合って

ある対象がもう一方の対象へと向かう方向性を表しますが，もう一方の対象からの逆の方向性がともなうことがあります.

① 〈...に向かって〉

Maðurinn kom á móti mér.　　その男は私の方に向かって来た.

Hún tók á móti gestunum.　　彼女はその客たちを出迎えた.

※ taka á móti ＋与 ...を受け取る，受け入れる

Við hlupum á móti vindi.　　私たちは向かい風の中を走った. ※ mótvindur 向かい風

Hann hefur alltaf barist á móti straumnum.　彼は常に世の流れに立ち向かってきた.

②（向かい合うイメージから）...と向かい合って，...に面して

Konan situr á móti mér.　　その女性は私の真向かいに座っている.

Veitingastaðurinn er beint á móti hótelinu.　　レストランはホテルの真向かいにある.

③（相対するものがぶつかり合うイメージから）...に反対して

Ég er ekki á móti umræðunni.　　私はその議論に反対ではない.

ásamt ...と一緒に，...と連れ立って，...に加えて

Þar býr litli bróðir minn ásamt fjölskyldu sinni.

　　そこで私の弟が自分の家族と一緒に住んでいる.

103

Fallegt einbýlishús á tveimur hæðum ásamt bílskúr.
（住宅情報サイトなどで）ガレージ付きのきれいな二階建て一軒家.

á undan （空間的・時間的順序について）…の前に，で

Á undan manninum í röðinni er ung kona. 列のその男性の前には若い女性がいる.

Hún sofnaði á undan mér. 彼女は私よりも先に眠ってしまった.

frá （起点として）…から（対義語 til …へ）

① （起点として）…から（離れていって）

Ég er frá Svíþjóð. 私はスウェーデン出身です.

Hann flutti frá Íslandi til Noregs fyrir 10 árum.
彼は10年前にアイスランドからノルウェーに移り住んだ.

Tölvan gefur frá sér undarlegt hljóð. パソコンから変な音がする.

※ gefa frá sér + 対（音，匂いなど）…を発する

Ekki gleyma að draga frá glugganum.
窓のカーテンを開ける（←窓からカーテンを引く）のを忘れないで！

※ draga gluggatjöldin frá〈カーテンを開ける〉も可. カーテンを閉める場合は fyrir (☞ 14.1).

② （時間的な起点を表して）…から

Skrifstofan er opin frá mánudegi til fimmtudags. 事務所は月曜から木曜まで開いている.

※ [frá og með + 与]〈…から，…以降〉(frá og með morgundeginum〈明日以降〉など) の表現もあります. 反対は [til og með + 与]〈…まで〉です.

Þessi handrit eru frá 16. öld. これらの写本は16世紀のものである.

gagnvart （特定の対象に向けて）…に対して，…に関して

Það eru ákveðnir fordómar gagnvart ungu fólki. 若者に対して特定の偏見がある.

gegn （対抗，対立を表して）…に対して

Þau hafa lengi barist gegn kynjamismunun. 彼らは長期にわたり性差別と戦ってきた.

Nýtt bóluefni veitir góða vörn gegn flensu.
新しいワクチンはインフルエンザ予防によく効く.

gegnt …の真向かいに

Húsið stendur gegnt listasafninu. その家は美術館の真向かいに立っている.

> **handa** ...のために（hönd〈手〉から）

　Ég er með gjöf handa þér.　あなたへのプレゼントを持っています．

> **hjá** ...のそばで，...のところで，...の家で

① ...のそばで，...のところで
　Veitingastaðurinn er rétt hjá kirkjunni.　そのレストランは教会のすぐそばです．
　Þá kom lítil stelpa og settist hjá mér.　すると少女がやって来て，私のそばに座った．
② （しばしば heima をともなって）...の家で，...のところで
　Barnið er heima hjá henni.　子供は彼女の家にいます．　※ heim til + 属 ...の家へ
　Hann býr hjá foreldrum sínum.　彼は両親の家に住んでいます．
　Ég ætla að panta tíma hjá lækni.　私は医者の予約をとるつもりです．
③ （そばにいる，そばにあるイメージから）（人々の）...の間で
　Þátturinn er mjög vinsæll hjá börnum.　その番組は子供たちの間でとても人気がある．
　Fréttin vakti mikla athygli hjá almenningi.　そのニュースは大衆の間で大きな注目を集めた．
④ （直前に評価を表す形容詞をともない）...が，...にとって
　Það er alveg rétt hjá þér.　全くもって君が正しい．
　Gott hjá þér!　良かったね！よくやったね！
⑤ （[fram hjá + 与] の形式で）...のそばを通り過ぎて
　Bíllinn ók fram hjá kirkjunni.　車が教会のそばを通り過ぎた．

> **samkvæmt** ...によると（英語の according to に相当）

　Samkvæmt tilkynningu frá lögreglu fórust minnst tíu í slysinu.
　警察からの発表によると，その事故で少なくとも10人が亡くなった．

> **undan** ...の下から

① ...の下から（出て）
　Barnið skríður undan borðinu.　子供が机の下から這い出てくる．
② （影響下から逃れて）...から離れて，逃げて
　Maðurinn flúði undan lögreglunni.　その男は警察から逃げた．
　Ég sneri mér undan þegar hann kom inn í salinn.　※ snúa sér undan 顔を背ける
　　彼がホールに入ってきたとき，私は顔を背けた．（小辞）

> **úr** ...の中から（対義語 í ...の中へ）

① （しばしば方向性を表す副詞をともない）...の中から

Hann fór út úr húsinu.　　　　　　　　　彼は家から出ていった.
Maðurinn fór úr skónum.　　　　　　　　男は靴を脱いだ.
Innan úr eldhúsinu heyrðist skellihlátur.　台所から大笑いが聞こえてきた.

② （起源, 原因について）...から

Nemendurnir verða að lesa grein úr blaðinu.
　　学生たちはその新聞から取った記事を読まなくてはならない.
Ég er að deyja úr hræðslu.　　私は恐怖で死にそうだ.
Ég er úr sveit.　　　　　　　私は田舎の出である.

③ （材料について）...からできて

Stóllinn er úr tré.　　　　　　その椅子は木でできている.
Úr hverju er sólin?　　　　　　太陽って何からできているの？

12.4 属格支配の前置詞

⌈ auk ⌋ ...に加えて

多くが auk þess〈それに加えて〉の形式で用いられます.

Auk þess kom fram að allir höfðu áhyggjur af þessu.
　　それに加えて, 皆それについて心配していたことが明らかになった.
Við erum tveir auk sérfræðingsins.　我々はその専門家を加えて3人（専門家＋2人）だ.

⌈ án ⌋ ...なしで（対義語 með ...を持って）

多くが án þess að〈...せずに〉の形式で用いられます.

Hann talar án þess að hugsa.　　　　　　彼は考えずに話す.
Lögreglan leitaði að manninum en án árangurs.　警察は男を探したが徒労に終わった.

⌈ (á) meðal ⌋ （通常3つ以上の対象について）...の間で

目的語となる名詞, 代名詞が指す個々の対象には焦点があたらず, 通常集合的に捉えられます. したがって, あまり［meðal A, B og C］のような使い方はしません（á milli の項を参照）.

Goðafoss er meðal stærstu fossa á Íslandi.
　　ゴーザフォスはアイスランドで最大の滝の一つである.
Hann ferðaðist meðal annars um Evrópu.　彼はとりわけヨーロッパを旅した.
　　※ meðal annars〈とりわけ〉は m.a. と省略されることがあります.

⌈ (á) milli ⌋ （通常2つの対象について）...の間で

Barnið sofnaði á milli mömmu og pabba.　その子供は　ママとパパの間で眠りに落ちた.

106

Safnið verður opið á milli kl. 13 og 16.　博物館は 13 時から 16 時までの開館となる.

Þetta er bara okkar á milli.　それは私たちだけの秘密です.

　※ okkar á milli〈私たちの間で〉や þess á milli〈その間で〉などの表現で
　　代名詞が前置詞よりも前に置かれる場合があります.

Samningurinn er í gildi á milli Íslands, Grænlands og Færeyja.

　その協定はアイスランド，グリーンランド，フェーロー諸島の間で実行力を持つ.

　※ 3 者間以上でも，個々の対象に焦点を当てる場合には á milli を用いることがあります.

---

til（到達点，目的地を表して）...へ（対義語 frá ...から）

① （到達点，目的地を表して）...へ，に

Ég fer til Íslands í sumar.　私はこの夏アイスランドに行く.

Ég þarf að fara til læknis.　私は医者に行く必要がある.

Við löbbuðum heim til ömmu og afa.　私たちは歩いて祖父母の家に行った.

② （通常人を目的語に取って）...に向けて

Hann brosir til mín.　彼は私に微笑みかける.

Hún kinkaði kolli til kennarans.　彼女は先生に向かって頷いた.　※ kinka kolli 頷く

Forsetinn veifaði til fólks.　大統領は人々に手を振った.　※〈首相〉は forsætisráðherra.

Hann hefur alltaf litið upp til mömmu sinnar.　彼はずっと自分の母親を敬っている.

③ （程度，時間などについて）...まで

Hann fékk einkunn 8.0, á skalanum 0 til 10.　彼は 0 から 10 段階の評点で 8.0 点を取った.

Búðin er opin frá 10 til 18 virka daga.　その店は平日 10 時から 18 時まで開いている.

④ （より抽象的な対象や事態を目的語にとって）...に，...のために

Ég kom til Íslands til þess að læra jarðfræði.

　私は地質学を学ぶためにアイスランドに来た.

　※ [til (þess) að + 不定詞・節]〈...するために〉の þess は省略されることがあります.

Jarðhiti er notaður til upphitunar íbúðarhúsa.　地熱は住宅の暖房に使われている.

Það sem við gerum okkur til skemmtunar er að spila handbolta.

　私たちが楽しく過ごすためにやっているのはハンドボールだ.

Síðan lagðist maðurinn til svefns.　それから男は眠りについた.

　※ leggjast til svefns 就寝する，眠りにつく（☞ 動詞の -st 形については 20.4）.

⑤ （小辞として）（目的地に到達した結果）現れて，存在して

Er til enskt orð yfir „gluggaveður"?　「窓際日和」に相当する英単語ってある?

Hvernig varð sólin til?　太陽ってどうやってできたの?（←生じたの?）

Ég á eftir að búa til salat.　私はまだサラダを作っていない.　※ búa til + 対 ...を作る

107

Það gerir ekkert til.　全く問題はない．（←何も生じない）

※ það skiptir engu/ekki máli〈問題ない，どうでもよい〉のような表現もあります．

---

vegna（原因，理由を表して）…のために

しばしば vegna þess að の形で用いられます（☞ 接続詞の用法は 16.2 を参照）．また hvers vegna〈どうして〉や þess vegna〈そういうわけで，それが理由で〉，mín vegna〈私としては，私的には〉など，代名詞が vegna よりも先に置かれることがあります．

Það er ekki hægt að lenda vegna veðurs.　天候のため，着陸することができない．

Hvers vegna ertu með regnhlíf?　どうして傘を持っているの？

– Vegna þess að það er rigning úti.　外は雨が降っているからだよ．

Þess vegna ætla ég að verða kennari.　そういうわけで私は先生になるつもりです．

Það er allt í lagi mín vegna.　私（として）は構いません．

プラスワン：天気の表現

天気について尋ねる，答える際には，次のように言うことができます．

Hvernig er veðrið í dag?　今日の天気はどうですか？

– Veðrið er gott/fínt/frábært/slæmt í dag.

　今日の天気は良い／良い／素晴らしい／悪い．

Það er gott/vont veður í dag.　今日は良い／悪い天気だ．

Það er heitt/hlýtt/svalt/kalt.　暑い／暖かい／涼しい／寒い．

Það er sól/skýjað/rigning/rok/snjór.　晴れ／曇り／雨／嵐／雪です．

Það er hvasst í dag.　今日は風が強い．

Í dag er tveggja stiga hiti/frost.　今日の気温はプラス／マイナス 2 度です．

※ tveggja stiga〈2 度〉は属格です．気温については 18 章プラスワンも参照．

ところでアイスランド語には gluggaveður という語があり，これは「（外は寒くて風は強いが）窓から外を眺めている限りは良い天気」のことを指します．日本語に無理やり直訳すれば〈窓際天気，窓際日和〉などとなるでしょうか．アイスランドの天気をうまく表現したいかにもアイスランドらしい単語と言えるでしょう．

第13章 2つの格を支配する前置詞①

13.1 対格・与格支配の前置詞

アイスランド語には対格と与格の2つの格を支配する前置詞があり，それらは意味的な傾向によって2つの種類に分類できます．1つ目はá〈...の上〉，í〈...の中〉，undir〈...の下〉，yfir〈...を超えて〉のグループで，これらは対格支配で「目的語で表される対象を到達点とする移動」を，与格支配で「その対象のところにとどまる静止」を表します（それ以外の意味もあります）．それに対して，eftir〈...の後で〉，fyrir〈...の前〉（1つ目のグループに分類される場合もあり），með〈...を持って〉，við〈...に対して〉のグループは，対格支配と与格支配の意味を個別に覚えていく必要があります．

13.2 対格で移動・与格で静止を表す前置詞（á／í／undir／yfir）

> **á** 接触して（→...の上へ，で）（対義語 af ...から）

① （接触状態の典型例として）...の上へ（対）・...の上で（与）

Ég setti diskinn á borðið. 私は皿をテーブルの上に置いた．（対）

Diskurinn er á borðinu. 皿がテーブルの上にある．（与）

Barnið klifraði upp á rúmið. 子供がベッドの上によじのぼった．（対）

Barnið situr á rúminu. 子供はベッドの上に座っている．（与）

② （接触状態を表して）...に（接触して）（対）・...に（接触した状態で）（与）

Við hengdum myndina upp á vegg. 私たちは絵画を壁にかけた．（対）

Myndin hangir á veggnum. 絵画が壁にかかっている．（与）

Barnið setti á sig vettlingana. その子供はミトンの手袋をはめた．（対）

※アクセサリーや手袋，マフラーなどの衣類小物を身につける文脈では［setja á sig ＋対］〈...を身につける〉を用います．反対は［taka af sér ＋対］〈...を外す〉です．

Barnið sat við hliðina á mér. 子供が私の隣に座っていた．（与）

※［við hliðina á ＋与］...の隣に，...の隣で

③ （上から圧力をかけて）...に（影響，負担を）与えて（対・与）

Svefnleysi hefur mikil áhrif á líkamlega og andlega heilsu.

不眠は肉体的，精神的健康に多大な影響を及ぼす．

Hún gekk á dóttur sína og spurði hvað hefði gerst. ※［ganga á ＋対］...を問い詰める

彼女は自分の娘に何が起こったのか問い詰めた．

109

Það er mikið álag á kennurum í grunnskólum.

小中学校の先生には大きな負担がかかっている.

Ábyrgðin hvílir á herðum okkar. 責任が私たちの肩にのしかかっている.

④（下から基盤となって支えるイメージで）...に基づいて，...を支えて（与）

Þessi skoðun byggist á misskilningi. その意見は誤解に基づいている.

Þessi grein grundvallast á viðtölum við nokkra íslenskukennara.

その記事は何人かのアイスランド語教師へのインタビューに基づいている.

Hún stendur á eigin fótum fjárhagslega. 彼女は経済的に自立している.

※ standa á fætur 立ち上がる.

⑤（接触することで感じるイメージで）...を感じて，知覚して（対・与）

意識が向かう対象について，特に視覚，聴覚に関する表現で á が用いられます.

Hún horfði undrandi á mig. 彼女は不思議そうに私を見た.

Ég hlusta oft á íslenska tónlist. 私はよくアイスランド音楽を聴く.

Maðurinn leit niður og þreifaði á maganum. 男は俯いて，腹部を探った.

Ég hef áhuga á íslenskum bókmenntum. 私はアイスランド文学に興味がある.

Þú verður að treysta á sjálfa þig. 君は自分を信じないといけないよ.

※〔treysta á + 対〕〈...を信頼する〉は，〔trúa á + 対〕〈...を信じる〉などとともに，上から寄り掛かるイメージでも捉えられます.

⑥接触する（オンにする）ことから〈動いて，進行して〉（与）

Eigum við ekki að kveikja á sjónvarpinu? テレビつけない？

※ slökkva á sjónvarpinu〈テレビを消す〉にも á を用います.

Það þarf að taka á málinu strax. すぐにその問題に取り掛かる必要がある.

Við vitum ekki hvað gengur á í kringum okkur.

私たちの周りで何が起こっているのか私たちは知らない.（小辞）

⑦（接触状態から転じて部分・全体の関係を表して）...の（与）

接触のイメージから，部分と全体の関係を表すことがあります. この意味はしばしば身体部位を表す語に用いられ，〔身体部位を表す語 + i + 与〕が体内の部位を表すのに対し，〔身体部位を表す語 + á + 与〕は auga〈目〉，hönd〈手〉など身体部位と所有者の部分・全体関係一般を表します.

Hann kom út um dyrnar á húsinu. 彼は家のドアから出てきた.

Á leiðinni heim sprakk dekk á hjólinu. 帰宅途中に自転車のタイヤがパンクした.

Ég þarf að skipta um dekk á bílnum mínum.

私は自分の車のタイヤを交換しないといけない.

Ég horfði beint í augun á henni. 私はまっすぐに彼女の目を見た.

⑧ ...（の期間）で，（繰り返し，習慣を表して）...には（対・与）

前置詞 á も対格支配，与格支配ともに様々な時間表現で用いられます（☞ 19.2）.

Ég borða alltaf skyr á morgnana.	私は朝にはいつもスキールを食べます．
Hvað ætlarðu að gera á laugardaginn?	次の土曜日は何をするつもりなの？
Námskeiðið er kennt á þriðjudögum.	そのコースは火曜日に開講している．

 í ...の中へ，で（対義語 **úr** ...の中から）

① ...の中へ（対）・...の中で，に（与）

衣類の脱着なども服や靴を容器の一種と捉え，〈（服などを）着る〉行為を表す場合には対格を，〈（服などを）着ている〉状態を表す場合には与格を用います（実際 föt〈服〉は fat〈（底の浅い）器〉の複数形に基づきます）．また hjarta〈心〉, tönn〈歯〉など体内にある身体部位（その他 rödd〈声〉も）について，その後に所有者を置くとき［身体部位を表す語 + í + 与］で表すことがあります．

Konan fer í búðina.	女性はそのお店に行く．（対）
Konan er í búðinni.	女性はそのお店の中にいる．（与）
Ég setti handklæði í töskuna.	私はタオルをカバンに入れた．（対）
Handklæðið er í töskunni.	タオルはカバンの中にある．（与）
Hún fer í rauða peysu.	彼女は赤いセーターを着る．（対）
Hún er í rauðri peysu.	彼女は赤いセーターを着ている．（与）
Ég heyrði hvernig röddin í henni titraði.	私は彼女の声の震えざまが聞こえた．（与）

② （より抽象的なものについて）...の状態になって（対）・...の状態で（与）

Hann kom of seint í vinnuna. 彼は仕事に遅刻してやってきた．（対）

Hann er núna í sumarfríi í tvær vikur og kemur aftur til starfa í byrjun ágúst. （与）
　　彼は今2週間の夏期休暇中で，8月の初めに仕事に戻ってくる．

Ég var skotinn í henni. 私は彼女の虜だった．（与）

③ （ある一定期間を表す語句を目的語にとって）...の間（ずっと）（対）

Ég ætla að vinna á Íslandi í tvö ár. 私はアイスランドで2年働くつもりだ．

Ég hitti bróður minn í fyrsta sinn í fimm ár. 私は5年ぶりに弟に会った．

※ ［í fyrsta sinn í + 期間を表す句（対）］...ぶりに，...の間で初めて

④ （時，季節などを表して）...（の時）に（対・与）

í は様々な時間表現で用いられますが，これらを対格支配と与格支配のものとで意味的に明確に区別するのは困難です．í vor/sumar/haust/vetur〈（直近の）この春，夏，秋，冬〉や í gamla daga〈昔は〉，í morgun〈今朝〉，í kvöld〈今晩〉などは対格支配ですが，í byrjun〈初めは〉や í upphafi〈元々は，初めは〉，í framtíðinni〈将来は〉，í

111

vikunni〈今週〉は与格支配です．時間表現について詳しくは 19.2 で取り上げます．

Hann ætlar að fara til Íslands í haust. 彼はこの秋にアイスランドに行くつもりだ．

Hann fór til Íslands í haust. 彼はこの秋にアイスランドに行った．

Mig langar að fara til Íslands í framtíðinni. ※☞［mig langar ...］については，21.2.

将来アイスランドに行きたいと思っている．

⑤［動詞 + í sig］の形式で〈(がつがつ) 飲み食いして，取り入れて〉

Þeir hámuðu í sig hamborgara. 彼らはハンバーガーにがっついた．

Ég hellti í mig áfengi. 彼はアルコールを一気に飲んだ．

Maðurinn fór til Frakklands og drakk í sig franska tísku.

男はフランスに行ってフランスの流行を（貪欲に）取り込んだ．

※☞ 再帰代名詞 sig については 20.1.

なお，国や街に用いられる á/í については本章後半 13.3 で取り上げています．

| undir （覆われるイメージで）...の下へ，に（対義語 yfir ...の上方へ，に）

① ...の下へ（対）・...の下に，で（与）

Ég ýtti kassanum undir rúmið. 私はその箱をベッド下に押し込んだ．（対）

Kassinn er undir rúminu. その箱はベッドの下にある．（与）

② （数値的に下で）...より少なくて，...未満で（与）

Það er erfitt að finna góðar jólagjafir undir 2.000 krónum.

2,000 クローナ未満で良いクリスマスプレゼントを見つけるのは難しい．

③ （覆われて隠れるイメージから）...を入れる用の（対）

Kassinn hentar vel undir smáhluti. その箱は小物を入れるのにぴったりだ．

Það er hentug hirsla undir kaffihylki. それはコーヒーカプセル用の便利な収納だ．

④ ...の影響下にあって，負担にさらされて（与）

覆われるイメージから自由を失うイメージへ転じて，〈...の影響下にあって，負担にさらされて〉という意味（á の意味③と逆の関係）を表します．

Svæðið er undir miklu álagi vegna fjölda ferðamanna.

多くの観光客のため，その地域は大きな負担に苦しんでいる．

Það kom í ljós að ökumaðurinn var undir áhrifum áfengis.

運転手はアルコールで酔っていたことが明らかとなった．

Ísland var lengi undir stjórn Danmerkur.

アイスランドは長らくデンマークの支配下にあった．

⑤ 影響下にある状態から時間へと意味がずれて〈...に，...にかけて〉（対）

前置詞目的語が指す期間の直前，始まり頃の時間を表します．また fram をともな

い［fram undir 対］〈...にかけて〉の形式も用いられます．

Hann fór á bar og kom heim undir morgun.　彼はバーに行って，明け方に帰宅した．

Á Vestfjörðum mun snjóa fram undir hádegi.
　　ヴェストフィヨルズル地方では，正午にかけて雪が降る見込みです．

> **yfir** ...を越えて，...の上へ

áとは異なり，yfir に接触のイメージはありません．

① ...の上へ，...を越えて（対）・...の上に（与）

上への移動だけではなく，目的語にとる対象を覆う動き，状態や対象の上を超えていく動きなどを表すこともあります．

Hann hengdi fallegt málverk yfir sófann.（対）
　　彼はきれいな絵をソファーの上のところにかけた．

Málverkið hangir yfir sófanum.　その絵はソファーの上のところにかかっている．（与）
Mikil þoka lagðist yfir svæðið.　深い霧がその地域を覆った．（対）
Þykk þoka lá yfir þorpinu.　濃い霧が村に立ちこめていた．（与）
Þyrlan flaug yfir gosið.　ヘリコプターが噴火口の上空を飛んだ．（対）
Hann leit yfir öxlina á mig.　彼は肩越しに私の方を見た．（対）

② （限度，規定値など）...を越えて（対・与）

Ég verð að viðurkenna að ég hafði farið yfir strikið.（対）　※ fara yfir strikið 一線を越える
　　私は自分が一線を越えてしまったことを認めなければならない．

Snæfell er hæsta fjall Íslands utan jökla og er 1.833 metra hæð yfir sjávarmáli.（与）
　　スナイフェトルはアイスランドの氷河に覆われていない最も高い山で海抜 1,833 メートルある．

Hann svaf yfir sig og missti af strætó.　彼は寝坊をしてバスを逃した．（対）
Ég borðaði yfir mig í gær.　私は昨日食べすぎた．（対）

③ （副詞的に）（数値的に上で）...より多くて（反対は undir の意味②）

Yfir 50 nemendur skráðu sig á námskeiðið.　50 人以上の学生がそのコースに登録した．
Bókin hefur verið þýdd á yfir 20 tungumál.　その本は 20 以上の言語に翻訳されている．

④ （上に立つイメージから）...を支配，監督して（与・対）

Áður höfðu Danir yfirráð yfir Íslandi.
　　以前はデンマーク（人）がアイスランドを支配していた．

Hann stóð yfir mér og spurði hvað ég væri að gera.
　　彼は私を見張っていて，私が何をしていたのか聞いてきた．

⑤ （感情に関わる動詞，形容詞の後で）...に対して，...について（与）

Ég gladdist yfir velgengni hans.　私は彼の成功に喜んだ．

Hún var reið yfir því að hafa ekki fengið hjálpina.

彼女は手伝ってもらえなかったことに対して怒った.

Það er kvartað yfir verðhækkun á rafmagni.　電気代の高騰に不満の声が上がっている.

⑥（時間を越えていくイメージで）…の間に,（fram yfir で）…過ぎまで（対）

Ýmsir viðburðir verða yfir daginn.　　　　日中様々なイベントが開催される.

Bókasafnið verður lokað fram yfir hádegi í dag.　その図書館は今日昼過ぎまで閉館する.

13.3 場所に用いる前置詞 í/á

　ある国にいる（ある）ことについて述べるとき，前置詞は í/á を用います．ほとんどの国には í を用いますが，比較的小さな島国や半島（および半島国家）に á を用いる傾向があります．アイスランドの地方には á を，アイスランドの島々には í を用います（表中の国名・地方名は与格）.

á を用いる主要な国：	á Íslandi アイスランドで	á Grænlandi グリーンランドで
á Spáni スペインで	á Ítalíu イタリアで	á Írlandi アイルランドで
á Indlandi インドで	á Filippseyjum フィリピンで	á Balkanskaga バルカン半島で
ただし í Japan 日本で	í Færeyjum フェーロー諸島で	í Ástralíu オーストラリアで
アイスランドの地方：	á höfuðborgarsvæðinu	á Suðurnesjum
á Vesturlandi	á Vestfjörðum	á Suðurlandi
á Norðurlandi vestra	á Norðurlandi eystra	á Austurlandi
ただし í Viðey	í Vestmannaeyjum	í Hrísey

　都市や町について述べるとき，アイスランド外の場所には í を用いますが，アイスランドの都市，町には í か á を用います．どちらの前置詞を用いるかは個別に覚える必要がありますが，語尾が -vík で終わるものについてアイスランドの西側の町には í を，東側の町には á を用いる傾向があります．また，通りの名前について語尾に -stræti/-sund がつくものは í を，-stígur/-gata/-vegur/-torg/-braut で終わるものは á をとります（表中の町・通り名は与格）.

í をとる町：	í Reykjavík	í Vík	í Bolungarvík	í Borgarnesi
í Kópavogi	í Vogum	í Hafnarfirði	í Reykjanesbæ	í Garðabæ
í Mosfellsbæ	í Hveragerði			
í をとる通り：	í Aðalstræti	í Pósthússtræti	í Templarasundi	í Veltusundi
á をとる町：	á Húsavík	á Dalvík	á Breiðdalsvík	á Akranesi
á Seltjarnarnesi	á Akureyri	á Álftanesi	á Djúpavogi	á Ísafirði
á Egilsstöðum	á Selfossi	á Höfn		
á をとる通り：	á Skólavörðustíg	á Hverfisgötu	á Laugavegi	á Hringbraut
á Kirkjutorgi				

　施設についても í をとるものと á をとるものとに分かれます．ただし á をとるもの

であっても，建物の内部にいる（ある）ことについて述べるときには í が用いられます（表中の施設名は与格）．

í をとる施設：	í apóteki 薬局で	í banka 銀行で	í bíó(i) 映画館で
í búð お店で	í háskóla 大学で	í Hörpu ハルパ（文化センター）で	
í kirkju 教会で	í Kolaportinu コーラポルト（蚤の市）で		í leikhúsi 劇場で
í ráðhúsi 市庁舎で	í skóla 学校で	í sundlaug プールで	
á をとる施設：	á bókasafni 図書館で	á bar バーで	á flugvelli 空港で
á hóteli ホテルで	á kaffihúsi カフェで	á pósthúsi 郵便局で	á spítala 病院で
á safni 博物館で	á skrifstofu 事務所で	á veitingastað/veitingaghúsi レストランで	

その他，í か á かで混乱しやすい例をいくつか挙げておきます．

Hann situr í hægindastól við gluggann.　彼は窓のそばの肘掛け椅子に座っている．

Kennarinn bannaði nemandanum að fara á klósettið.

先生はその生徒がトイレに行くのを禁じた．

Þessi bók er á lista yfir 10 mest seldu bækur í síðustu viku.

この本は先週の最も売れた 10 冊のリストに載っている．

Maðurinn stendur á horninu á Hverfisgötu og Frakkastíg.

男はクヴェルヴィスガータ通りとフラッカスティーグル通りの角に立っている．

Maður stendur í horninu á myndinni.　その写真で一人の男が隅に立っている．

※ horn〈角〉は í をとるか á をとるかで意味が変わりますが，（部屋などの）隅が周りを壁に囲まれた内側の場所であると考えれば í horninu で〈隅に〉を表すのは自然なことです．

プラスワン：主要な国・地域名

　国名を覚える際には国民を表す名詞と国を表す形容詞をセットで覚えると良いでしょう．以下では主要な国・地域名，首都，国民，形容詞を挙げています．

国	首都	国民	形容詞
Austurríki オーストリア	Vínarborg/Vín ウィーン	Austurríkismaður	austurrískur
Ástralía オーストラリア	Kanberra キャンベラ	Ástrali	ástralskur
Bandaríkin アメリカ合衆国	Washington D.C. ワシントン D.C.	Bandaríkjamaður	bandarískur/ amerískur
Bretland イギリス	Lundúnir ロンドン	Breti	breskur
Danmörk デンマーク	Kaupmannahöfn コペンハーゲン	Dani	danskur

国	首都	国民	形容詞
Eistland エストニア	Tallinn タリン	Eisti	eistneskur
Finnland フィンランド	Helsinki ヘルシンキ	Finni	finnskur
Frakkland フランス	París パリ	Frakki	franskur
Færeyjar フェーロー諸島	Þórshöfn トーシュハウン	Færeyingur	færeyskur
Grænland グリーンランド	Nuuk ヌーク	Grænlendingur	grænlenskur
Holland オランダ	Amsterdam アムステルダム	Hollendingur	hollenskur
Indland インド	Nýja-Delí ニューデリー	Indverji	indverskur
Írland アイルランド	Dyflinn(i) ダブリン	Íri	írskur
Ísland アイスランド	Reykjavík レイキャヴィーク	Íslendingur	íslenskur
Ítalía イタリア	Róm/Rómaborg ローマ	Ítali	ítalskur
Japan 日本	Tókýó 東京	Japani	japanskur
Kanada カナダ	Ottawa オタワ	Kanadamaður	kanadískur
Kína 中国	Peking 北京	Kínverji	kínverskur
Lettland ラトビア	Ríga リーガ	Letti	lettneskur
Lit(h)áen リトアニア	Vilníus ヴィルニュス	Lit(h)ái	lit(h)áískur
Noregur ノルウェー	Osló オスロ	Norðmaður	norskur
Pólland ポーランド	Varsjá ワルシャワ	Pólverji	pólskur
Rússland ロシア	Moskva モスクワ	Rússi	rússneskur
Spánn スペイン	Madríd マドリード	Spánverji	spænskur
Sviss スイス	Bern ベルン	Svisslendingur	svissneskur
Svíþjóð スウェーデン	Stokkhólmur ストックホルム	Svíi	sænskur
Þýskaland ドイツ	Berlín ベルリン	Þjóðverji	þýskur
その他大陸など			
Afríka アフリカ	–	Afríkumaður	afrískur
Ameríka アメリカ	–	Ameríkumaður	amerískur
Asía アジア	–	Asíubúi	asískur
Evrópa ヨーロッパ	–	Evrópubúi	evrópskur
Eyjaálfa オセアニア	–	–	–
Suðurskautslandið 南極大陸	–	–	–
Norðurslóðir 北極圏	–	–	–

※ちなみに，Atlantshaf が〈大西洋〉，Indlandshaf が〈インド洋〉，Kyrrahaf が〈太平洋〉，Norður-Íshaf が〈北極海〉，Suður-Íshaf が〈南極海〉です．

第14章 2つの格を支配する前置詞②

14.1 その他の前置詞（eftir / fyrir / með / við）

eftir（後ろから追いかけていくイメージで）…の後で

① （時間について）…の後で，（原因を表して）…によって（対）

基本的に時間的順序を表しますが，時間の連続性に基づく原因を表すこともできます．なお，空間的・時間的順序については通常 á eftir を用います（☞ 12.3）．

Hún kemur eftir tíu mínútur.	彼女は10分後に来ます．
Við förum af stað eftir hádegi.	私たちは午後に出発する．
Fólk hleypur út úr húsum eftir jarðskjálfta.	地震の後，家の中から人が飛び出てくる．
Við vorum öll mjög þreytt eftir ferðina.	旅行の後で私たちは皆とても疲れていた．

② …によって書かれた（対）

Þetta er skáldsaga eftir nýjan íslenskan rithöfund.

　これはアイスランドの新人作家による小説だ．

③ （あとを辿るイメージで）…を通って，…に沿って（与）

似た意味を持つ前置詞に meðfram〈…に沿って（与格支配）〉がありますが，eftir と meðfram には右図（下例）のような違いがあります．

Við gengum eftir götunni.　私たちは通りを歩いた．

Trjám var plantað meðfram götunni.

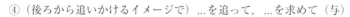
※例文中では「通り」

　通りに沿って木が植えられた．

④ （後ろから追いかけるイメージで）…を追って，…を求めて（与）

Ég óska eftir ykkar stuðningi.　私は君たちのサポートを望む．

Við erum að bíða eftir þér.　僕たちは君を待っている．

Hún gat ekki fylgt honum eftir upp á þakið.

　彼女は屋根の上まで彼を追って行くことはできなかった．（小辞）

⑤ …によると，…にしたがって（与）

後を追いかけるイメージから転じて規則に従う意味でも用いられます．

Það fer eftir ýmsu.　それは場合による．

Það þarf að fara eftir reglunum.　それらの規則に従う必要がある．

fyrir（元々のイメージは）…の前

① （対象の前へ移動することで）…を覆って，邪魔をして（対）

空間的な前を表すこともありますが，対象が目の前に移動した結果，しばしば何かを覆ってしまう，何かの邪魔になるという意味合いを伴います．

Köttur hljóp fyrir bílinn. 猫が車の目の前に飛び出した．

Hann dró fyrir gluggann. 彼は窓のカーテンを閉めた．

※ draga gluggatjöldin fyrir も可．反対は draga frá glugganum〈カーテンを開ける〉です．

Bóluefnið kemur í veg fyrir smit. そのワクチンは感染を防ぐ．

② （対象の目の前にあることから）…の目の前で，…を覆って，邪魔になって（与）

Hann sparkaði manninum fyrir augunum á mér. 彼は私の目の前でその男を蹴った．

Í eldhúsinu voru gluggatjöld fyrir glugganum. 台所では（窓の）カーテンが閉まっていた．

Farðu, þú ert fyrir mér! どいて，邪魔だよ！（←君は私の前にいるよ）

③ （目の前に見えている，思い浮かんでいるイメージから）…を考えて（与）

目の前に見えている，思い浮かべるイメージから［velta ＋与＋ fyrir sér］〈…をよく考える〉や［sjá ＋対＋ fyrir sér］〈…を予想する〉など知覚，思考系の動詞が［動詞＋ fyrir sér］の形式をとることがあります．

Hann virti ljósmyndina lengi fyrir sér. 彼はその写真を長い間じっと見ていた．

Ég velti því fyrir mér hvað ég ætti að gera. 私は何をすべきかよく考えた．

Ég hafði aldrei séð fyrir mér að ég myndi skrifa skáldsögu.

私が小説を書くなんて全く予想していなかった．

④ （目の前の対象を念頭におくイメージで）…に向けて，…のために，…にとって（対）

Þetta er kennslubók í tölvufræði fyrir byrjendur.

これはコンピューターサイエンスの初級者向け教科書だ．

Hvað get ég gert fyrir þig? 君のために僕は何ができるだろうか？

※お店などの文脈で「いらっしゃいませ」のような意味合いで用いられることもありますが，そのような場面では Get ég aðstoðað (þig)? もよく用いられます．

Það er mikilvægt fyrir okkur að vera þolinmóð. 私たちは忍耐強くあることが重要だ．

⑤ （目の前に差し出して交換するイメージから）…と交換して，…の代わりに（対）

Ég keypti bíl fyrir fimm milljónir króna. 私は 500 万クローナで車を買った．

Við notum oft styttinguna „strætó" í staðinn fyrir „strætisvagn."

私たちは strætisvagn の代わりに strætó〈バス〉という省略形をよく使う．

※ í staðinn fyrir ＋対 …の代わりに

⑥ （時間について）…の前に（対）・…前に（与）

Fundurinn hefst kl. 11 fyrir hádegi. ミーティングは午前 11 時に始まる．（対）

Hann kom heim rétt fyrir jól.　彼はクリスマスの直前に家に帰ってきた．（対）

Hann hringdi í mig fyrir fimm dögum.　彼は5日前に私に電話をしてきた．（与）

⑦（原因，理由を表して）…のために（対（ときに与））

Ég hitti hana fyrir tilviljun.　私は偶然彼女に会った．

Takk fyrir komuna.　　来てくれてありがとう．

⑧様々な空間的関係性を表して（対）

　その他 fyrir は副詞をともない様々な空間的関係性を表します．［副詞 + fyrir + 対］では対象への移動を，［fyrir + 副詞 + 対］では静止の意味を表しますが，目的語は全て対格をとります．また，これらは副詞的にも（つまり単独で）用いることができます．

［副詞 + fyrir + 対］（移動）	［fyrir + 副詞 + 対］（静止）
fram/aftur fyrir　…の前／後ろへ	fyrir framan/aftan　…の前／後ろで
upp/niður fyrir　…の上／下へ	fyrir ofan/neðan　…の上／下で
inn/út fyrir　　…の内／外へ	fyrir innan/utan　…の内／外で
norður/suður/vestur/austur fyrir	fyrir norðan/sunnan/vestan/austan
…の北／南／西／東へ	…の北／南／西／東で
	fyrir handan　…の反対側に

Hann gekk fram fyrir bílinn.　彼は車の正面へと歩いていった．（移動）

Maður stendur fyrir framan bílinn.　男が車の前に立っている．（静止）

Við komum aftur fyrir húsið.　私たちは家の後ろ側にやって来た．（移動）

Hann sat í sætinu fyrir aftan mig.　彼は私の後ろの席に座っていた．（静止）

> **með** …を持って，…と一緒に

①（監督下で）…と一緒に（対）・（対等な関係で）…と一緒に（与）

Bráðum kemur hún heim með barnið.　　もうすぐ彼女が子供を連れて帰宅する．（対）

Ég borðaði kvöldmat með vinum mínum.　私は友人たちと夕飯を食べた．（与）

Viltu koma með (mér)?　　一緒に来る？

②…を身につけて，…を持って（☞7章プラスワン）（対）

Allir komu með gjafir.　全員がプレゼントを持ってやって来た．

③（道具，手段として）…を使って，…によって（与）

Hann opnaði útidyrnar með lykli.　彼は鍵を使って玄関のドアを開けた．

Við fórum til Færeyja með flugi.　私たちは飛行機でフェーロー諸島に行った．

Hann hélt upp á afmælisdaginn sinn með því að fara út að borða með eiginkonu sinni.

　彼は自分の誕生日を妻と外食して祝った．※ með því að + 不定詞 …をすることで

119

④（時間について）...の間に，時とともに，...につれて（与）

Það hvessir með kvöldinu. 　　　晩のうちに風が強くなる.

Hárið gránaði með aldrinum. 　　歳をとるにつれて白髪になった.

---

við（基本イメージは）...のそばに，隣り合って（英語 with と同語源）

① ...のそばに（対）

　意味的に hjá〈...のそばに〉と似ていますが，hjá の目的語は人を，við の目的語は
人以外のものをとる傾向があります.

Þau settust við eldhúsborðið. 　　彼らは台所のテーブルのところに座った.

Hver stendur við dyrnar? 　　　ドアのそばに立っているのは誰？

Við búum í nágrenni við kirkjuna. 　私たちは教会のそばに住んでいる.

　※ í nágrenni við ＋対 ...のすぐ近くに，そばに

Maðurinn stendur við bakið á henni. 　その男は彼女のことを後押ししている.

Ekki koma við mig! 　　　　　私に触らないで！

② 様々な空間的な関係性を表して（対）

　［副詞 ＋ við ＋ 対］のタイプの表現は静止を表します.［fyrir ＋ 副詞 ＋ 対］による静
止の表現とほぼ同じ意味を持ちます.

framan/aftan við ...の前／後ろで	**(á) bak við** ...の後ろで	**ofan/neðan við** ...の上／下で
innan/utan við ...の内／外で	**norðan/sunnan/vestan/austan við** ...の北／南／西／東で	
handan við ...の反対側に	**hægra/vinstra megin við** ...の右側／左側に	

Norðan við húsið er stór garður. 　その家の北側には大きな庭がある.

Sumarið er handan við hornið. 　夏がもうすぐそこまできている.

　※ handan við は，しばしば handan við hornið〈(時間が)もうすぐそこで〉の表現で用いられます.

③（時間的に隣り合うイメージから）...の時に，...の状況下では（対）

Við skulum tala um þetta við tækifæri. 　機会があればそれについて話し合いましょう.

Myndin var tekin við sólsetur. 　　その写真は日没の時に撮られた.

Það er erfitt að vinna við þessar aðstæður. その状況で働くのは難しい.

④（感情に関連する形容詞や表現の後で）...に，...に対して（対）

Hún var góð við mig. 　　　　彼女は私に親切だった.

Ég er hræddur við köngulær. 　　私はクモが怖い.

　※ köngulú〈クモ〉は kónguló とも綴られます. なお〈クモ恐怖症〉は köngulóafælni.

Ég get ekki sætt mig við niðurstöðuna. 私はその結果には満足できない.

　※ sætta sig við ＋対（あきらめて）満足する，甘んじて受け入れる

120

⑤（相手を必要とする行為について）…と，…との（対）

Hann talaði við stelpuna. 彼はその女の子と話をした.

Það er margt fólk sem er að glíma við svefnleysi. 不眠と戦う人がたくさんいる.

Hafðu samband við þjónustuborð. サービスデスクへのお問い合わせ

Háskólinn er í samstarfi við marga erlenda háskóla og menntastofnanir.

その大学は海外の多くの大学や教育機関と提携している.

⑥（対象に向いた行為や事象への反応・対応を表して）…に対して（与）

Þetta var svarið við spurningunni. それが質問に対する答えだった.

Hún sýndi jákvæð viðbrögð við ákvörðuninni. 彼女は決定に肯定的な反応を示した.

Það er engin góð meðferð til við þessum sjúkdómi. この病気に効く良い治療法はない.

Hún tók við starfi sem skólastjóri. 彼女は校長の仕事を引き継いだ.

Lögreglan brást hratt við. 警察は素早く対応した.（小辞）

※ við の後ろに名詞を置く場合は［bregðast við ＋与］〈… に対応する〉となります.

Ég bjóst ekki við að þurfa að læra sænsku aftur.

またスウェーデン語を勉強する必要が出てくるとは予期していなかった.（小辞）

※ búast við ＋与 …を予期する

Ég kipptist við þegar ég heyrði hljóðið. その音を聞いたとき，私はビクッとした.（小辞）

Hún sneri við og gekk að veggnum.

彼女はくるっと向きを変えて壁に向かって歩いて行った.（小辞）

Þetta kemur þér ekkert við. 君には全く関係ない.（小辞）

プラスワン：前置詞的に機能する副詞

　　副詞に分類される語の中には，前置詞的に振る舞う，つまり特定の格をとった名詞が続くものがあります（前置詞として分類されている場合もあります）. 主要なものに距離を表す副詞（nær〈近くに〉, fjær〈遠くに〉, nálægt〈近くに〉）があり，これらは与格をとります.

Hann færði sig aðeins nær veggnum. 彼は少し壁の近くに寄った.

Hún á heima nálægt bókasafninu. 彼女は図書館の近くに住んでいる.

121

第15章 副詞

15.1 場所を表す副詞

　副詞は名詞以外を修飾します．動詞を修飾するものが多いですが，形容詞や副詞，あるいは句や文を修飾するものもあります．副詞は主に場所や時間（☞ 19 章），様態，程度（☞ 比較については 24 章）などを表します．ここではまず場所を表す副詞について確認します．場所を表す副詞には 3 つのタイプがあり，それぞれ起点「...から」，静止点「...に，...で」，着点「...へ」を表すものに分類されます．

起点「...から」		静止点「...に，...で」		着点「...へ」	
héðan	ここから	**hér/hérna**	ここに	**hingað(/hér)**	ここへ
þaðan	（あ）そこから	**þar/þarna**	（あ）そこに	**þangað**	（あ）そこへ
(að) ofan	上から	**uppi**	上に	**upp**	上へ
(að) neðan	下から	**niðri**	下に	**niður**	下へ
(að) utan	外から，外に	**úti**	外に	**út**	外へ
(að) innan	中から	**inni**	中に	**inn**	中へ
(að) framan	前から	**frammi**	前に	**fram**	前へ
(að) aftan	後ろから	（**fyrir aftan**	後ろに)	**aftur**	後ろへ
(að) heiman	家から	**heima**	家に	**heim**	家へ
—		**í burtu**	向こうに	**burt**	向こうへ
að sunnan	南から	**fyrir sunnan**	南に	**suður**	南へ
að norðan	北から	**fyrir norðan**	北に	**norður**	北へ
að austan	東から	**fyrir austan**	東に	**austur**	東へ
að vestan	西から	**fyrir vestan**	西に	**vestur**	西へ

※☞ fyrir と方角を表す語を用いた表現については 14.1 の fyrir の項目を参照．
※ hér は komdu hér〈こっちに来て〉のような表現でまれに着点を表すことがあります．

①起点「...から」

　　Hann flutti héðan til Noregs árið 2010. 彼は 2010 年にここからノルウェーに引っ越した．

　　Börnin eru farin að heiman. 子供達は家を出ていった．

　　Ég heyrði hljóð að neðan. （私は）下の方から音が聞こえた．

　　Vindurinn blæs að norðan. 風が北から吹いてくる．

　　※［af + 方角を表す名詞（与）］を用いて af norðri〈北から〉と言うこともできます．

　　［að -an］形式の表現は起点の他にも「... 側に」という意味を表します．

Bíllinn er hvítur að utan en svartur að innan.　その車は，外側は白いが内側は黒い.

Þessi flíspeysa er með rennilás að framan.　このフリースには前側にチャックがある.

②静止点「...に，...で」

Maðurinn bjó hér í 20 ár.　男はここに 20 年住んでいた.

Sífellt fleiri velja að búa heima hjá foreldrum sínum.　※〔heima hjá ＋与〕...の家で

ますます多くの人が自分たちの親元で暮らすことを選んでいる.

Niðri í kjallara er einnig geymsla.　地下室には収納スペースもある.

Það verður gott veður fyrir norðan.　北の方は良い天気になる.

Ég rakst á kennarann frammi á gangi.　私は廊下で先生と出くわした.

※教室の「前」のイメージから frammi á gangi〈(教室の外の) 廊下で〉.

③着点「...へ」

Hann flutti hingað frá Noregi með fjölskyldu sína.

彼は家族を連れてノルウェーからここに引っ越してきた.

Við löbbuðum saman heim til Gunnars.　※〔heim til ＋属〕...の家へ

私たちはグンナルの家まで一緒に歩いて行った.

Komdu niður!　下に降りてきて！

Þeir ætla að keyra norður til Akureyrar.

彼らは車で（北上して）アークレイリまで行くつもりである.

　なお，別に物理的な下方向の移動が伴うわけではありませんが，中心街に向かう際には niður í bæ を，中心街にいることを niðri í bæ と表現することがあります.

Við löbbuðum niður í bæ.　私たちは中心街まで歩いて行った.

Við vorum niðri í bæ í dag.　私たちは今日中心街にいた.

15.2　þar/þarna と hér/hérna

　静止点「...に，...で」を表す þar と þarna〈(あ) そこに〉は hér/hérna〈ここに〉が指すものよりも遠くにある対象について用いられますが，それぞれ使用される文脈が異なります. 具体的には，þarna は主に話し言葉で，実際に指し示すことができる場所について用いられます. それに対して，þar は話し言葉や書き言葉に関係なく用いられ，繰り返しを避ける目的で，既に言及した場所について用いられます. これは 6.3 で学習した þessi〈これ，この，その〉と sá〈その，この〉の関係によく似ています.

Sjáðu, þarna er hvalur!　見て，あそこにクジラがいるよ！

Konan stendur þarna.　女性があそこに立っている.

Á Akureyri er gott að búa. Þar er fjölbreytt þjónusta í boði.

アークレイリは住むのに良い. そこでは様々なサービスが提供されている.

123

それに対し，hér/hérna〈ここに〉は þar/þarna のように明確に区別されて使い分けられる訳ではありません．また，hérna は会話で（ためらいなどで）言葉に詰まったときに用いられることがあります．

Þetta var, já sko, hérna, svolítið furðulegt. それは，えー，えっと，ちょっと奇妙だった．

※ sko〈えっと，そうだなあ〉もよく用いられます．

15.3 形容詞由来の副詞

副詞には形容詞由来のものが数多くみられます．副詞の作り方はいくつかありますが，最も基本的なのは形容詞の中性単数主格・対格形がそのまま副詞になるタイプです（☞ 形容詞の語形変化については 5.1）．

beinn > beint	真っ直ぐ，直接	hraður > hratt	速く
fljótur > fljótt	速く，素早く	seinn > seint	遅く
almennur > almennt	一般的に，ふつう	hár > hátt	高く，大きな音で

Hún horfði beint á mig. 彼女は真っ直ぐに私を見た．

Hún kom allt of seint í vinnuna. 彼女は仕事に大遅刻してやってきた．

形容詞の語幹に接尾辞 -a をつけて副詞を作るタイプ（通常形容詞の女性単数対格形と同じ形）も数多くみられます．語末に -legur がつく形容詞から作られる副詞もこのタイプですが，語末が -lega の副詞の中には対応する -legur の形容詞が存在しないものもあります．

illur > illa	ひどく，悪く	víður > víða	広く
líklegur > líklega	おそらく	náttúrlegur > náttúrlega	当然，もちろん
reglulegur > regulega	規則正しく	venjulegur > venjulega	たいてい，普通は

語末が -lega の副詞で対応する -legur の形容詞のないもの：

aðallega 主として	einfaldlega 単純に	nákvæmlega ちょうど，まさに
kærlega 心から	nefnilega つまり，すなわち	opinberlega 公然と，人前で
tæplega …弱	rúmlega …強，…(と)ちょっと	örugglega 間違いなく，確実に

Ég svaf illa í nótt. 私は昨晩眠れなかった．

Venjulega vakna ég klukkan átta. 普通私は 8 時に起きる．

Hann hefur búið í Japan í rúmlega þrjú ár. 彼は日本に 3 年ちょっと住んでいる．

Þakka þér kærlega fyrir! 本当に（心から）ありがとう！

15.4 特定の格で現れる副詞

名詞句の中には，特定の格で副詞として機能するものもあります．

対	alla vega　とにかく，とりあえず	nokkurn veginn　いくぶんか
	einhvern tíma/tímann　いつか，そのうち	allan daginn　一日中，終日
与	einu sinni　一度	※☞ 回数表現については 18.4.
属	annars vegar ... hins vegar　一方では...また一方では...	
	alls staðar　いたるところに	einhvers staðar　どこかで
	sums staðar　場所によっては	annars staðar　その他の場所で

Ég verð <u>alla vega</u> að hitta hana á morgun.（対）

いずれにせよ私は明日彼女と会わなければならない.

Hann var í vinnunni <u>allan daginn</u>.　　彼は一日中仕事をしていた.（対）

Ég hef <u>einu sinni</u> reynt að skrifa bók.　私は一度本を書こうとしたことがある.（与）

Ég sá þessa ljósmynd <u>einhvers staðar</u> á netinu.（属）

私はその写真をネット上のどこかで見た.

15.5　句動詞

　アイスランド語の動詞は，特定の前置詞や副詞と組み合わさり，（しばしば個々の動詞や前置詞，副詞の意味からは想像できない）一つの意味的なまとまりを形成することがあります. これは句動詞（phrasal verb）と呼ばれ，広くゲルマン系の言語に見られます. また［動詞＋前置詞］タイプの句動詞は前置詞動詞（prepositional verb），［動詞＋小辞］タイプの句動詞は小辞動詞（particle verb）と呼ばれ，この 2 つのタイプは文中での振る舞いが少し異なります. 小辞という用語はあまり聞き慣れないかもしれませんが，小辞とは「動詞と密接に結びついた，語形変化，格支配をしない（小さな）語」のことであり，ここでは動詞の後ろで用いられる前置詞や副詞（のように見える語）を指します. 句動詞は数が多く全てをリストアップすることはできませんが，ここで句動詞の特徴について見ておきましょう.

Það þarf að <u>gera við</u> armbandsúrið.　その腕時計を修理する必要がある.

Keppnin <u>fór fram</u> í Reykjavík.　　　　競技はレイキャヴィークで行われた.

　一つ目は動詞 gera〈する〉と前置詞 við〈...に〉を組み合わせた前置詞動詞［gera við ＋ 対］〈（...に何かをする→）...を修理する〉，二つ目は fara〈行く〉と fram〈前へ〉を組み合わせた小辞動詞 fara fram〈（前に行く→）行われる，開催される〉です. このような句動詞は，個々の動詞や前置詞，小辞の意味の単純な足し合わせから全体の意味を想像するのが難しいことが多く，それぞれの動詞や前置詞，小辞の意味とは別に，個別に意味，用法を覚えていく必要があります.

　また，12–14 章で取り上げた前置詞を用いる句動詞が全て前置詞動詞に分類される訳ではありません. 同じ語が前置詞動詞にも小辞動詞にも用いられることがあるため，

前置詞動詞と小辞動詞を区別するのも必ずしも簡単ではありません．しかし，これらの間にはいくつかの違いがあります．最も大きな違いとして，前置詞動詞では前置詞の前に目的語を置くことはできませんが，小辞動詞では目的語が名詞の場合，小辞の前と後の両方に目的語を置くことができます．ただし強勢のない代名詞が目的語の場合には，その代名詞は小辞の前に置かれます．また，前置詞動詞の場合にのみ前置詞句を文頭に置くことができます．

前置詞動詞 ljúka við ...を終える	小辞動詞 bæta við ...を加える
○ Hún lauk við verkefnið í gær.	○ Hann bætti við olíu á pönnuna.
彼女は昨日その課題を仕上げた．	彼はフライパンに油を加えた．
× Hún lauk verkefnið við í gær.	○ Hann bætti olíu við.
○ Hún lauk við það í gær.	× Hann bætti við henni.
× Hún lauk það við í gær.	○ Hann bætti henni við.
○ Við verkefnið lauk hún í gær.	× Við olíu bætti hann á pönnuna.

さらに，前置詞動詞の場合には，前置詞はその後ろの目的語の格を支配しますが，小辞動詞の場合，小辞が目的語の格を決めることはありません．例として，前置詞 til〈...に〉は本来属格支配の前置詞ですが，前置詞動詞 hlakka til〈...を楽しみにする〉では til の後ろの名詞 jól〈クリスマス〉が属格で現れるのに対し，小辞動詞 búa til〈作る〉では，til の後ろの名詞 saga〈物語〉が対格で現れており，til が saga の格を決めているわけではありません（búa til が格を決めているといえます）．

Við hlökkum til jólanna. 私たちはクリスマスを楽しみにしている．※ jólanna は複数属格．

Börnin bjuggu til söguna. 子供達がその物語を作った．※ söguna は単数対格．

なお，前置詞動詞と小辞動詞に共通する特徴として，しばしば前置詞動詞，小辞動詞に由来する（その意味を維持したままの）名詞が存在します．

viðtal	面談（**tala við** ...と話す）	**uppsögn**	解雇，辞職
viðgerð	修理（**gera við** 修理する）	（**segja upp**	解雇，辞職する）
tilhlökkun	楽しみにすること	**viðbót**	追加（**bæta við** 加える）
（**hlakka til**	楽しみにする）	**tilbúningur**	作り話（**búa til** 作る）

15.6 主要な小辞の意味

小辞には例えば次のようなものがあります（☞ 前置詞系のものの例は 12–14 章）．

aftur 後ろへ

①後ろへ

Ég leit aftur á konuna. 私はその女性の方を振り返った．

ただし〈後ろへ〉の意味では aftur á bak（halla sér aftur á bak〈もたれかかる〉，ganga aftur á bak〈後ろ向きに歩く〉など）がよく用いられます.

Hún hallaði sér aftur á bak í hægindastól. 彼女は肘掛け椅子にもたれかかった.

② （元の場所に戻るイメージから転じて）閉じて，取り下げて

Ég lagði aftur augun og sofnaði. 私は目を閉じ，そして眠りに落ちた.

Hann neitaði að taka orð sín aftur. 彼は前言撤回することを拒んだ.

> 例 láta aftur augun/hurðina 目・ドアを閉じる / kreista aftur augun ぎゅっと目をつぶ
> る / ganga aftur （元の世界に戻ってくるイメージから）化けて出る

áfram （しばしば困難な状況下で）前へ，（進み）続けて

Hann hélt áfram að lesa blaðið. 彼は新聞を読み続けた.

Slökkviliðsmaðurinn fikraði sig áfram, skref fyrir skref.

その消防士は，一歩一歩，ゆっくりと進んでいった.

> 例 fálma sig áfram 手探りで進む / dragast áfram （頑張って）進む

---

fram （前に出てくることから）現れて，出てきて，見えるようになって

Allt sem kemur fram í greininni er satt. その記事に出てくることは全て本当である.

Hann opnaði umslagið og tók fram bréf. 彼は封筒を開けて，手紙を取り出した.

Sólin braust fram úr skýjunum. 太陽が雲の合間から顔を出した.

Tárin spruttu fram í augun. 涙が目に溢れてきた.

> 例 bera fram （対）を発音する / draga fram （対）を取り出す / fara fram 行われる /
> halda fram （与）と主張する / rétta fram （対）...を差し出す

---

inn 中へ，中に入れて，（中に入って）割り込んで，差し挟んで

Kom inn! どうぞ！お入りなさい！

Hann hleypti mér inn í herbergið. 彼は私を部屋に入れた.

Lögreglan greip inn í atburðarásina. 警察がその事態に介入した.

> 例 flytja inn （対）を輸入する / gægjast inn 中を覗き見る / kaupa inn 買い込む，買い物
> に行く / pakka inn （与）を包む / skjóta inn （与）を差し挟む，割り込む / tékka sig inn
> チェックインする

---

niður 下へ

①下へ，（目線などが）下がって

Hann klifraði niður úr trénu. 彼は木から（這い）降りた.

Knattspyrnumaðurinn leit niður á gólfið. そのサッカー選手は視線を床に落とした.

127

例　hella niður（与）をこぼす / leggjast niður 横になる / setjast niður 腰を下ろす /
skrifa niður（対）書き留める

② （下に置くことから）やめて，中止して，消して

Herinn lagði niður vopn.　軍は武器を置いて停戦した.

Fyrirlesturinn féll niður.　その講義は中止になった.

例　drepa niður（対）（希望など）を失わせる / skera niður（対）を切り詰める /
fella niður（対）を中止する，（負債などを）帳消しにする

③その他「下」を比喩的に解釈して

Ég er búin að pakka niður í tösku.　私はかばんに荷物をつめ終えた.

Mamma reyndi að þagga niður í mér.　ママは僕を黙らせようとした.

例　hlaða niður ダウンロードする / líta niður á ＋対 ...を見下す

┌─────────────────────────────┐
│ saman 一緒に，一つにまとめて │
└─────────────────────────────┘

Blandið saman mjólk og eggjum í skál.　ボウルの中でミルクと卵を混ぜなさい.

Stelpan hnipraði sig saman í horninu.　少女は隅っこで身をかがめた.

Allir söfnuðust saman í garðinum.　全員が庭に集合した.

例　bera saman（対）を比較する / falla saman 崩れ落ちる / fara saman 合う / koma
saman 集合する，集まる / sauma saman 縫い合わせる / taka saman（対）をまとめる
/ tengja saman（対）を繋ぎ合わせる

┌─────────┐
│ upp 上へ │
└─────────┘

①上へ，（目線などが）上がって

Sólin kemur upp í austri.　太陽は東から昇る.

Barnið klifraði upp á stólinn.　その子供は椅子の上によじ登った.

Hún leit upp úr bókinni.　彼女は本から顔を上げた.

Ég ólst upp í Reykjavík.　私はレイキャヴィークで育った.

例　gufa upp 蒸発する / skjóta upp（与）.... を打ち上げる / standa upp 立ち上がる

② （上昇することで見えるようになることから）現れて，世に出て，聞こえて

Hver fann upp fyrstu tölvuna?　最初のパソコンは誰が発明したの？

Ég stakk upp á samvinnu við vísindamenn í öðrum löndum.

私は他国の研究者との協力を提案した.

128

例　draga upp（対）を取り出す / fletta upp（与）を辞書で引く
　　lesa upp（対）を声に出して読む / taka upp（対）を取り上げる

③（上限に達することから転じて）...仕上げて，...し終えて，...をやめて

Hann taldi upp öll Evrópulönd.　　　彼はヨーロッパの国を全部言った.

Ég sagði upp vinnunni í gær.　　　　私は昨日仕事を辞めた.

例　gefast upp 諦める / telja upp að ＋数 ...まで数える

④その他「上」を比喩的に解釈して

Ég lít upp til hans.　　　　　　　私は彼を尊敬している（←見上げている）.

Við notum jarðhita til að hita upp hús.　私たちは家を暖めるために地熱を利用している.

例　rísa upp（反対して）立ち上がる

┌─────────┐
│ út 外へ │
└─────────┘

①外へ，（広げて）国外へ，（外に出てくることから）世に出て

Hann fór út til Danmerkur.　　　　彼はデンマークへ行った.

Fyrirtækið flytur út vörur til 20 landa.　その会社は製品を 20 カ国に輸出している.

Kvikmyndin kom út árið 2010.　　　その映画は 2010 年に公開された.

例　breiða út（対）を広げる，を広める / gefa út（対）を出版する / lána út（対）を貸し
　　出す / tékka (sig) út チェックアウトする

②（情報が外に出てくることから）見つけ出して，...のように見えて

Fyrst þarf að finna út hver ástæðan er fyrir óánægju starfsfólksins.

　　最初に，従業員の不満の理由が何なのかを見つけ出す必要がある.

Hvernig lítur hann út?　彼はどんな外見をしているの？（←のように見える）

例　reikna út（対）...を算出する，...を計算する

③（外に出ていってしまった結果として）消えて，（転じて）やり切って，完了して

Maðurinn hvarf út í myrkrið.　　　　　男は暗闇へと姿を消した.

Risaeðlurnar dóu út fyrir 65 milljónum ára.　恐竜は 6500 万年前に絶滅した.

Hvað get ég gert til að forðast að brenna út?

　　燃え尽きるのを避けるために私は何ができるだろうか？

例　slíta út（与）を使い古す / sofa út 遅くまで眠る / fylla út（対）書きこむ

129

第16章 接続詞①・関係詞

16.1 等位接続詞①

2つの語や句，文を結びつけるのが接続詞です．接続詞には大きく分けて等位接続詞と従位接続詞があり，2つの要素を文法上対等な関係で結ぶのが等位接続詞です．

og ...と，そして

英語の and に相当する接続詞で，語と語や句と句など文法上対等な2つの要素をつなぎます．3つ以上の要素がある場合，og は通常最後の要素の直前に置かれます．

Bókin er skemmtileg og spennandi. その本は面白くてワクワクする．

Hún kinkaði kolli og brosti. 彼女は頷いて微笑んだ．

Hann hringdi í mig um daginn og við töluðum saman í klukkutíma.

先日彼が私に電話をかけてきて，私たちは1時間話をした．

Börnin heita Gunnar, Anna og Inga.

子供たちの名前はグンナル，アンナ，そしてインガです．

[bæði ... og ...] で〈...と...の両方とも〉という意味を表します（☞ báðir は 23.1）．

Hann talar bæði íslensku og ensku. 彼はアイスランド語と英語の両方を話す．

Hún hefur hlotið ýmis verðlaun bæði hérlendis og erlendis.

彼女は国内外で様々な賞をもらっている．

eða または，あるいは

eða は英語の or に相当し，選択〈または，あるいは〉を表します．

Borðar hann fisk eða bara grænmeti?

彼は魚を食べますか，あるいは野菜しか食べませんか？

Viltu mjólk eða sykur? ミルクか砂糖欲しい？

また，〈すなわち，言い換えると〉のような意味の用法を見かけることもあります．

Eiríks saga rauða segir frá fundi Vínlands, eða Norður-Ameríku.

赤毛のエイリークルのサガはヴィンランド，すなわち北アメリカの発見について語っている．

さらに，hvort〈(2つのうちの) どちらが〉，(間接疑問文を導いて) ...かどうか〉や annaðhvort（[annaðhvort A eða B]〈A と B のどちらか〉）と一緒に用いられます．

Hvort viltu kaffi eða te? コーヒーと紅茶のどちらが欲しい？

Við vitum ekki hvort það er rétt eða ekki. それが正しいのか正しくないのか私達は知らない．

Íslenski refurinn er annaðhvort rauður eða hvítur.

アイスランドのキツネは赤か白のどちらかの色をしている.

> **en** しかし，だが

en は逆接や対比〈しかし，だが〉（概ね英語 but に相当）を表しますが，対比の意味が薄れた例や en の後に続く要素がその前の内容を受けて説明している例も見られます.

Hann er lítill en sterkur.　　　　　　彼は小さいが力が強い.

Hún horfði á mig en sagði ekkert.　　　彼女は私の方を見たが，何も言わなかった.

Hvað segir þú? –Ég segi allt gott, en þú?　お元気ですか？元気です，あなたは？

Maðurinn hlaut viðurkenningu frá deildinni en hann hefur starfað hjá henni í hálfa öld.

男性はその部局から表彰された，だって彼は半世紀もそこで働いてきたのだから.

> **(hvorki...) né** ...でも...でもない

［bæði ... og ...］と逆の意味を伝えるには［hvorki ... né ...］を用います.

Sveppir eru hvorki plöntur né dýr.　　キノコは植物でも動物でもない.

Ég hafði hvorki tíma né þolinmæði til að ræða við hana.

私には彼女と話し合う時間も忍耐力もなかった.

16.2 従位接続詞①

従位接続詞が導く節は名詞節や副詞節としてもう一方の文（主節）の一部になります.従位接続詞には 2 語以上の組み合わせからなる，特に［前置詞＋（指示代名詞）＋ að］形式のものが数多く存在します.また，従位節（下線）が文頭にあるとき，後続する主節で主語と動詞の倒置が起こります.

Ég varð mjög glaður þegar pabbi kom heim.

→ Þegar pabbi kom heim varð ég mjög glaður.

お父さんが家に帰ってきたとき，僕はとても嬉しくなった.

名詞節を導く従位接続詞

> **að** ...ということ

að は英語の名詞節を作る that に相当します.この接続詞は，vita〈知っている〉や segja〈言う〉などの動詞の後ろに置かれ，考えや発言の内容を伝える節を導きます.að が導く節内ではしばしば動詞が接続法の形をとりますが，これについては 25.4 で取り上げます.

131

Ég veit að þú ert hræddur við hunda.　君は犬が怖いのを私は知ってるよ.

Hann segir að bókin sé áhugaverð.　彼はその本が興味深いと言っている.

Ég vona að hann komi til okkar.　彼が私たちのところに来ることを私は願っている.

また að が導く節を前置詞目的語や指示代名詞 sá の後（[A er sá að ...]〈A は ... である〉の形式で）に置くことも可能です（☞ sá については 6.3）.

Ég er viss um að hún sé rík.　私は彼女が裕福であることを確信している.

Þetta er ástæðan fyrir að ég kom hingað í dag.　それが今日私がここへ来た理由です.

Vandamálið er það að enginn talar ensku.　問題は誰も英語を話さないことである.

※主語 vandamál〈問題〉が中性名詞のため続く指示代名詞 sá は中性形 það になっています.

[**hvort** ...かどうか]

hvort は間接疑問文（☞ 17.3）で用いられ〈...かどうか,（eða をともない）A かあるいは B か〉の意味を表します（英語の whether や if に相当）.

Veistu hvort hann er heima?　彼が家にいるかどうか知ってる?

Ég veit ekki hvort ég á að hlæja eða gráta.　笑えばいいのか泣けばいいのか私は分からない.

副詞節を導く従位接続詞

①時に関連する接続詞

[**þegar** ...するとき]

þegar は英語の when に相当しますが疑問副詞や関係副詞としての用法はありません.

Þegar ég gekk inn í húsið heyrði ég undarlegt hljóð.　私が家に入ると, 変な音が聞こえた.

Ég hringi í þig þegar ég er komin heim.　帰宅したら電話するね.

þegar は,（しばしば nú をともない nú þegar〈すでに, もう〉で）副詞として用いられることもあります.

Hann var nú þegar búinn að skila verkefninu.　彼はもう課題を提出してしまっていた.

[**(á) meðan** ...する間に]

接続詞 (á) meðan は英語の while に相当します.

Hann svaf á meðan ég tók til í herberginu.　私が部屋を片付けている間彼は眠っていた.

Við horfum oft á sjónvarp á meðan við borðum.

　私たちは食事をする間によくテレビを見る.

[**áður en** ...する前に / **fyrr en**（否定文で）...するまで...しない]

áður en は〈...する前に〉という意味を表します. áður en の直前には日数や年数を

置くこともでき（[期間（与）＋ áður en ...]），そのとき期間を表す表現は与格をとります．

Þú verður að hugsa þig um áður en þú talar.　君は口に出す前によく考えなければならない．

Hann drakk kaffi áður en hann fór í vinnuna.　彼は仕事にいく前にコーヒーを飲んだ．

Hann byrjaði að læra íslensku tveimur árum áður en hann flutti til Íslands.

彼はアイスランドに移住する2年前にアイスランド語を学び始めた．

一方，fyrr en は否定文（[ekki A fyrr en B]〈B してやっと A する（← B するまで A しない）〉）で用いられます．この表現はしばしば [það er ekki fyrr en B að A] の形式でも用いられます．

Hann hætti ekki að vinna fyrr en hann varð 80 ára.

彼は 80 歳でようやく仕事を辞めた（80 歳になるまで仕事を辞めなかった）．

Strákurinn hafði aldrei séð snjó fyrr en hann kom til Íslands.

その少年はアイスランドに来て初めて雪を見た．

Það var ekki fyrr en hún byrjaði að gráta að hann baðst afsökunar.

彼女が泣き出してやっと彼は謝罪した．

また fyrr en は，í gær〈昨日〉や í september〈9 月に〉のように特定の時を表す句を取ることもあります．

Vegna veðurs gátum við ekki lagt af stað fyrr en í gær.

天候のため，私たちは昨日まで出発することができなかった．

Sundlaugin verður ekki opnuð fyrr en í september.　そのプールは 9 月までは開きません．

---

eftir að ...した後で

eftir að は〈...した後で〉という意味を表し，áður en と同じように直前に日数や年数などの期間を置くことができます．

Hann byrjaði að taka til í eldhúsinu eftir að þau fóru heim.

彼らが帰宅した後で，彼は台所を片付け始めた．

Maðurinn grét eftir að hann sigraði í keppninni.

その男はコンテストに勝った後で涙を流した．

Nokkrum árum eftir að hann kom til Íslands hitti hann Guðrúnu.

アイスランドに来て数年後に，彼はグヴズルンに出会った．

---

síðan ...して以来

síðan は〈...して以来〉という意味を表します．しばしば [það er(u) ＋期間＋ síðan ...]〈...してからもう...になる〉の形式でも用いられ，このとき期間に用いる数が複数

133

であればその直前の動詞 vera は三人称複数形にします.

Hún hefur æft fótbolta _síðan_ hún var fimm ára gömul.

彼女は 5 歳のときからサッカーを練習している.

Síðan hann útskrifaðist úr háskólanum hefur hann unnið við fjölmörg verkefni.

彼は大学を卒業してから数多くのプロジェクトに携わってきた.

Það eru _fimm ár síðan_ ég hitti hann síðast. 私が最後に彼に会ってから 5 年になる.

Það er _langt síðan_ hann hætti að reykja. 彼はタバコをやめてからもう長い.

②原因・理由を表す接続詞

> (af) því (að) / vegna þess að / þar sem ...なので, ...だから

af því að / vegna þess að / þar sem は原因,理由〈...なので,...だから〉を表します.

Hann vill læra japönsku _af því að_ hann hefur áhuga á japönskum bókmenntum.

彼は日本文学に興味があるので日本語を学びたいと思っている.

Ég hætti að reykja _vegna þess að_ ég hafði greinst með krabbamein.

私はガンと診断されていたのでタバコを吸うのをやめた.

Hann gat ekki sofnað _þar sem_ hann hafði drukkið kaffi.

彼はコーヒーを飲んでいたので,眠ることができなかった.

16.3 関係詞 sem

関係代名詞は名詞や代名詞に情報を追加するときに用います.具体的には,いわゆる先行詞とよばれる名詞・代名詞の後に置かれ,それらに後続する節を結びつける役割を持っています.

① **Gunnar er _ungur maður_.** グンナルは若い男性である.

＋② **Hann _vinnur á Veðurstofu Íslands_.** 彼はアイスランド気象局で働いている.

→③ **Gunnar er _ungur maður_ sem _vinnur á Veðurstofu Íslands_.**

グンナルはアイスランド気象局で働く若い男性である.

上の①と②の文を関係代名詞を使って結びつけると,③の文ができあがります.③の文では,先行詞 ungur maður〈若い男性〉(二重下線部)の後ろに関係代名詞 sem が置かれ,その後に ungur maður を説明する節が続いています.このとき,②の文の主語である Hann は③の文の関係詞節(下線部)では脱落します.見方を変えると,③の文の先行詞 ungur maður は後続する関係詞節の主語として働いています.

アイスランド語では先行詞が人か人以外かに関わらず関係代名詞には sem を用います.次の例では,先行詞に bréfið〈その手紙〉をとっており,③の文では②の文の主語 það が関係詞節から脱落しています.

134

① **Hvar er bréfið?** 手紙はどこ？ ＋② **Það kom í morgun.** それは今朝届いた.

→③ **Hvar er bréfið sem kom í morgun?** 今朝届いた手紙はどこ？

先行詞が関係詞節内の目的語として働く場合も同じように考えることができます.

① **Ég rakst á manninn.** 私はその男に出くわした.

＋② **Þú talaðir um hann í gær.** 君は昨日彼について話していた.

→③ **Ég rakst á manninn sem þú talaðir um í gær.** 私は君が昨日話していた男に出くわした.

※前置詞を関係詞の前に置くことはできません（× **manninn um sem þú talaðir í gær**）.

① **Hann er búinn að lesa allar bækurnar.** 彼は全ての本を読んでしまった.

＋② **Hann á þær.** 彼はそれらを所有している.

→③ **Hann er búinn að lesa allar bækur sem hann á.**

　　　　彼は自分が所有している全ての本を読んでしまった.

先行詞が③の文の主語であることもあります.

① **Maðurinn var 25 ára gamall.** その男性は 25 歳であった.

＋② **Hann fannst látinn á ströndinni.** 彼は海岸で遺体で発見された.

→③ **Maðurinn sem fannst látinn á ströndinni var 25 ára gamall.**

　　　　海岸で遺体で発見された男性は 25 歳であった.

また，先行詞にはしばしば指示代名詞 sá がとられます. sá を男性単数［sá sem ＋関係節］の形式で用いるとき sá は基本的に人を指しますが，女性だと分かっていれば［sú sem ＋関係節］にします. ［það sem ＋関係節］であれば〈...のこと／もの〉となります.

Sá sem leysir gátuna fyrst fær tíu stig. その謎を最初に解いた者が 10 点をもらえる.

Ég geri bara það sem mér finnst skemmtilegt. 私は自分が面白いと思うことだけをする.

さらに，sem には先行詞について後付け的に説明を追加する用法（いわゆる非制限用法）も見られます. このとき，先行詞は必ずしも名詞（句）である必要はなく，直前の不定詞句や節全体を受けることもあります.

Páll, sem er kallaður Palli, er sonur Guðrúnar.

　　パウットゥルは，パッリと呼ばれていて，グヴズルンの息子である.

　　※アイスランド語はコンマの多用を避ける傾向にありますが，この例のような挿入句をコンマで区
　　　切ることがあります.

Ég á að lesa bók á ensku, sem mér finnst mjög gaman.

　　私は本を英語で読まなければならないのだが，それを私はとても楽しいと思う.

なお，関係詞 sem は，á mánudaginn (sem) kemur/var〈次／前の月曜日〉のような少数の表現を除き，基本的に省略されません.

最後に，sem は場所を表す副詞 þar〈そこに，で〉と結びつき，þar sem の形式でい

わゆる英語の関係副詞 where のような働きをすることもあります．また，þar sem は
必ずしも先行詞を必要とせず単独でも用いることがあり，その場合，その関係詞節を
文頭に置くこともできます．なお，þar sem は原因を表す接続詞としての用法もあり
ますが，こちらは前節 16.2 で取り上げています．

① **Keppnin fer fram í <u>litlum bæ í Noregi</u>.**　その競技はノルウェーの小さな町で行われる．

② **<u>Tæplega fimm þúsund manns búa</u> þar.**　5000 人弱がそこに住んでいる．

→③ **Keppnin fer fram í <u>litlum bæ í Noregi</u> þar sem tæplega fimm þúsund manns búa.**

　　その競技は，人口 5000 人弱のノルウェーの小さな町で行われる．

※ tæplega ...弱（☞ 15.3）．なお，②と③の文中の manns が属格をとっている理由については 18.2
を参照．

Þar sem bærinn stóð áður standa nú aðeins yfirgefin hús.

　昔町があったところには今，廃屋が立っているだけだ．

17.1 疑問代名詞

疑問詞は，「はい，いいえ」で答える疑問ではなく，誰がいつどこで何をするのかなどについて尋ねるときに用いられます．アイスランド語の疑問詞は基本的につづりが hv- で始まります．疑問詞は，主に人やものについて問う疑問代名詞と時間や場所，様態，理由などを問う疑問副詞に分類することができますが，アイスランド語の疑問代名詞は形容詞のように性・数・格にしたがって語形が変わります（疑問副詞は不変化）．主な疑問代名詞は次の通りです．

> **hver** 誰，何，どれ

hver は英語の who, which, what に相当します．語形変化は形容詞の強変化と似ていますが，語尾が母音で始まるところで，語尾直前に -j- を挿入します．

		単数			複数	
	男性	女性	中性	男性	女性	中性
主	hver	hver	hvað/hvert	hverjir	hverjar	hver
対	hvern	hverja	hvað/hvert	hverja	hverjar	hver
与	hverjum	hverri	hverju	hverjum	hverjum	hverjum
属	hvers	hverrar	hvers	hverra	hverra	hverra

下例 hver は〈誰〉の意味を表しています．文の主語について尋ねるときには，通常男性単数主格形 hver を用います．このとき動詞は 3 人称単数となります．対象が複数であることが分かっていれば男性複数主格 hverjir を用い，動詞は 3 人称複数にします．もし対象が女性であると分かっていれば女性単数／複数 hver/hverjar が用いられます．

Hver passar börnin?	誰が子供たちの面倒を見るの？
Hver veit?	もしかしたらね／さあね．（←誰が知っているだろうか？）
Hverjir koma?	誰が来るの？
Hverjar vinna þar?	誰（女性複数）がそこで働いているの？

動詞や前置詞の目的語となる人物について尋ねるときには，疑問代名詞は動詞や前置詞が支配する格に合わせます．例えば，次の文では動詞 hitta〈会う〉が対格，前置詞 með〈...と一緒に〉が与格を支配しており，それに合わせて hver もそれぞれ男性単数対格 hvern, 男性単数（男性複数・女性複数）与格 hverjum の形をとっています．

137

Hvern hittir hann þar?　彼はそこで誰と会うの？

Með hverjum ferðu?　誰と一緒に行くの？

　それに対して，人以外のものについて尋ねるときには中性形を用います．この場合も疑問代名詞は動詞や前置詞が支配する格に合わせます．最初の文には主格 hvað，2つ目の文には borða〈食べる〉の格支配により対格 hvað（主格と同形），最後の文には前置詞 úr〈...から〉の格支配により与格 hverju が用いられています．

Hvað er þetta?　　　　　これは何？

Hvað borðar þú í morgunmat?　君は朝ご飯に何を食べるの？

Úr hverju er borðið?　　そのテーブルは何からできているの？

　ただし対象となる名詞についてそのものの具体的な内容や特徴について尋ねるとき，hver が問題となっている名詞の性・数に一致することがあります．このとき中性単数主格は hvað ではなく hvert が用いられ，ほとんどの場合［hver/hvert vera + 名詞主格既知形］の形式をとります．よく用いられる名詞には munur〈違い〉や tilgangur〈目的〉，staða〈状況〉，hlutverk〈役割〉，skýring〈説明〉，niðurstaða〈結果〉などがあります．

Hver er munurinn?　　　　違いは何ですか？

Hvert er hlutverk kirkjunnar?　教会の役割とは何か？

※ hlutverk が未知形なのは直後に名詞の属格が続いているためです（☞ 6.2）.

　加えて［hver + 複数属格既知形］で〈（3 人／3 つ以上のグループ内の）誰，どれ〉の意味を表します．［hver af + 複数与格既知形］でも同様の意味を表すことができます．

Hvert barnanna á bókina?　　　その本を持っているのはどの子ですか？

Hver þeirra kemur með okkur?　彼らの中の誰が私たちと一緒に来るの？

Hver strákanna spilar fótbolta?　その少年たちの中で誰がサッカーをやるの？

Í hvern af mönnunum hringir þú oft?　君がよく電話をするのはこの中のどの男なの？

---

hvor（2 つの人，物のうち）どっち，誰，何

　hvor の語形変化は hver とよく似ていますが，hvor には -j- の挿入は起こりません．

	単数			複数		
	男性	女性	中性	男性	女性	中性
主	hvor	hvor	hvort	hvorir	hvorar	hvor
対	hvor**n**	hvor**a**	hvort	hvor**a**	hvorar	hvor
与	hvor**um**	hvor**ri**	hvor**u**	hvor**um**	hvor**um**	hvor**um**
属	hvor**s**	hvor**rar**	hvor**s**	hvor**ra**	hvor**ra**	hvor**ra**

　用法的にも hvor は hver と似ていますが，hvor は〈（2 つの人，物のうち）どっち，誰，

138

何〉という意味を表します.

Hvor segir satt?　　　　　　　　　本当のことを言っているのはどっち?

Hvort viltu fá, kjúkling eða svínakjöt?　鶏肉と豚肉，どっちが欲しい?

また，人称代名詞の1・2・3人称複数属格を用いた［hvor okkar/ykkar/þeirra］の
形式で〈私たち／あなたたち／彼ら二人のうちのどちら〉という意味を表します.

Hvort okkar á að elda morgunmatinn?　私たちのどちらが朝ご飯を作るべきか?

※ hvort が中性形のため，この文の okkar が指すグループが男女混合であることが分かります.

ただし，hvor の直後に名詞をおく場合，通常 hvor と直後の名詞の性・数・格は一
致し，名詞は既知形をとります.

Hvor leiðin er lengri?　　どっちの道の方が長い?　※ hvor は女性単数主格.

Hvora bókina viltu lesa?　どっちの本が読みたい?　※ hvora は女性単数対格.

> **hvaða** どんな，どの

特定の種類やグループ，カテゴリーについて尋ねるときに［hvaða＋名詞未知形］
の形式が用いられます.他の疑問代名詞とは異なり hvaða は不変化ですが，動詞や前
置詞が支配する数・格によって直後に続く名詞の語形が変わります.［hver＋名詞複
数属格既知形］や［hver af＋名詞複数与格既知形］の形式と用法的には似ていますが，
これらが，話者がすでに知っている限られた数のグループについて尋ねる表現である
のに対して，［hvaða＋名詞未知形］の形式では話者がそのグループを知っているか
どうかは関係なく，より一般的な場面でも用いることができます.

Hvaða tungumál talar þú?　　君は何語を話すの?

Hvaða tónlist hlustar þú á?　君はどんな音楽をよく聴くの?

Hvaða strætó þarf ég að taka?　私はどのバスに乗らないといけないの?

その他，hvaða は感嘆文でも用いられます.

Hvaða vandræði!　　　　　面倒くさっ!

Hvaða vitleysa!　　　　　そんな馬鹿な!

17.2 疑問副詞・その他の疑問詞

疑問副詞は，いつ，どこで，どのようにといったことについて尋ねる文の中で用い
られます.疑問代名詞とは違い疑問副詞の語形は変化しません.

> **hvernig** どのように

概ね英語の how に相当し，方法や手段，程度や状態などについて尋ねるときに用
いられます.

139

Hvernig komst þú til Íslands?　　君はどうやってアイスランドに来たの？

Hvernig gengur í skólanum?　　学校はどう？

Hvernig er íslenski fáninn á litinn?　アイスランドの国旗の色ってどうだっけ？

さらに，hvernig は［hvernig + 名詞未知形］の形式でも用いられることがあります．この形式の疑問文は後続する名詞の味，銘柄などの種類，タイプを問うもの（〈どういう，どんな...〉）となります．

Hvernig ís færðu þér? – Jarðarberjaís.　どんなアイスにするの？イチゴアイスにするよ．

Hvernig hundur er þetta?　　これはどんな種類の犬ですか？

> **hversu /hve / hvað** どれくらい...

直前で学習した hvernig は意味的に英語の how に相当しますが，英語で how old や how long などのような直後に形容詞・副詞をともなう表現では，hvernig を用いません．その代わり，アイスランド語では hversu や hve が用いられ（使用頻度的には hversu の方が高いです），語順は英語と同じ［hversu/hve + 形容詞・副詞］になります．

Hversu lengi hefur þú búið á Íslandi?　アイスランドにはどれくらい住んでいるの？

Hversu oft ferð þú í sturtu?　　どのくらいの頻度でシャワーを浴びますか？

Hversu langan tíma tekur að fá niðurstöður?

　結果が出るまでにどれくらいの時間がかかりますか？

※［það tekur + 時間（対）＋ að + 不定詞］〈...するには...の時間がかかる〉の時間部分を尋ねる表現のため，langan tíma が対格をとっています．

Hve margir komu til okkar í gær?　昨日は何人が私たちのところに来たの？

さらにアイスランド語では，hversu や hve の代わりにしばしば hvað が用いられます．hvað を用いる場合，形容詞や副詞は hvað の直後ではなく，基本的には本来答えとなる表現がある元の場所に置かれることになります．

Ég á tvö (→ hvað mörg) systkini.（mörg の性・数・格は systkini に一致，hvað は文頭）

→ Hvað áttu mörg systkini? 君には何人の兄弟がいるの？

Ég er tíu ára (→ hvað) gömul.（gömul の性・数・格は ég に一致，hvað は文頭）

→ Hvað ertu gömul?　君（女性）は何歳？　※男性であれば gamall とします．

Ég er búinn að æfa körfubolta í eitt ár (→ hvað lengi).（hvað は文頭）

→ Hvað ertu búinn að æfa körfubolta lengi?

　どれくらいバスケットボールをやって（練習して）いるの？

※ lengi〈長い間〉は副詞のため語形は変わりません．

hvaðan どこから / hvar どこで / hvert どこへ

場所を表す疑問副詞は3つあります（☞ 場所を表す副詞は15.1）．これらの語には英語の where に見られる接続詞や関係副詞としての用法はありません．

起点	静止点	着点
hvaðan どこから	**hvar** どこで	**hvert** どこへ

Hvert ætlarðu að fara? 　どこに行くつもりなの？

Hvert fljúga fuglarnir? 　鳥たちはどこへ飛んでいくの？

Hvar áttu heima? 　どこに住んでいるの？

Hvar er taskan mín? 　私のカバンはどこ？

Hvaðan kemur hljóðið? 　この音はどこから来てるの？

hvenær いつ

英語の when に相当しますが，when のように接続詞や関係副詞としての用法はありません（☞ 本章17.4も参照のこと．þegar については16.2）．

Hvenær kemurðu heim? 　いつ家に帰ってくるの？

Hvenær ætlarðu að flytja? 　いつ引っ越しするつもり？

af hverju なぜ

理由を尋ねるときに用います．与格支配の前置詞 af〈…から〉の直後に hver の中性単数与格 hverju が続く形であり，英語でいうと (out) of what のような構造をとっています．この疑問文に答えるときには［af því (að) …］と答えることができます．インフォーマルな表現ですが［Af því bara］〈なんでも，そういうものだから，なんとなく（英語 just because に相当）〉のような言い回しもあります．

Af hverju ertu að læra íslensku? 　どうしてアイスランド語を勉強しているの？

– **Af því að** ég hef mikinn áhuga á íslenskri menningu.

アイスランド文化にとても興味があるからです．

Af hverju höldum við jólin? – **Af því bara.**

なんでクリスマスを祝うの？ 　—ただそういうものだからよ．

hvers vegna なんで，どういう理由で / til hvers なんで，何のために

上の af hverju に似た表現として，同じく理由について尋ねる hvers vegna〈なんで，どういう理由で〉や目的について尋ねる til hvers〈なんで，何のために〉があります．

Hvers vegna spyrðu? 　なんで聞くの？

| Hvers vegna segir þú það? | なんでそんなこと言うの？ |

| Til hvers komstu eiginlega? | 結局なんで来たの？ |

> **hvers konar** どんな種類の

hvers konar は直後に名詞をともない〈どんな種類の〉という意味を表します．また遠回しに怒りや驚きなどの感情を表すこともあります．

| Hvers konar fiskur er þetta? | これはどういう種類の魚ですか？ |

| Hvers konar vinnu ertu að leita að? | どんな（種類の）仕事を探しているの？ |

| Hvers konar vitleysa er þetta? | これはいったいどういう馬鹿話だ？ |

17.3 間接疑問文

vita〈知っている〉や halda〈思う〉などの動詞の後に，名詞節として疑問文を組み込んだ文のことを間接疑問文と呼びます．このとき出来上がる文自体が疑問文の場合，その文のタイプによって語順が少し変わります．

まず，出来上がる疑問文が（そう答えるかどうかは別として）「はい，いいえ」で答えられるとき，疑問詞は主文の動詞の後（例文中の það の位置）に置かれます．その後の語順は［疑問詞＋主語＋動詞］となります．ただし，次の一番下の例文のように元々の疑問文が疑問詞のついていない（つまり「はい，いいえ」で答えられる）疑問文のときには，疑問詞をおくところに hvort〈…かどうか〉をおきます．

| Veistu það | それ知ってる？ |

+ **Hvenær kemur rútan?** （長距離）バスはいつ来るの？

→ **Veistu hvenær rútan kemur?** （長距離）バスがいつ来るか知ってる？

| Geturðu sagt mér það | それを私に教えてくれますか |

+ **Hvað er klukkan?** 何時ですか？

→ **Geturðu sagt mér hvað klukkan er?** 何時か教えてくれますか？

| Veistu það | それ知ってる？ | + **Er hann heima?** 彼は家にいる？

→ **Veistu hvort hann er heima?** 彼が家にいるかどうか知ってる？

一方，出来上がる疑問文が「はい，いいえ」では答えられないとき，疑問詞は文頭に置かれ，その代わり従位節の頭に að を置きます（従位節内の語順は［að ＋主語＋動詞］）．að が導く節内の動詞は接続法をとっていますが，接続法については 25 章で学習します．

| Heldur þú það | そう思う？ | + **Hvað er hún gömul?** 彼女は何歳ですか？

→ **Hvað heldur þú að hún sé gömul?** 彼女は何歳だと思う？

| Vonar þú það | それを望む？ |

142

+ Hvað **segir fólk um þetta?**　人々はそれに何と言うのか？

→ Hvað vonar þú að fólk segi um þetta?

それについて人々が何と言うのをあなたは望んでいるのか？

17.4 ［疑問詞＋ sem（er）］の表現

上で学習した疑問詞の多くは［疑問詞＋ sem（er）］の形式で，いわゆる英語の whatever/no matter what のような表現に相当する〈何でも，いつでも，どこ（へ，から）でも〉という意味を表すことができます．

Við getum gert hvað sem við viljum.　私たちがやりたいことは何でもできる．

Það er hægt að nota appið hvar sem er í heiminum.

世界中のどこででもそのアプリを使うことができます．

Þú getur hringt í mig hvenær sem er.

君はいつでも私に電話をかけてきてくれていいですよ．

143

第18章 数を表す表現

18.1 基数

数を表す語を数詞といいます．数詞には，何らかの数（値）や対象の個数を表す基数と物事の順序を表す序数があります．ここではまず基数詞について見ていきます．

① 0 から 19 の数字

0	**núll**	5	**fimm**	10	**tíu**	15	**fimmtán**
1	**einn**	6	**sex**	11	**ellefu**	16	**sextán**
2	**tveir**	7	**sjö**	12	**tólf**	17	**sautján**
3	**þrír**	8	**átta**	13	**þrettán**	18	**átján**
4	**fjórir**	9	**níu**	14	**fjórtán**	19	**nítján**

※ núll では，-ll の発音コンビネーションが起こりません．
※ 10 あるいは 13 以上の数は基本的に算用数字で表記します．

これらの数字は英語とも似ていますが，アイスランド語では<u>1 から 4 の語形が修飾する名詞の性・数・格に合わせて変化します</u>．einn〈1〉の変化は名詞の既知形語尾や所有代名詞の語形変化とよく似ており，少し奇妙に聞こえるかもしれませんが単数と複数があります．tveir〈2〉，þrír〈3〉，fjórir〈4〉には複数のみ存在します．またtveir と þrír の与格にはそれぞれ tveimur/tveim と þremur/þrem の 2 つの語形があり，これらに用法の差はありませんが tveimur/þremur の方がよく用いられるようです．

	単数			複数		
	男性	女性	中性	男性	女性	中性
主	einn 1	ein	eitt	einir	einar	ein
対	einn	eina	eitt	eina	einar	ein
与	einum	einni	einu	einum	einum	einum
属	eins	einnar	eins	einna	einna	einna

	男性	女性	中性	男性	女性	中性
主	tveir 2	tvær	tvö	þrír 3	þrjár	þrjú
対	tvo	tvær	tvö	þrjá	þrjár	þrjú
与	tveim(ur)	tveim(ur)	tveim(ur)	þrem(ur)	þrem(ur)	þrem(ur)
属	tveggja	tveggja	tveggja	þriggja	þriggja	þriggja
主	fjórir 4	fjórar	fjögur			
対	fjóra	fjórar	fjögur			
与	fjórum	fjórum	fjórum			
属	fjögurra	fjögurra	fjögurra			

| | | | | | | | |

Hann borðaði <u>tvær</u> appelsínur.　　　　　彼はオレンジを2つ食べた.

Við eigum bara <u>eina</u> ósk.　　　　　　　　私たちにはたった一つだけ願いがある.

Ég byrjaði að læra japönsku fyrir <u>þremur</u> árum.　私は3年前に日本語を学び始めた.

Við erum <u>fimm</u> í heimili.　　　　　　　　私たちは5人暮らしだ.

名詞の既知形を修飾するとき，数詞はしばしば名詞の後ろに置かれます.

Listamennirnir <u>fjórir</u> vinna að sameiginlegum verkum.

その芸術家たち4人は共通の作品に取り組んでいる.

左下の表にもあるように einn〈1〉には単数と複数がありますが，複数は英語の a pair of に相当し，skæri〈はさみ〉や buxur〈ズボン〉，gleraugu〈眼鏡〉などの複数形しか持たない名詞，skór〈靴〉や sokkur〈靴下〉，vettlingur〈ミトン，手袋〉などペアでひとまとまりの名詞に対して用いられます.

Ég á bara <u>ein</u> gleraugu.　　　　　　私は眼鏡を1つしか持っていない.

Hún prjónar <u>eina</u> vettlinga á viku.　彼女は週にミトンを一組編む.

同様の名詞について，2から4ではそれぞれ tvennur/þrennur/fern〈（ペアで一揃いのものが）2・3・4つの〉を用います．ほとんどの場合複数形で用いられ，修飾する名詞の性・格に合わせて形が変化します．ここでは tvennur の語形変化を挙げておきますが，変化のパターンは þrennur と fern も同じです.

		単数			複数	
	男性	女性	中性	男性	女性	中性
主	tvenn<u>ur</u>	tvenn	tvenn<u>t</u>	tvenn<u>ir</u>	tvenn<u>ar</u>	tvenn
対	tvenn<u>an</u>	tvenn<u>a</u>	tvenn<u>t</u>	tvenn<u>a</u>	tvenn<u>ar</u>	tvenn
与	tvenn<u>um</u>	tvenn<u>ri</u>	tvenn<u>u</u>	tvenn<u>um</u>	tvenn<u>um</u>	tvenn<u>um</u>
属	tvenn<u>s</u>	tvenn<u>rar</u>	tvenn<u>s</u>	tvenn<u>ra</u>	tvenn<u>ra</u>	tvenn<u>ra</u>

※ fern のみ男性単数主格で変化語尾 -ur がつきません．弱変化パターンは形容詞と同じです.

Taktu með <u>tvenna</u> sokka.　　　　　靴下を2足持っていきなさい.

※ここで tvo sokka とすると片方の靴下が2つという意味になります.

Ég keypti mér <u>þrennar</u> buxur.　私はズボンを3本買った.

Húsið er með <u>fernum</u> svölum.　その家には4つのバルコニーがある.

これらは「...つの異なる」のような意味で，単数で用いられることもあります.

Dagskráin skiptist í <u>tvennt</u>.　　プログラムは2つの部に分けられる.

Það er hægt að svara spurningunni á <u>þrennan</u> hátt.

この質問は3通りに答えることができる.

<u>Tvenns</u> konar námskeið eru í boði.　2種類のコースが開講されている.

145

② 20 以降の数字

20	**tuttugu**	70	**sjötíu**	1万	**tíu þúsund**
30	**þrjátíu**	80	**áttatíu**	10万	**hundrað þúsund**
40	**fjörutíu**	90	**níutíu**	100万	**(ein) milljón**
50	**fimmtíu**	100	**(eitt) hundrað**	10億	**(einn) milljarður**
60	**sextíu**	1000	**(eitt) þúsund**	1兆	**(ein) billjón**

※ちなみに算用数字を区切る場合，アイスランドではスペースまたはピリオドを用います（例えば千は 1 000/1.000，100 万は 1 000 000/1.000.000 とします）．コンマは小数点に用います．

数詞が複数続く場合，最後の要素の直前に og を置きます．また hundrað〈100〉は複数で語形が hundruð になります．

tuttugu <u>og</u> **einn** 21   **fimmtíu** <u>og</u> **átta** 58

hundrað <u>og</u> **fjórir** 104   **hundrað tuttugu** <u>og</u> **þrír** 123

tvö hundruð 200   **átta hundruð** <u>og</u> **þrjátíu** 830

eitt þúsund <u>og</u> **eitt hundrað** 1.100   **tvö þúsund fimm hundruð** <u>og</u> **fimm** 2.505

þrjú hundruð níutíu þúsund eitt hundrað <u>og</u> **fimmtíu** 390.150

5 以降の数詞は基本的には不変化ですが，一の位が 1 から 4 の場合，その一の位の数詞のみ修飾する名詞の性・数・格に合わせて形が変わります．また，<u>一の位が 1 のとき（ellefu〈11〉を除く）にはその後の名詞が単数形となり，さらにその名詞が主語のときには動詞も単数形になります</u>．

Ég hitti tuttugu og tvo listamenn.   私は 22 人の芸術家に会った．

Ég hitti tuttugu og einn listamann.   私は 21 人の芸術家に会った．

Þrjátíu og fjórar konur tóku þátt í könnuninni.   34 人の女性がその調査に参加した．

Þrjátíu og ein kona tók þátt í könnuninni.   31 人の女性がその調査に参加した．

さらに hundrað〈100（中性）〉や þúsund〈1.000（中性）〉，milljón〈100 万（女性）〉，milljarður〈10 億（男性）〉，billjón〈1 兆（女性）〉にはそれぞれ数詞と名詞があり，名詞として扱われる場合，数・格に合わせて語形が変わります．þúsund は基本的に中性名詞ですが，下表の語形に加え，複数主格・対格でしばしば女性名詞的な語形þúsundir も用いられます．

	単数	複数	単数	複数
主	**hundrað** 100	**hundruð**	**þúsund** 1000	**þúsund**
対	**hundrað**	**hundruð**	**þúsund**	**þúsund**
与	**hundraði**	**hundruðum**	**þúsundi**	**þúsundum**
属	**hundraðs**	**hundruða**	**þúsunds**	**þúsunda**

146

	単数	複数	単数	複数
主	milljón 100万	milljónir	milljarður 10億	milljarðar
対	milljón	milljónir	milljarð	milljarða
与	milljón	milljónum	milljarði	milljörðum
属	milljónar	milljóna	milljarðs	milljarða

※ billjón〈1兆〉は milljón と同じ語形変化パターンです.

18.2 数を表す名詞と属格

アイスランド語では，数を表す名詞の直後に続く名詞が属格で現れることがあります．次の maður の複数属格形 manna を用いた例を見てみましょう.

Milljónir manna þurftu að yfirgefa heimili sín vegna stríðsins.

その紛争のために何百万人もの人々が自宅を去らなければならなかった.

Við erum búin að tala við þúsundir manna í gegnum árin.

私たちは何年間にもわたり何千人もの人々と話をしてきた.

※複数女性形 þúsundir は［þúsundir＋名詞複数属格形］の形式で用いられることが多いです.

この形式はある全体の一部分やその数の大小を表すときに用いられ，英語の前置詞 of〈...の〉を使った属格の形式に相当します (þúsundir manna "thousands of men/people").

Þetta krydd hefur verið notað í þúsundir ára.

このスパイスは何千年にもわたって使用されてきた.

Bíllinn kostar um tíu milljónir króna.　その車の価格は約1000万クローナです.

※この króna〈クローナ〉は単数主格形ではなく複数属格形です.

同様の用法で，maður のみ単数属格形 manns が用いられることがありますが，直前に置かれる数を表す名詞が語形変化する場合には避けられる傾向にあるようです. つまり，einn/tveir/þrír/fjórir などには manns はあまり使用されず，また þúsundir manns のような言い方もあまりされません (þúsund manns は可).

Fimm manns voru í rútunni.　5人が長距離バスの中にいた.　※ fimm menn も可.

Um tvö hundruð manns voru í biðröð eftir miðum.

約200人がチケットを求めて並んでいた.

※文中の hundruð は語形変化をした形 (hundrað の複数形) ですが，manns を続けることができます.

Salurinn tekur fimmtíu manns í sæti.　この広間には50人が座ることができる.

※［... tekur＋数＋manns］...に...人収容できる，入る

147

18.3 序数

① 1 から 19 の数字

0	–	5	fimmti	10	tíundi	15	fimmtándi
1	fyrsti	6	sjötti	11	ellefti	16	sextándi
2	annar	7	sjöundi	12	tólfti	17	sautjándi
3	þriðji	8	áttundi	13	þrettándi	18	átjándi
4	fjórði	9	níundi	14	fjórtándi	19	nítjándi

※序数を数字で書くときには 1. や 15. のように数字の直後にピリオドをつけます.

アイスランド語の序数は annar〈2番目の〉を除き語末に -i がつきます. 基本的に序数には弱変化しかなく, 変化パターンは形容詞の弱変化と同じです.

	単数			複数		
	男性	女性	中性	男性	女性	中性
主	fyrsti	fyrsta	fyrsta	fyrstu	fyrstu	fyrstu
斜	fyrsta	fyrstu	fyrsta	fyrstu	fyrstu	fyrstu

ただし fyrsti（fyrstur）と annar は例外で, この2語には強変化が存在します（annar は強変化のみ）. 特に annar の語形変化は少し特殊ですので, しっかりと覚えましょう.

	単数			複数		
	男性	女性	中性	男性	女性	中性
主	fyrstur	fyrst	fyrst	fyrstir	fyrstar	fyrst
対	fyrstan	fyrsta	fyrst	fyrsta	fyrstar	fyrst
与	fyrstum	fyrstri	fyrstu	fyrstum	fyrstum	fyrstum
属	fyrsts	fyrstrar	fyrsts	fyrstra	fyrstra	fyrstra
主	annar	önnur	annað	aðrir	aðrar	önnur
対	annan	aðra	annað	aðra	aðrar	önnur
与	öðrum	annarri	öðru	öðrum	öðrum	öðrum
属	annars	annarrar	annars	annarra	annarra	annarra

※ annar には不定代名詞としての用法もあります（☞ annar の語形変化については 23.1）.

Þetta er fjórða bókin í bókaflokknum. それはその本のシリーズの第4巻です.

Í þriðja kafla er fjallað um beygingarmyndir nafnorða.

第3章では名詞の変化形（屈折形）について取り上げる.

Ég heimsótti foreldra mína í fyrsta sinn í tvö ár.

私は自分の親のところを2年ぶりに訪れた.

※ ［í fyrsta sinn í ＋期間（対）]〈...ぶり〉.〈生涯で初めて〉は í fyrsta sinn á ævinni です.

Ísland hafnaði í öðru sæti. アイスランドは2位に終わった.

148

Hann var fyrstur til að svara spurningunni.　彼はその問いに答えた最初の人だった.

※ fyrstur の強変化形は主に補語として用いられます.

② 20 以降の数字

20	tuttugasti	70	sjötugasti	1 万	tíu þúsundasti
30	þrítugasti	80	áttugasti	10 万	hundrað þúsundasti
40	fertugasti	90	nítugasti	100 万	milljónasti
50	fimmtugasti	100	hundraðasti	10 億	milljarðasti
60	sextugasti	1.000	þúsundasti	1 兆	billjónasti

※〈100 番目の〉は hundraðasti で〈200 番目の〉は tvö hundraðasti となります. ただし, 200 番目以降で, hundrað の複数形 hundruð に基づく hundruðasti という形も見られます.

20 以降の数字には -asti をつけて序数を作りますが, 数詞が複数続く際の序数の規則は少し複雑です. まず最後が -tug- を含む数詞の場合は最後の数詞のみを序数にします.

hundrað og tuttugasti 120 番目　　　　**tvö þúsund og fertugasti** 2040 番目

sjö hundruð og nítugasti 790 番目　　　**fimm þúsund og sjötugasti** 5070 番目

それ以外の場合には最後の数詞 2 つを序数にします.

tuttugasti og fimmti 25 番目　　　　　**hundraðasti og nítjándi** 119 番目

tvö hundruð sjötugasti og annar 272 番目　　**níu hundruð þrítugasti og sjötti** 936 番目

tvö hundraðasti og tólfti 212 番目　　　**fimm þúsundasti og fyrsti** 5001 番目

sjö þúsund tvö hundruð fimmtugasti og þriðji 7253 番目

ただし 200 や 5000 などのきりのよい（間に og が挿入されることのない）数字はそのままにします（先の数字の tvö/fimm など）.

tvö hundraðasti 200 番目　　　　　　**fimm hundraðasti** 500 番目

fimm þúsundasti 5000 番目　　　　　**sex þúsund og þrjú hundraðasti** 6300 番目

milljónasti〈100 万番目〉（および billjónasti〈1 兆番目〉）の最大の位が 2, 3, 4 のときにはそれぞれ語頭に tví-/þrí-/fjór- がつきます.

tvímilljónasti 200 万番目　　　　　　**þrímilljónasti** 300 万番目

fjórmilljónasti 400 万番目　　　　　　**tvíbilljónasti** 2 兆番目

※ tvímilljónasti の代わりに tvö milljónasti と言うこともあります.

18.4 回数・頻度を表す表現

英語の times〈…回の〉に相当する表現には中性名詞 sinn を用います. この表現は与格で用いられ, また 2 と 3 の場合にはそれぞれ tvisvar/þrisvar という特別な形が用いられます（☞ 本章 18.6 および 24.5 も参照のこと）.

einu sinni　1 回		tvisvar (sinnum)　2 回		þrisvar (sinnum)　3 回
fjórum sinnum　4 回		fimm sinnum　5 回		...

また期間を限定して〈（ある特定の期間に）...回〉と言いたいときには前置詞 á/í を用いて次のように言うことができます。しかし，á と í のどちらを使うのかは後続の名詞によって異なります。

einu sinni á sekúndu　1 秒に 1 回　　　　**einu sinni á mínútu**　1 分に 1 回

einu sinni á klukkustund/klukkutíma　1 時間に 1 回

einu sinni á dag　1 日に 1 回　　　　**einu sinni í viku**　1 週間に 1 回

einu sinni í mánuði　1 ヶ月に 1 回　　　　**einu sinni á ári**　1 年に 1 回

einu sinni á áratug　10 年に 1 回　　　　**einu sinni á öld**　100 年（1 世紀）に 1 回

Hann fer í sund <u>nokkrum sinnum í viku</u>.　彼は週に何回かプールに行きます。

Hún þarf að taka lyf <u>þrisvar á dag</u>.　彼女は 1 日に 3 回薬を飲む必要がある。

さらに，〈（ある特定の期間やもの，人）ごと，おきに（英語の every other/third ... に相当）〉と言うときには不定代名詞 hver をともなって［序数詞 + hver］の形式を名詞の前に置きます。このとき序数と hver は名詞の性・数・格に一致します。また名詞は通例単数で用いられるため，主語にこの形式が置かれた場合にはその後の動詞も単数になります。なお期間について言うときに（基数を用いた）［á + 期間（属）+ fresti］の形式も可能です。

Þau hittast <u>annan hvern dag</u>.　彼らは 1 日おきに会っている。

Ólympíuleikarnir eru haldnir <u>fjórða hvert ár</u>.　オリンピックは 4 年ごとに開催される。

　= **Ólympíuleikarnir eru haldnir <u>á fjögurra ára fresti</u>.**

Næstum <u>annar hver nemandi</u> í bekknum ætlar að fara til útlanda að læra.

　そのクラスのほぼ 2 人に 1 人が留学をするつもりである。

18.5 分数・小数

分数について述べるときには序数を用いて次のように表現します。序数の前が複数になる場合，直後の序数も複数にします。また特定の分数については，語末が -(u)ngur で終わる男性名詞の形も存在します。

(einn) hálfur（=helmingur）　2 分の 1		**einn þriðji**（=þriðjungur）　3 分の 1
einn fjórði（=fjórðungur）　4 分の 1		**einn fimmti**（=fimmtungur）5 分の 1
einn sjötti（=sjöttungur）　6 分の 1		**einn sjöundi**　7 分の 1
einn áttundi（=áttungur）　8 分の 1		**einn níundi**　9 分の 1
tveir þriðju　3 分の 2		**þrír fjórðu**　4 分の 3

150

einn og tveir þriðju　　1と3分の2　　**tveir og tveir fimmtu**　　　2と5分の2

これらの分数の後に名詞を続ける際にはその名詞は属格で用いられますが，その他にも［af＋与］の形式が続くこともあります．

Tveir þriðju Japana sofa ekki nóg.　日本人の3分の2は十分に睡眠を取っていない．

Nú hefur fjórðungur þjóðarinnar smitast af veirunni.

　今や国民の4分の1がそのウイルスに感染してしまった．

　※ fjórðungur が単数形のため，hafa も単数形が用いられています．

Bræðið helminginn af smjörinu á pönnu.　フライパンにバターの半分を溶かしなさい．

使用頻度はあまり高くないですが，1と2分の1や3と2分の1など「整数＋2分の1」の表現に対して［hálfur＋序数詞］という形式を用いることがあります．表現自体の考え方は次章 19.1 の時計表現と同じです．

hálfur annar　1と2分の1　　　　**hálfur þriðji**　2と2分の1

hálfur fjórði　3と2分の1　　　　**hálfur fimmti**　4と2分の1

Hann dvaldi á Íslandi í hálfan annan mánuð.　彼はアイスランドに1ヶ月半滞在した．

　※ただし，í einn og hálfan mánuð〈1ヶ月半〉の方が一般的です．

アイスランド語で小数点を含む数値に言及するときには komma〈コンマ〉を用います．

þrír komma fjórir　3.4（アイスランド式表記では 3,4）

fimmtán komma núll einn　15.01（15,01）　　**núll komma fimm**　0.5（0,5）

18.6　加減乗除

アイスランド語での四則計算の表現は次の通りです（数字は男性形で）．

①足し算（samlagning:［leggja saman A og B］A と B を足す）

Leggðu saman 2 og 5.　　　　2と5を足して．

Hvað er(u) tveir plús fimm?　2足す5は？

– Tveir plús fimm er(u) sjö.　2足す5は7です．

　※答えの直前に sama sem や jafnt og〈…と同じ〉がおかれることもあります．

②引き算（frádráttur:［draga A frá B］B から A を引く）

Dragðu 3 frá 5.　　　　　　　5から3を引いて．

Hvað er(u) fimm mínus þrír?　5引く3は？

– Fimm mínus þrír er(u) tveir.　5引く3は2です．

③掛け算（margföldun:［margfalda A með B］A に B を掛ける）

Margfaldaðu 3 með 2.　　　　3に2を掛けて．

Hvað er(u) tvisvar sinnum þrír?　3掛ける2は？

151

– Tvisvar sinnum þrír er(u) 6.　　3掛ける2は6です．※☞ tvisvar sinnum については 18.4.

④割り算（deiling：［deila A með B/B í A］ A を B で割る）

Deildu 20 með 4./Deildu 4 í 20.　　20 を 4 で割って．

Hvað er(u) tuttugu deilt með fjórum?　　20 割る 4 は？

–Tuttugu deilt með fjórum er(u) fimm.　　20 割る 4 は 5 です．

18.7　その他の数字に関わる表現

①年齢表現

　年齢を言うとき，数字（1桁目の einn, tveir, þrír, fjórir）は属格に，その直後の ár は 1 桁目の位が einn〈1〉なら単数属格（árs），それ以外なら複数属格（ára）にします．

Ég er tuttugu og eins árs/tuttugu og fjögurra ára/sextíu ára gamall.

　私（男性）は 21 歳／24 歳／60 歳です．※年齢の尋ね方は 17.2.

　年齢を言うときには，他にも次のような表現があります．

tvítugur	20 歳の	táningsaldur	10 代	sjötugur	70 歳の	sjötugsaldur	60 代
þrítugur	30 歳の	þrítugsaldur	20 代	áttræður	80 歳の	áttræðisaldur	70 代
fertugur	40 歳の	fertugsaldur	30 代	níræður	90 歳の	níræðisaldur	80 代
fimmtugur	50 歳の	fimmtugsaldur	40 代	tíræður	100 歳の	tíræðisaldur	90 代
sextugur	60 歳の	sextugsaldur	50 代	※ tvítugsaldur は〈10 代後半，20 歳手前〉．			

Hann er sjötugur/áttræður.　　彼は 70 歳／80 歳です．

　※これらは形容詞のため，例えば主語が hún であればそれぞれ sjötug/áttræð になります．

Maðurinn er á þrítugsaldri.　　その男は 20 代です．　　※ vera á -aldri（年齢が）...代である

②電話番号，個人識別番号，住所の読み方

　電話番号と個人識別（kennitala）番号は男性形を，住所は中性形を用います．また電話番号の下四桁，個人識別番号は多くの場合二桁ずつに分けて読まれます．

Hvað er símanúmerið þitt?

– (Símanúmerið mitt er) 822 5407 (átta tveir tveir fimmtíu og fjórir núll sjö).

　君の電話番号は？　– 822 5407 です．

Hver er kennitalan þín?

– (Kennitalan mín er) 300490-7169 (þrjátíu núll fjórir níutíu sjötíu og einn sextíu og níu).

　君の個人識別番号は？　– 300490-7169 です．

Hvar býrðu? – Ég bý á Sæmundargötu 21 (tuttugu og eitt).

　どこに住んでいるの？　– サイムンダルガータの 21 番地に住んでいるよ．

152

プラスワン：0 は単数？複数？

　本章では，（ellefu〈11〉を除き）1 桁目の位が 1 であれば名詞は単数形となることを確認しました．では，これとは反対に数が複数でないにもかかわらず複数形を用いる場合はあるのでしょうか．実はアイスランド語（だけではありませんが）では，数が 0 のときにも名詞は複数形をとります．例えば次の文を見てください．

Vatn frýs við 0 gráður.　水は 0 度で凍る.

　この例では，（0℃を表すために）女性名詞 gráða〈温度〉が複数形 gráður の形をとっています．日本語話者の私たちの感覚からすると 0 は単数とも複数ともいえずどちらの形をとるのか非常に迷ってしまうところですが，この例から分かるように，0 には複数形を用います．ちなみに，1.6 のような小数点についても複数形をとることを考えると，複数形は実際は「1 以外の数のときに用いる形」と言えそうです．

Á Akureyri var meðalhitinn 1,6 gráður.　アークレイリの平均気温は 1.6℃であった.

　ちなみに，〈温度〉を表す名詞については stig/hitastig という語もあり，stig の方が gráða よりもよく用いられます（しかし中性名詞 stig は単数主格・対格，複数主格・対格が全て同形のためここではあえて gráða を使いました）．また 0℃を指す表現には〈氷点〉に相当する frostmark も用いられます（反対は suðumark〈沸点〉）．

Hiti verður við frostmark í dag.　今日は気温が 0℃前後になる.

153

第19章　時を表す表現

19.1 時刻表現

本章では様々な時を表す表現について学習します．最初に，時刻表現について見ていきましょう．時刻について尋ねるときアイスランド語では女性名詞 klukka〈時計〉の既知形である klukkan と疑問詞 hvað を用いて次のように言います．

Hvað er klukkan?　今何時？

Geturðu sagt mér hvað klukkan er?　今何時か教えてくれますか？

質問に対して「…時です」と答えるとき，1から4の数字には中性形を用います．

Klukkan/Hún er eitt/tvö/þrjú/fjögur/fimm.　1／2／3／4／5時です．

「…時半」と答えるには hálf〈半分〉を用いますが，日本語とは考え方が異なります．

Klukkan er hálf þrjú.　2時半です．

Hún er hálf átta.　　7時半です．

日本語の〈2時半〉は，アイスランド語では「3時まであと半分（30分）」と考えて hálf þrjú といいます．日本語の感覚だと hálf tvö としてしまいそうですが，hálf tvö は〈1時半〉となるため注意してください．同じく2つ目の文の hálf átta〈7時半〉も「8時まであと半分」と考えます．

それ以外の時間には女性名詞 mínúta〈分〉を用います．前半30分は yfir を用いて「…時から…分過ぎた時間」，後半30分は í を用いて「…時まで…分の時間」と表現します．ただし「15分」や「45分」というときには korter〈15分〉を用います．

Klukkan er tíu mínútur yfir þrjú.　3時10分です．

Hún er tuttugu mínútur í átta.　7時40分（8時20分前）です．

Hún er eina mínútu yfir fimm.　5時1分です．　※ eina mínútu は単数対格形．

Klukkan er korter yfir þrjú.　3時15分です．

Hún er korter í átta.　7時45分（8時15分前）です．

動詞 ganga の過去分詞（女性形）gengin を用いた［klukkan er ＋時間（分）＋ gengin í ＋時間（時）］や動詞 vanta〈足りない〉を用いた［klukkuna/Hana vantar ＋時間］という言い方もありますが，こちらはよりフォーマルな表現で，ラジオなどで聞くことがありますが日常生活ではあまり用いられません．

Klukkan er tíu mínútur gengin í fimm.　　4時10分です．

Klukkuna/Hana vantar tuttugu mínútur í átta.　7時40分（8時20分前）です．

※ vanta〈足りない〉の（意味上の）主語には対格をとります（☞21.2）．

多くの場合，時刻が午前を表すのか午後を表すのかは文脈から判断可能ですが，午前，午後を明示したい場合には fyrir hádegi〈午前（正午前）〉, eftir hádegi〈午後（正午後）〉を用います．なお，下の文のように klukkan はしばしば書き言葉で kl. と省略されます．

Ég ætla að leggja af stað kl. 9 fyrir hádegi.　私は午前 9 時に出発するつもりだ．

Fundurinn hefst eftir hádegi.　会議は午後に始まる．

スケジュールなどの文脈では 24 時間制が用いられることもあります．その場合には korter〈15 分〉や hálf〈30 分〉も用いられません．

(klukkan) sextán þrjátíu　16:30　　**(klukkan) fjórtán núll eitt**　14:01

(klukkan) átta fjörutíu og fimm　8:45　　**(klukkan) fjögur fimmtán**　4:15

「...時頃」と言うときには leyti〈点，時間〉を用いて［um ＋ 時間 ＋ leytið］で表すことができます．このとき，時間と leytið はしばしば 1 語で綴られます．また leyti を用いた表現としては um þetta leyti〈その頃〉や um sama leyti (og)〈（と）同じ頃〉, um hvaða leyti〈いつ頃〉のようなものも存在します．

Ég vaknaði um fimmleytið í morgun.　私は今朝 5 時頃に起きた．

Hún kom heim um níuleytið í gærkvöldi.　彼女は昨日の晩 9 時ごろに帰宅した．

「何時に...するの？」と言うときは hvenær〈いつ〉, klukkan hvað〈何時〉を用います．

Hvenær vaknar þú?　君は何時に起きるの？

Klukkan hvað ferðu að sofa?　君は何時に寝るの？

最後に，「（...の）...分・時間前に」，「（...の）...分・時間後に」，「...分・時間（の間）」というときには，次のように言います（☞ 13，14 章も参照のこと）．

Þau lögðu af stað fyrir nokkrum mínútum.　彼らは数分前に出発した．

Fluginu var aflýst tuttugu mínútum fyrir brottför.

　飛行機は出発の 20 分前にキャンセルされた．

※［fyrir ＋ 与］...前に，［時間（与）＋ fyrir ＋ 対］...の...前に

Hann kemur eftir hálftíma.　彼は 30 分後に来る．

Vélin lenti á Keflavíkurflugvelli tuttugu mínútum eftir áætlaðan komutíma.

　飛行機は予定到着時刻の 20 分後にケプラヴィーク空港に着陸した．

※［eftir ＋ 対］...後に，［時間（与）＋ eftir ＋ 対］...の...後に

Ég er búinn að vera hér í meira en 10 ár.　私はもうここに 10 年間以上住んでいる．

※［í ＋ 対］...（の）間

19.2 様々な時を表す表現

　ここでは朝，昼，夜，曜日，月など様々な時を表す表現について確認します．アイスランド語ではこれらの表現は用いる前置詞や格により全く異なる意味になる場合が

155

あるため注意が必要です．全体的な傾向として，<u>前置詞 um および að を用いるとき</u>には後ろに単数形（um は対格，að は与格支配）を続けて特定の時間，期間を表し，á を用いるときには後ろに複数既知形（多くは対格支配）を続けて習慣的，反復的な時を表します．また í を用いるときには単数未知形（多くは対格支配）を続けて，直近の過去，未来の一時点を指すことが多いです．しかし，全ての表現がこの通りになるわけではないため，最終的には個別に覚える必要があります．

①朝・昼・夜

朝に関連する表現には次のようなものがあります．

um morguninn 朝・午前中に	**að morgni** 朝の，朝に	**í fyrramálið** 明日の朝に
í morgun 今朝	**á morgnana** （習慣的に）朝に	※ただし á morgun 明日

Þegar ég vaknaði <u>um morguninn</u> fann ég fyrir miklu hungri.

朝起きると私はかなりの空腹を感じた．

※〈朝食〉は morgunmatur あるいは morgunverður といいます．

Það var rigning <u>í morgun</u>.　今朝は雨だった．

Þau lögðu af stað rétt fyrir klukkan 10 <u>að morgni</u>.

彼らは朝 10 時になるほんの少し前に出発した．

Ég borða alltaf hafragraut <u>á morgnana</u>.　私は朝いつもオートミールを食べる．

Rútan fer klukkan átta <u>í fyrramálið</u>.　（長距離）バスは明日の朝 8 時に出発する．

昼に関する表現は次の通りです．

á daginn 昼間に，日中	**að degi (til)** 昼の，に	**í hádeginu** 正午に
um hádegi(ð) 正午（頃）に	**fyrir hádegi** お昼前，午前	**eftir hádegi** お昼すぎ，午後
síðdegis （副詞で）午後に	※ árdegis （副詞で）午前中に （ただし頻度は低）	

Ég vinn stundum <u>á daginn</u> og stundum á kvöldin.　私たちは時々日中に，時々晩に働く．

Þau hittast oft <u>í hádeginu</u> og borða saman.　彼らはよくお昼に会って一緒に食事する．

※〈昼食〉は hádegismatur あるいは hádegisverður．

Keppnin hefst <u>um hádegi</u> í dag.　　　その競技は今日の正午（お昼）に始まる．

Veðrið var mjög gott <u>fyrir hádegi</u>.　　午前中天気はとても良かった．

Fundurinn verður haldinn <u>síðdegis</u> í dag.　その会議は今日の午後に開かれる．

夜に関連する語は複数あり，kvöld〈晩〉（英語の evening に相当）や nótt〈夜〉（英語の night に相当），miðnætti〈真夜中, 夜中の 12 時〉はよく用いられます．kvöld〈晩〉と nótt〈夜〉の時間的な切り分けは必ずしも明確ではなく，辞書によっては夜中の 12 時頃までを kvöld としているものが見られます．

まず kvöld を用いた表現としては次のようなものが見られます．

í kvöld 今晩	um kvöldið 晩に	að kvöldi (til) 晩の、に
annað kvöld 明日の晩	á kvöldin （習慣的に）晩に	í gærkvöld(i) 昨晩
frá morgni til kvölds 朝から晩まで		

※ í gærkvöld(i) が対格をとる場合と与格をとる場合で意味の違いはありませんが，全体的な使用頻度は（í gærkvöld よりも）与格形を用いた í gærkvöldi の方が高いようです．

Hvað ætlarðu að gera í kvöld? 今晩は何をする予定ですか？

Við ákváðum að hittast aftur um kvöldið. 私たちはまた晩に会うことに決めた．

Hann lést að kvöldi nýársdags. 彼は元旦の晩に息を引き取った．

Námskeiðið hefst annað kvöld. そのコースは明日の晩に始まる．

Ég fer að sofa klukkan ellefu á kvöldin. 私は夜 11 時に就寝する．

Hann hringdi í mig í gærkvöldi. 彼は昨日の晩私に電話をかけてきた．

Ég var mjög upptekinn frá morgni til kvölds við að skrifa greinina.

私はその論文を書くことで，朝から晩までとても忙しかった．

nótt〈夜〉および miðnætti〈真夜中, 夜中の 12 時〉には次のような表現があります．

í nótt 今夜, 昨夜	um nóttina 夜に	að nóttu (til) 夜に
á nóttunni/næturnar （習慣的に）夜に		alla nóttina 一晩中
fram á nótt 夜更けまで	í fyrrinótt 一昨夜	á miðnætti 真夜中に

Vetrartími tók gildi í Evrópu í nótt. ヨーロッパでは昨夜ウィンタータイムが始まった．

※ sumartími〈サマータイム〉．アイスランドはサマータイム制度を導入していません．

Hann sefur vel á nóttunni. 彼は夜よく眠る．

Klukkan var að nálgast tvö að nóttu. 時間は夜の 2 時になろうとしていた．

Barnið grét alla nóttina. その子は一晩中泣いていた．

Lestin fór af stað á miðnætti. 電車は真夜中に出発した．

※アイスランド語で鉄道は járnbraut，電車は (járnbrautar)lest といいますが，現在アイスランドに電車は走っていません．

Lögreglan handtók karlmann í fyrrinótt fyrir innbrot.

警察は一昨夜，不法侵入の罪で男性を逮捕した．

②日・日付

次に今日や昨日，明日など 1 日に関する表現を確認しましょう．

í gær 昨日	í dag 今日	á morgun 明日
í fyrradag 一昨日	hinn daginn/ekki á morgun heldur hinn 明後日	

※ hinn は英語の the other に相当．明日ではなくもう一方の日，というイメージの表現．

Hún á afmæli í dag. 彼女は今日誕生日です．

Það þarf að klára verkefnið á morgun. その課題を明日終わらせる必要がある．

157

Hvað varstu að gera í gær?	昨日は何をしていたの？	
Við fórum til Akureyrar í fyrradag.	私たちは一昨日アークレイリに行った．	
Ég kem aftur á morgun eða hinn daginn.	明日か明後日にまた来るよ．	

また〈1 日〉は dagur ですが，太陽が地球の周りを一回りする（ように見える）時間を表す sólarhringur〈24 時間，一昼夜〉という語もあります．この他 um daginn〈先日，数日前〉や næsta dag〈翌日〉，þarnæsta dag〈翌々日〉，daginn áður〈前日〉なども覚えておきましょう．

Geymið laxinn í kæli í sólarhring.	サケを冷蔵庫で 1 日寝かせなさい．
Ég keypti mér nýjan bíl um daginn.	先日私は新しい車を購入した．
Hann kom ekki í skólann næsta dag.	翌日彼は学校に来なかった．
Hún sagðist hafa séð manninn daginn áður.	彼女は前日にその男を見かけたと言った．

その他 virka daga〈平日に〉や um helgina〈週末に〉, um helgar〈（習慣的に）週末に〉も重要です．

Skrifstofan er opin alla virka daga milli kl. 9 og 16.

事務所は平日の 9 時から 16 時まで開いている．

Hvað ætlarðu að gera um helgina?　週末は何をする予定なの？

Safnið er lokað um helgar frá nóvember fram í apríl.

その博物館は 11 月から 4 月までの週末は閉館している．

アイスランド語で日付をいうときには序数の男性形を用います．

Ég á afmæli tuttugasta og fimmta júní (25. júní).　私は 6 月 25 日が誕生日だ．

Í dag er föstudagur tíundi mars (10. mars).　　　今日は 3 月 10 日金曜日だ．

③週・曜日

アイスランド語の vikudagur〈曜日〉に関する表現は次の通りです．文頭の場合を除き曜日の語頭を大文字にしないように注意してください．

sunnudagur	日曜日	**mánudagur**	月曜日	**þriðjudagur**	火曜日
miðvikudagur	水曜日	**fimmtudagur**	木曜日	**föstudagur**	金曜日
laugardagur	土曜日				

直近の曜日を指して〈（次，前の）…曜日に〉と言うときには［á ＋曜日（単数対格既知）］の形式が用いられます．この表現は，直近の過ぎ去った曜日と次に来る曜日の両方を指すことができるため，どちらかをあえて明示したい場合にはそれぞれ var/kemur を曜日の後に置くことがあります．また過ぎ去ったばかりの曜日を指す場合［síðastliðinn ＋曜日（単数対格未知）］も用いられます．さらに［á ＋曜日（単数与格既知）］は〈（ある特定の日を指して）…曜日に〉という意味を表し，［á ＋曜日（複数与格未知）］は〈毎週…曜日に〉を表します．

158

Við sjáumst á mánudaginn.　また次の月曜日に会いましょう.

Strákurinn fór í heimsókn til ömmu og afa á sunnudaginn.

少年はこの前の日曜日に祖父母のもとを訪れた.

Íþróttahátíðin fór fram síðastliðinn föstudag.　スポーツ大会は前の金曜日に行われた.

Á mánudeginum var bolludagur.　その月曜日はシュークリームパンの日だった.

※アイスランドでは,四旬節直前の月曜日に生クリームを挟んだシュークリーム（あるいはマリトッ
　ツォ）のような菓子パン（bolla）を食べる習慣があります.

Safnið er lokað á mánudögum.　その博物館は毎週月曜日は閉館している.

その他, vika〈週〉を用いた次のような表現があります.

Við förum í ferðalag í næstu viku.　私たちは来週旅行に出かけます.

Hvað varstu að gera í síðustu viku?　君は先週何をしていたの？

Við spjöllum saman í nokkra klukkutíma í hverri viku.

私たちは毎週数時間一緒におしゃべりをする.

④月

アイスランド語の月（mánuður）に関する表現は次の通りです. 曜日と同じく, 月
を表す単語も語頭は文頭以外では小文字で書きます. また, 月を表す単語は基本的に
全ての格で同じ語形を用います.

janúar	1月	**febrúar**	2月	**mars**	3月	**apríl**	4月
maí	5月	**júní**	6月	**júlí**	7月	**ágúst**	8月
september	9月	**október**	10月	**nóvember**	11月	**desember**	12月

〈...月に〉と言うときには前置詞 í を用いますが, 日にちとセットの場合には通常
省略されます. また〈...月初めに〉は［í byrjun ＋月名］を,〈...月中頃〉は［um
miðjan ＋月名］を,〈...月の終わりに〉は［í lok ＋月名］を用います.

Hún er fædd í febrúar árið 2000.　彼女は 2000 年の 2 月生まれだ.

Skólinn byrjar 20. ágúst.　学校は 8 月 20 日に始まる.

Barnið er væntanlegt í lok júní eða í byrjun júlí.

6 月末か 7 月初めに子供が生まれる予定である.

Veitingastaðurinn opnar aftur um miðjan september.

そのレストランは 9 月の中頃に再オープンする.

その他, mánuður〈月〉を用いた次のような表現があります.

Við þurfum að flytja í næsta mánuði.　私たちは来月引っ越す必要がある.

**Í síðasta mánuði jókst umferðin á höfuðborgarsvæðinu um 5% miðað við sama
mánuð í fyrra.**

先月の首都圏の交通量は, 去年の同月と比較して 5% 程度増加した.

159

Fyrirtækið fékk 500 áskrifendur að meðaltali í hverjum mánuði árið 2022.

その会社は 2022 年に平均して毎月 500 人のサブスク契約者を獲得した.

Sýningunni lýkur um mánaðamótin.　その展示は月末頃までです.

※ mánaðamót は「2つの月が出会うとき」で〈月の変わり目,月末,月初め〉です.

⑤季節

　季節(árstíð)の語は次の通りです.アイスランド気象局(Veðurstofa Íslands)によれば,春は 4,5 月,夏は 6 ～ 9 月,秋は 10,11 月,冬は 12 ～ 3 月の期間を指します.

vor 春	**sumar** 夏	**haust** 秋	**vetur** 冬

　直近の特定の季節について指すときには前置詞 í を用いて [í + 季節語(単数対格未知)]〈...に〉の形式で表します.この表現も,直近の特定の季節についてすでに過ぎ去った場合とこれから来る場合の両方を指すことができます.過ぎ去った季節の場合には sem leið〈過ぎた〉を季節語の直後に,これからくる季節の場合には næsta〈次の〉を季節語の直前に置く(多くの場合 í は脱落)こともあります.直後に年号がくる場合には通常前置詞は置かず,[季節語(単数対格既知)+ 年号]の形式になります.さらに形容詞 fyrri〈最初の,前の〉を用いて去年の特定の季節を指す[í fyrra + 季節(単数対格未知)]の形式もあり,こちらは fyrra と季節語がしばしば 1 語で綴られます.また毎年くる特定の季節について言及する場合には[á + 季節語(複数対格既知)]〈(毎年)...に〉の形式を用います.その他,[um + 季節語(単数対格既知)]〈...の間に〉や [með + 季節語(単数与格既知)]〈...になると,...になって〉,[að + 季節語(単数与格未知)+(til)]〈...に〉などの表現があります.

Hann verður 70 ára í vor.　　彼はこの春で 70 歳になる.

Hvað varstu að gera í sumar?　この夏は何をしていたの?

Næsta sumar ætlum við að gifta okkur.　私たちは次の夏に結婚するつもりである.

Ég fluttist hingað haustið 2000.　私はここに 2000 年の秋に引っ越してきた.

Ég kynntist Freyju í fyrrahaust.　私は去年の秋にフレイヤと知り合った.

Það er dimmt og kalt á Íslandi á veturna.　毎年冬の間アイスランドは暗くて寒い.

Hann fer í framhaldsnám til útlanda um haustið.　彼は秋に海外の大学院に進学する.

※ grunnnám は〈学士課程〉,framhaldsnám は〈修士(博士前期)課程〉,doktorsnám は〈博士(後期)課程〉と言います.

Nýr veitingastaður opnar með vorinu.　春になると新しいレストランがオープンする.

Fundir nefndarinnar eru haldnir tvisvar á ári, að vori og að hausti.

その委員会の会合は年に 2 度,春と秋に開かれる.

なお vetur〈冬〉は [数詞(属)+ vetra +(gamall)]で年齢を表すことがあります.

Embla er fjögurra vetra hryssa.　エンブラは4歳の雌馬だ.

季節ではありませんが，páskar〈イースター〉および jól〈クリスマス〉については前置詞 um あるいは á を用いた表現（um páskana/jólin〈イースター／クリスマスに〉, á páskunum/jólunum〈（毎年の）イースター／クリスマスに〉）がよく見られます．どちらも複数でしか用いられない名詞のため前置詞の後には必ず複数形がとられますが，季節表現と並行して á を用いた表現で繰り返しを表す傾向があります.

Pabbi kemur heim um jólin.　　　　　お父さんはクリスマスに家に帰ってくる.

Við borðum alltaf hangikjöt á jólunum.　僕らはいつもクリスマスに燻製の（羊）肉を食べる.

⑥年・年号・世紀

次に ár〈年〉に関わる表現としては次のものを覚えておきましょう.

í ár	今年	á síðasta ári	昨年	á síðustu árum	近年
á næsta ári	来年	á undanförnum ＋数字(与)＋ árum	近年，ここ...年		
í fyrra	去年	um áramótin	年の変わり目，年末，年始		

この他，áratugur〈10年〉や öld〈世紀，100年〉も重要です．ただし áratugur や öld の数の考え方について，例えば á sjöunda áratugnum は第7つめの10年で〈60年代に〉となるので注意してください（日本語の「世紀」の考え方と同じです）.

Hátíðin verður ekki haldin í ár.　　　　その祭典は今年は開催されない.

Maðurinn verður 60 ára á næsta ári.　　その男は来年60歳になる.

Samfélagið hefur breyst mikið á síðustu árum.　近年社会が大きく変化している.

Ferðamönnum hefur fjölgað um 50% á undanförnum fimm árum.

　旅行者の数はここ5年で50%増加している.

Hann lenti í slysi í fyrra.　彼は去年事故にあった.

Fólk safnaðist saman til að skjóta upp flugeldum um áramótin.

　人々は年の変わり目に花火を打ち上げるために集まった.

Á síðasta áratug 20. aldar tók borgin miklum breytingum.

　20世紀の最後の10年間（1990年代）にその都市は大きく変化した.

※〈100年〉を表す árhundrað（頻度は低）や〈1000年〉を表す árþúsund，また企業の決算報告などの文脈で ársfjórðungur〈四半期〉などの語も用いられることがあります.

年号を読むときには，通常数字は中性形で読まれます．また百の位が0などのきりの良い数字のときを除いて þúsund よりも hundruð の使用が好まれます．年号の直前に前置詞は通常置かれませんが，その代わりしばしば árið が置かれます．また前置詞 á の後ろに ár の与格既知形をおく［á árinu ＋年号］〈...年に〉の形式も用いられます.

Hann fæddist árið 1983 (nítján hundruð áttatíu og þrjú).　彼は1983年に生まれた.

Fyrsta bókin kom út á árinu 2007 (tvö þúsund og sjö).　　最初の本は2007年に出た.

161

第20章 再帰代名詞・動詞の -st 形

20.1 再帰代名詞

まずはこちらの文を見てください.

Hún klæðir stelpuna (= hana). 彼女はその少女（= 彼女）に服を着せる.

Hann þvoði stráknum (= honum). 彼はその少年（= 彼）の体を洗った.

1つ目の文で主語の hún〈彼女〉と目的語の stelpuna〈その少女〉が指しているのは別の人物です. 同様に, 2つ目の文でも主語の hann〈彼〉と目的語の stráknum〈その少年〉が指す人物は異なります. そして, これらの文の目的語 stelpuna と stráknum をあえて代名詞で置き換えるとすれば, それぞれ hana と honum になります. ここで主語の hún と目的語の hana (= stelpuna), 主語の hann と目的語の honum (= stráknum) は同じ代名詞を使ってはいてもそれぞれ別の人物を指しています.

さて, ここでそれぞれ klæða〈服を着せる〉, þvo〈洗う〉を用いて「彼女は自分自身に服を着せる (= 彼女は服を着る)」,「彼は自分自身の体を洗った」, と表現したい場合について考えてみましょう. このとき上の日本語で「自分自身」が指す人物はそれぞれ「彼女」と「彼」のため, 代名詞の hana と honum を使いたくなってしまいますが, それでは, 先ほど確認したようにそれぞれの代名詞が指すのは主語の人物とは別の人になってしまいます. 以上のことを踏まえて次の文を見てください.

Hún klæðir sig. 彼女は服を着る（←自分自身に服を着せる）.

Hann þvoði sér. 彼は（自分自身の）体を洗った.

これらの文では, 動詞の後にそれぞれ sig/sér がおかれていますが, これが本章で学習する再帰代名詞です. 1つ目の文で, sig は主語の hún と同じ人物を指しています. つまり, 主語の彼女が服を着せる人物は自分自身です. 同じように, 2つ目の文で sér は主語の hann と同じ人物を指しています（彼が体を洗う人物は自分自身）. このように, 通常の他動詞文では主語の行為が別の誰か, 何かに向かうのに対して,「主語の行為が自分自身に再び帰ってくる」ときに用いられるのが再帰代名詞です.

このような性質から3人称の再帰代名詞に（主に主語として用いられる）主格形はなく, 対格, 与格, 属格形のみ存在します. また1・2人称では上で述べた問題が起こりえない（1人称は常に話し手, 2人称は常に聞き手を指す）ため, 単数, 複数ともに人称代名詞（と同じ形）を用います. つまり, 再帰代名詞で気をつけなければならないのは3人称ですが（表中の太字部分）, 再帰代名詞に男性・女性・中性および単数・複数の区別はなく, 全ての性・数で同じ形が用いられます.

		1人称	2人称	3人称		
				男性	女性	中性
		私	あなた	彼，それ	彼女，それ	それ
単数	主	ég	þú	－	－	－
	対	mig	þig	**sig**	**sig**	**sig**
	与	mér	þér	**sér**	**sér**	**sér**
	属	mín	þín	**sín**	**sín**	**sín**
複数		私たち	あなたたち	彼ら，それら	彼女ら，それら	彼ら，それら
	主	við	þið	－	－	－
	対	okkur	ykkur	**sig**	**sig**	**sig**
	与	okkur	ykkur	**sér**	**sér**	**sér**
	属	okkar	ykkar	**sín**	**sín**	**sín**

Ég klæði mig.　私は服を着る.　　　　**Við klæðum okkur.**　私たちは服を着る.

Þú klæðir þig.　あなたは服を着る.　　**Þið klæðið ykkur.**　あなたたちは服を着る.

Hann klæðir sig.　彼は服を着る.　　　　**Þeir klæða sig.**　彼らは服を着る.

Hún klæðir sig.　彼女は服を着る.　　　**Þær klæða sig.**　彼女らは服を着る.

Það klæðir sig.　（その子）は服を着る.　**Þau klæða sig.**　彼らは服を着る.

※この文脈では，það は barn〈子ども〉や fólk〈人々〉を指すと考えることができます.

通常再帰代名詞は動詞の直後におかれ，このような再帰代名詞をとる動詞は再帰動詞と呼ばれます. 再帰代名詞の格は動詞によって異なり，例えば klæða sig〈服を着る〉では対格，þvo sér〈（自分の）体を洗う〉では与格，gæta sín〈気をつける〉では属格をとります.

Maðurinn klæddi sig í skóna.　　　　男は靴を履いた.（対）

Ekki gleyma að þvo þér um hendurnar.　手を洗うのを忘れないで.（与）

Gættu þín vel.　　　　　　　　　　　よく気をつけて.（属）

さらに，再帰代名詞は前置詞の後におかれることもあります. その場合，再帰代名詞の格は前置詞が支配する格にしたがいます. 中には［setja á sig ＋ 対］〈（帽子やアクセサリーなどを）身につける〉や［taka af sér ＋ 対］〈（帽子やアクセサリーなどを）外す，取る〉のように慣用的な（全体で句動詞的に機能する）ものもあります.

Allt í einu heyrði hann undarlegt hljóð fyrir aftan sig.

彼は突然自分の背後で変な音がするのを聞いた.

Hann setti á sig hattinn.　彼は帽子をかぶった.

Hún tók af sér gleraugun.　彼女は眼鏡を外した.

英語と比べて，アイスランド語にはこのような再帰代名詞を含む表現が数多く存在します. 再帰動詞には異なる格を支配するにもかかわらず意味が非常に似ているもの

163

があるため，表中では（再帰代名詞の格ではなく）意味的な観点から分類しています．
動詞がどの格の再帰代名詞をとるのかはそれぞれ sig/sér/sín で表し，またその後に追
加の目的語を取るものについてはその目的語の格を示しています．

再帰動詞の意味分類

①着脱・身繕い

klæða sig 服を着る（**klæða sig í** ＋対 **/úr** ＋与 ...を着る／脱ぐ）			
setja á sig ＋対（帽子やアクセサリーなど）を身につける			
taka af sér ＋対（帽子やアクセサリーなど）を外す，取る			**þvo sér** 体を洗う
baða sig 入浴する	**greiða sér** 髪をとかす		**raka sig** 髭を剃る
mála sig 化粧をする	**láta klippa sig** 髪を切ってもらう		

Ég raka mig og greiði mér á morgnana.　私は毎朝，髭を剃って髪をとかす．

②感覚・感情・思考

skemmta sér 楽しむ	**skammast sín** 恥じる	**kveinka sér**（苦痛で）うめく
átta sig á ＋与 ...を理解する	**gera sér grein fyrir** ＋与 ...を理解する	
tjá sig（**um** ＋対）（...について）自分の意見，考えを述べる		**hugsa sig um** よく考える
monta sig af ＋与 ...を自慢する，みせびらかす		**ímynda sér** ＋対 ...を想像する
einbeita sér（**að** ＋与）（...に）集中する		**gretta sig** 顔をしかめる
sætta sig við ＋対 を諦めて受け入れる，...に甘んじる		
velta ＋与＋ **fyrir sér** ...についてよく考える		

Án þess að hugsa sig um tók ég bókina og setti hana í töskuna.

　よく考えずに私はその本を取ってそれをカバンに入れた．

Nú verð ég að einbeita mér að náminu.　今私は学業に専念しなければならない．

③移動・運動

beygja sig かがむ	**drífa sig** 急ぐ	**fela sig** 身を隠す
flýta sér 急ぐ	**hreyfa sig** 運動する	**ræskja sig** 咳払いをする
snúa sér við 振り向く	**snúa sér að** ＋与 ...の方を向く，に取りかかる	
teygja sig（手足を）伸ばす	**teygja sig eftir** ＋与 ...を取ろうと手を伸ばす	
æfa sig 練習する	**vanda sig**（**við** ＋対）（...を）頑張る，入念に行う	

Pabbi sneri sér við og yppti öxlum.　お父さんは振り向いて肩をすくめた．

Flýttu þér!　急いで！

164

④その他

afla sér ＋属	（情報・知識など）を手に入れる	hvíla sig	休む
bjarga sér	（困難な状況などを）切り抜ける	hefna sín	復讐する
mennta sig	教育を受ける	passa sig（á＋与）	（に）用心する，気をつける
skrá sig	登録する	undirbúa sig fyrir ＋対	に向けて準備をする

Ég skráði mig á námskeiðið.　　　　私はそのコースに登録した.

Við eigum eftir að hefna okkar á henni.　私たちにはまだ彼女への復讐が残っている.

※［eiga eftir að ＋不定詞］...することが残っている，まだ...をし終えていない

さらに，［fá sér ＋対］〈（自分用に）...を手に入れる〉や［kaupa sér ＋対］〈（自分用に）...を買う〉など，再帰代名詞がなくてもそこまで大きな意味の違いがないように思えるものもあります.

Ég fékk mér nýja skó.　　　　私は（自分用に）新しい靴を手に入れた.

Fáðu þér sæti.　　　　座ってください.

Hann keypti sér nýja tölvu.　彼は（自分用に）新しいパソコンを買った.

20.2 代名詞 sjálfur

代名詞 sjálfur〈自身〉は英語の self に相当します. sjálfur は一緒に用いる名詞や代名詞の性・数・格にしたがって語形が変化しますが，その変化パターンは形容詞の基本的な強変化パターンと同じです（☞ 5.1）.

再帰代名詞と用いる用法

再帰代名詞と一緒に用いるとき sjálfur は再帰代名詞の前に置かれ，性・数・格は再帰代名詞に一致させます. しかし，再帰代名詞は主語の性・数にかかわらず同じ形を用いるため，性・数については主語を見る必要があります. この形は，再帰代名詞が，他者に向けるのが普通である行為を表す動詞と共起するときに用いられます. 一方，再帰動詞に対しては，その動詞が klæða〈服を着せる〉など他者に向ける行為として一般的なものであり，かつ特別な文脈を与えて強調するような場合を除き sjálfur は用いられません.

„Hvað á ég nú að gera?" sagði konan við sjálfa sig.

「もう私はどうしたらいいの？」とその女性は独り言を言った.

Hann talar ekki um sjálfan sig.　彼は自分のことについて話さない.

Hún klæddi sjálfa sig í peysu, ekki börnin.

彼女は，自分ではセーターを着たが，子供たちには着せなかった.

165

主語・目的語の強調

　主語を強調する場合，sjálfur は強調する名詞や代名詞の性・数・格（格はほとんどの場合主格）に一致させます．sjálfur は通常動詞の後におかれますが，文末におかれることもあります．

Ég heyri sjálf hvernig röddin á mér titrar.　　※ég は女性．

　私は自分の声が震えているのが自分でも分かる（自身で聞こえる）．

Þú verður að svara þessum spurningum sjálfur.　　※þú は男性．

　君はそれらの質問に自分で答えなければならない．

Hvernig veistu að ég á afmæli í dag? – Þú sagðir mér það sjálfur.

　私が今日誕生日だってどうして知ってるの？　－君が自分で言ったんじゃないか．

　一方，動詞や前置詞の目的語を強調するとき sjálfur は通常目的語の後ろに置かれ（再帰代名詞の場合とは逆），性・数・格は強調する名詞や代名詞に一致させます．

Ég talaði ekki við manninn sjálfan.　　私はその男自身には話しかけなかった．

Ég heyrði hlátur konunnar áður en ég sá hana sjálfa.

　（私は，）その女性自身を目にする前に，彼女の笑い声が聞こえた．

　名詞を強調する場合，sjálfur を名詞の前に置くこともできますが，その場合〈他でもない，…その人，まさしく〉のようなニュアンスが生じます．

Hann rakst á sjálfan borgarstjórann.　　彼は他ならぬ市長に出くわした．

20.3　再帰所有代名詞

　ここまで動詞や前置詞の目的語となる再帰代名詞について学習しましたが，再帰代名詞には所有代名詞 sinn が存在します．仕組みは基本的に 20.1 で説明した再帰代名詞と同じです．sinn は修飾する名詞の性・数・格にしたがって語形が変わり，語形変化パターンは所有代名詞 minn/þinn と同じです（☞ 6.1）．また，1・2 人称単数の場合には，（これも再帰代名詞のシステムと同じく）それぞれ minn/þinn を用います．

Maðurinn var að tala í síma við konuna sína.　　男は自分の妻と電話で話していた．

　※下線部を konuna hans とすると〈（maðurinn とは別の）男性の妻〉という意味になります．

Í Reykjavík bjó hann hjá foreldrum sínum.

　レイキャヴィークでは彼は自分の親元で暮らしていた．

Ég týndi lyklinum mínum í gær.　　私は昨日自分の鍵を失くした．

20.4　動詞の -st 形

　これまでに挙げた例文にも既に何度も出てきていますが，アイスランド語には語末に接尾辞 -st をつけて作る動詞の形があります（「中動態，中間態（Middle voice）」な

どと呼ばれます）．動詞の語末に -st をつける際には，その直前で多くの脱落が起こります．まず，-st の前で2・3人称の活用語尾（あるいはその一部）である -r/-ur/-rð/-ð/-(s)t が脱落します（þú kallar > þú kalla~~r~~st, þið kallið > þið kalli~~ð~~st, þú fékkst > þú fékks~~t~~st など）．また，-st 直前の -d/-ð/-t が脱落することがあります（hann bindur > hann bindu~~r~~st, hann batt > hann ba~~tt~~st, ég bregð > ég bregð~~st~~ など．ただし hann býður > hann býðst）．これらの脱落の結果，現在単数と過去単数は人称にかかわらずそれぞれ語形が同じになり，さらに2・3人称の過去複数の語形も同じになります．

	kallast 呼ばれる			
	現在単数	現在複数	過去単数	過去複数
1人称	ég kallast	við köllumst	ég kallaðist	við kölluðumst
2人称	þú kallast	þið kallist	þú kallaðist	þið kölluðust
3人称	hann kallast	þeir kallast	hann kallaðist	þeir kölluðust
完了分詞	hafa kallast			

	teljast ...と思われる，...に数えられる			
	現在単数	現在複数	過去単数	過去複数
1人称	ég telst	við teljumst	ég taldist	við töldumst
2人称	þú telst	þið teljist	þú taldist	þið töldust
3人称	hann telst	þeir teljast	hann taldist	þeir töldust
完了分詞	hafa talist			

	bindast 結びつく			
	現在単数	現在複数	過去単数	過去複数
1人称	ég binst	við bindumst	ég bast	við bundumst
2人称	þú binst	þið bindist	þú bast	þið bundust
3人称	hann binst	þeir bindast	hann bast	þeir bundust
完了分詞	hafa bundist			

	fást 入手できる			
	現在単数	現在複数	過去単数	過去複数
1人称	ég fæst	við fáumst	ég fékkst	við fengumst
2人称	þú fæst	þið fáist	þú fékkst	þið fengust
3人称	hann fæst	þeir fást	hann fékkst	þeir fengust
完了分詞	hafa fengist			

この -st 形をとる動詞には次のような用法があります．

受動的用法

　動詞の -st 形はしばしば受動文で，特に自然の力などの目に見えない力からの働きかけなどについて述べる際に用いられます．[vera + 過去分詞] の形式を用いる受動文では（たとえ焦点から外れていても）背後に行為者が想定されるのに対し，動詞の -st 形を使った受動文では必ずしも具体的な行為者がいるとは限りません（☞ 22.2）．動詞の -st 形ではたとえ具体的な行為者がいたとしてもその行為者は焦点から外れるため基本的に言及されることはありません．

　Öll húsin eyðilögðust í snjóflóðinu í janúar.　全ての家々が 1 月の雪崩で破壊された．

　Öll húsin voru eyðilögð af hermönnum.　　全ての家々が兵士たちによって破壊された．

　　※具体的な行為者が想定されているため，下線部に eyðilögðust は適しません（☞ 22.2）．

　Kötturinn týndist og fannst ekki aftur fyrr en tveimur dögum síðar.

　　猫がいなくなって，それから 2 日後になってようやく見つかった．

　Margir bílar skemmdust í óveðrinu.　多くの車が嵐でダメージを受けた．

　また「具体的な行為者が想定されない」という特徴から，不特定の対象に向けた指示や可能性などにも用いられることがあります．

　Kælivara: Geymist í kæli við 0-4° C　　冷蔵食品：要冷蔵（0 〜 4℃）

　　※ geyma は〈保管，保存する〉という意味で，これは要冷蔵食品の保存方法表示です．

　Umsóknir berist fyrir 1. apríl 2023.　申請は 2023 年 4 月 1 日までに提出すること．

　　※動詞 berast は接続法の形をとっています（☞ 25 章）．

　Þetta dagatal kostar 2.000 krónur og fæst í bókabúðum.

　　このカレンダーは値段が 2000 クローナで，書店で手に入る．

　Fossinn sést mjög vel frá þjóðveginum.　その滝は国道（一号線）からとてもよく見える．

　Dularfull tónlist heyrist í fjarska.　　遠くで不思議な音楽が聞こえる．

　一部 [vera + 過去分詞] の形式を用いても動詞の -st 形を用いても大して意味の違いがない場合もあります．

　Jónas Hallgrímsson var fæddur/fæddist árið 1807.

　　ヨウナス・ハトルグリムスソンは 1807 年に生まれた．

　　※ただし fæðast〈生まれる〉の過去形は存命の人物にも故人にも用いることができるのに対し，[vera + 過去分詞] の形式では現在も存命の人物には vera を現在形に，故人に大しては vera を過去形にする必要があります．

再帰的用法

　ここで取り上げている接尾辞 -st はもともと再帰代名詞 3 人称対格 sig の古い形 sik に基づくものであることから，再帰的な用法を表すことがあります．

168

hvílast	休む	klæðast ＋与	…を着ている	komast	(先へ)行ける
leggjast	横になる	meiðast	怪我をする	snúast	回る，向き直る
setjast	座る，(鳥や虫などが)とまる			verjast	身を守る

Þeim fjölgar sem bera grímu til að <u>verjast</u> veirunni.

ウイルスから自分の身を守るためにマスクをつける人が増えている.

Hann <u>settist</u> við skrifborðið.　彼は勉強机に(向かって)腰掛けた.

Ég <u>kemst</u> ekki niður.　　　　　降りられないよ.

これらの動詞はしばしば再帰代名詞を用いた表現と交換可能ですが，中にはニュアンスが微妙に異なるものもあります.

Hann <u>klæddi</u> sig í þjóðbúning.　彼は民族衣装を着た.(行為)

Margir <u>klæddust</u> þjóðbúningum af ýmsum gerðum.(状態)

多くの人が様々な種類の民族衣装を着ていた.

自発的用法

何らかの物理的，心的な状態が自然に引き起こされる事態を表します. 下には挙げていませんが感情や思考に関わる非人称動詞の多くもこのタイプです (☞ 21.2).

breytast	変わる	bjargast	何とかなる，(危機などから)逃れる		
fyllast	満杯になる	gleðjast	喜ぶ	hefjast	始まる
hræðast	怖がる	kveljast	苦しむ	lagast	良くなる
leysast	解決する，解ける	lokast	閉まる	læknast	回復する
opnast	開く	reddast	何とかなる	seljast	売れる
truflast	狂う	tryllast	逆上する	þjást	苦しむ

Dyrnar <u>lokuðust</u> með skelli.　ドアがバタンと閉まった.

Bókin hefur <u>selst</u> í yfir 20 milljónum eintaka.　その本は 2000 万部以上も売れている.

Vandamálið <u>leystist</u> af sjálfu sér.　その問題はひとりでに解決した.

Þetta <u>reddast</u>!　何とかなるさ！大丈夫！

※ Þetta reddast はアイスランド人の精神性をとてもよく表した表現で，12 章プラスワンで紹介した gluggaveður〈窓際日和〉と並び，とてもアイスランドらしい表現と言えます.

Hann <u>gladdist</u> yfir árangri félaga sinna.　彼は自分の仲間たちの成功を喜んだ.

相互的用法

この用法の動詞は「お互いに…する」という相互性を表します. 身体的接触の度合いが高い動詞が多く，主語には基本的に複数人を指す名詞，代名詞がとられます.

169

berjast 戦う		**elskast** 愛し合う		**faðmast** 抱き合う	
fljúgast á 喧嘩する，取っ組み合う				**heilsast** 挨拶を交わす	
fylgjast að 同行する，一緒に行く				**hittast** 出会う	
hjálpast að 助け合う	**kveðjast** 別れの挨拶を交わす			**kyssast** 互いにキスする	
leiðast 手を取り合う	**mætast** 出会う			**sjást** 出会う (sjáumst またね)	
slást 喧嘩する	**talast við** 話し合う				

Þau heilsuðust og kvöddust með handabandi.　彼らは握手で出会いと別れの挨拶を交わした.

Börnin eru að slást um nýtt leikfang.

　　その子供達は新しいおもちゃのことで喧嘩をしている.

ただし berjast〈戦う〉や fljúgast á〈喧嘩する〉のように相互的な用法と一方的な用法の両方が見られるものもあります.

Tveir stjórnmálamenn börðust um áhrif innan flokksins.（相互的）

　　2 人の政治家が政党内の影響力を得ようと戦った.

Þór notar hamarinn Mjölni til að berjast við jötna.〔一方的〕

　　ソールは巨人たちと戦うためにハンマー「ミョルニル」を使う.

その他

　次の動詞には対応する形容詞が存在し，「形容詞の状態＋になる」という意味を表します（いわゆる起動動詞）. 上で挙げた fyllast〈満杯になる〉もこのグループに入ります.

brjálast （怒り）狂う	**grennast** 細くなる	**hressast** 元気になる	
lengjast 長くなる	**reiðast** 怒る	**styttast** 短くなる	
yngjast 若くなる	**þéttast** 濃くなる，凝縮（液化）する		
þreytast 疲れる	**þynnast** 薄くなる		

Dagarnir styttast og skuggar lengjast.　日が短くなり，影が伸びる.

Þokan þéttist smám saman.　　　　　　霧が次第に濃くなった.

Ég hressist nokkuð við að spjalla við hana.

　　私は彼女とお喋りをしていくらか元気になった.

また -st がつく動詞の中には元の動詞からは意味の予測が困難なものも見られます.

andast 死ぬ	**farast** （事故や暴力によって）死ぬ，消える	
gerast 起こる	**látast** 死ぬ，ふりをする	**reynast** 判明する
stelast こそこそ…する，盗む	**takast** 成功する	

Allt getur gerst í íþróttum.　スポーツでは何が起こるか分からない.

170

Prófessorinn reyndist vera gamall skólabróðir minn.

その教授は私の昔のクラスメートであることが判明した.

Hann lést árið 1990. 彼は 1990 年に亡くなった.

さらに -st 動詞の中にはそもそも -st のつかない動詞の形が存在しないものもあります.

ferðast	旅する	**gægjast**	覗き見る	**mistakast**	失敗する
nálgast	近づく	**óttast**	恐れる	**samhryggjast**	お悔やみを言う
staðnæmast	止まる, 停まる	**umgangast**	(友達などと) 一緒にいる, つるむ		

Jólin eru að nálgast. クリスマスが近づいている.

Mig dreymir um að ferðast um allan heim. 世界中を旅することを夢見ている.

プラスワン：接尾辞 -na

-st 動詞の他, 語末に -na がつく動詞も「(ある状態) になる」という意味を表します. このタイプの動詞は弱変化動詞の AR グループに入ります.

Ljósið slokknaði skyndilega. 明かりが突然消えた.

Er jörðin að hlýna? 地球は暑くなっているの？

batna 回復する	blána 青くなる, 青ざめる	blotna 濡れる
bogna 曲がる, たわむ	bráðna (氷などが) 解ける	brotna 割れる, 折れる, 壊れる
dofna 弱まる, 麻痺する	drukkna 溺れる	dökkna 暗くなる
fitna 太る	fölna 顔面蒼白になる	grána 灰色になる
gulna 黄色くなる, 黄ばむ	harðna 固まる	hitna 熱くなる
hlýna 暑くなる	hvítna 白くなる	kafna 窒息する
klofna (2 つに) 割れる	kólna 冷える	kvikna (明かりなどが) つく
losna 緩む, 空く, 自由になる	molna 粉々に崩れる, 分解する	rifna 裂ける
skána 改善する, ましになる	slitna ちぎれる, 擦り切れる	slokkna (明りなどが) 消える
stirðna 硬直する, 強張る	storkna 凝固する, 固まる	soðna 煮える
sviðna 焦げる, 焼ける	versna 悪化する	þagna 静かになる
þorna 乾く		

第21章 動詞の格支配②

21.1 二重目的語をとる動詞の格

7.3 で見たように，動詞の目的語は対格・与格・属格のいずれかを支配しますが，それは二重目的語をとる動詞も同じです．それぞれの目的語にどの格をとるかは動詞ごとに覚える必要がありますが，緩やかな意味のつながりが見える場合もあります．

［動詞＋目的語（与）＋目的語（対）］

英語では，主に何かを「渡す，あげる」ことを表す動詞（give〈与える〉や send〈送る〉など）で二重目的語をとることができますが，よく似た形式はアイスランド語にも存在します．動詞 gefa〈与える〉や senda〈送る〉などの動詞を用いてこの形式の文をつくるとき，間接目的語には与格を，直接目的語には対格を用います．この形式をとることのできる動詞は数も多く，二重目的語を含む形式の典型例といえます．

Hann	gefur	mér	bókina.	彼は私に本をくれる．
Ég	lána	honum	peninga.	私は彼にお金を貸す．
Þau	senda	mér	tölvupóst.	彼らは私にメールを送る．
主語	動詞	目的語（与）	目的語（対）	

gefa	与える	senda	送る	færa	渡す
afhenda	渡す	fá（しばしば［fá sér ＋対］で）手に入れる			
lána	貸す	bjóða	提供する	selja	売る
borga	支払う	kenna	教える	segja	言う
skrifa	（手紙などを）書く	þakka	感謝する	sýna	見せる
kaupa sér ＋対 買う		taka sér ＋対 とる			

［動詞＋目的語（対）＋目的語（与）］

直前で学習したものとは逆に，間接目的語に対格を，直接目的語に与格をとるグループです．意味的にも直前のものと逆になり，svipta〈奪う〉，ræna〈強奪する，奪う〉，leyna〈隠す〉など「奪う」ことを表す動詞がこの形式で用いられます．

Þau	ræna	mig	launum mínum.	彼らは私から給料を奪う．
Hann	sviptir	hana	frelsi.	彼は彼女から自由を奪う．
主語	動詞	目的語（対）	目的語（与）	

172

［動詞＋目的語（与）＋目的語（与）］

約束や返答を表す動詞（lofa〈約束する〉，heita〈約束する〉，svara〈答える〉など）
がこの形式で用いられます．

Ég	lofa	þér	stuðningi mínum.	私は君に協力を約束する．
Hann	svarar	mér	engu.	彼は私に何も答えない．
主語	動詞	目的語（与）	目的語（与）	

［動詞＋目的語（対）＋目的語（対）］

kosta〈（...にとって...の費用が）かかる〉がこの形式で用いられます．

Það	kostar	mig	100 krónur.	それは 100 クローナかかる．
主語	動詞	目的語（対）	目的語（対）	

※誰にとっての費用かを示す必要がなければ mig の部分は省略します（［kosta ＋費用（対)]）．

［動詞＋目的語（与）＋目的語（属）］

óska〈望む〉，varna〈防ぐ, 妨げる〉（まれに synja〈拒否する〉）がこの形をとります．

Ég	óska	þér	góðrar ferðar.	良い旅を祈っています．
Hann	varnar	mér	máls.	彼は私にものを言わせない．
主語	動詞	目的語（与）	目的語（属）	

［動詞＋目的語（対）＋目的語（属）］

biðja〈頼む〉，spyrja〈尋ねる〉，dylja〈隠す〉がこの形式をとります．

Hann	bað	hana	afsökunar.	彼は彼女に許しを乞うた．
Þeir	spyrja	mig	spurningarinnar.	彼らは私にその質問をする．
主語	動詞	目的語（対）	目的語（属）	

21.2 非人称動詞

アイスランド語には主語に主格以外の格をとっているように思える動詞があります．
次の例を見てください．

<u>Mig langar</u> að læra japönsku.　私は日本語を学びたいと思っている．

<u>Mér þykir</u> vænt um þig.　　　私はあなたのことが好きです．

1 つ目の例では，文頭（主語の位置）に人称代名詞 1 人称単数 ég の対格形 mig をとっ
ています．文中には主格の名詞や代名詞はありません．動詞 langa が〈...したい，...を
欲する〉という意味であることを考えると，この mig は日本語の〈私は〉に対応する，
つまり意味上の主語であることが分かります．2 つ目の例も意味上の主語には ég の与

173

格 mér がとられています．一見するとこれらは文法的に間違った文のように思えますが，主格をとる名詞や代名詞が文中にないことはアイスランド語では珍しくありません．このように，文法的な主格主語を必要としない動詞は非人称動詞とよばれ，特に人の感情や思考に関わる動詞にこの種の形をとるものが多く見られます．非人称動詞は一般的な動詞と異なり（意味上の）主語の人称や数にかかわらず 3 人称（多くの場合単数）を用います．上の例で 1 人称の mig/mér に合わせて動詞を 1 人称（Mig langa/ Mér þyki は不可）にしないよう注意しましょう．主要な非人称動詞は次の通りです．

意味上の主語に対格をとる非人称動詞

| dreyma 夢をみる |

① ［対 + dreymir + （対 /að ...)］（...について）夢にみる，夢をみる

Hana dreymir marga drauma. 彼女はたくさんの夢をみる．

Mig dreymir oft að ég sé aleinn. 私はよく一人ぼっちでいる夢をみる．

② ［対 + dreymir um + 対 /að ...] ...を夢みる

Mig dreymir um að verða listamaður. 私は芸術家になることを夢みている．

Okkur dreymir um sjálfstæði. 私たちは独立を夢みている．

| langa ...したい，...を欲する |

① ［対 + langar í + 対] ...が欲しい

Mig langar í súkkulaði. 私はチョコレートが欲しい．

② ［対 + langar (til) að + 不定詞] ...をしたい

Hann langar að tala við hana. 彼は彼女と話をしたいと思っている．

| vanta ［対 + vantar + 対] ...が不足している |

Mig vantar peninga til að borga reikninginn. 私はその請求を支払うお金が足りません．

意味上の主語に与格をとる非人称動詞

| þykja ...に見える，思われる |

① ［与 + þykir + 主 + 主格補語] ...を...だと思う

動詞 þykja は意味上の主語に与格をとりますが，動詞の後に名詞や代名詞の主格をとることがあります．その場合，後続する補語にも主格がとられます．一見すると目的語が主格をとった文のように見えますが，実際には主格の名詞・代名詞は文法的な主語として機能しています．このように非人称動詞の中には通常目的語となるところで主格をとるものがありますが，このとき主格の名詞・代名詞が複数形であれば動詞

174

も 3 人称単数ではなく 3 人称複数にします.

Mér þykir hún sniðug.　私は彼女を賢いと思う.（動詞は 3 人称単数）

Mér þykja þær sniðugar.　私は彼女たちを賢いと思う.（動詞は 3 人称複数）

② ［与 + þykir + 形容詞中性単数主格 + að ...］...することは...だと思う

Henni þykir gott að borða góðan mat.

　彼女は美味しいものを食べることが良いことだと思っている.

③ ［与 + þykir vænt um + 対 /að ...］（愛情や親しみのこもった対象に）...が好きである

Henni þykir vænt um hann.　彼女は彼のことが好きである.

Mér þykir vænt um Reykjavík.　私はレイキャヴィークが好きだ.

> **líka** ...を好む

① ［与 + líkar + 主 + (/ 副詞)］...を（良く, 好ましく）思う

動詞 þykja と同じく動詞の後に主格をとることがあります. しばしば疑問副詞 hvernig〈どのように〉を文頭にともない疑問文で用いられます.

Hvernig líkar þér maturinn?　その食事はどう?

– Mér líkar maturinn vel.　その食事はおいしい.

Hvernig líkar þér á Íslandi?　アイスランドはどうだい?

Mér líkar ekki vel í skólanum.　学校は好きではない.

② ［与 + líkar vel/illa við + 対 /að ...］...を良く思う・良く思わない

Mér líkar vel við súpuna.　私はそのスープが好きだ.

> **líða** ［与 + líður (vel/illa) + (að ...)］（気分や体調が）良い・悪い

Hvernig líður þér?　あなたの調子はどうですか?

– Mér líður alls ekki vel.　私は体調が全く良くありません.

> **finnast**（自分の意見として）...と思う

① ［与 + finnst + 主 + 主格補語］...を...だと思う

Mér finnst bókin frábær.　私はその本を素晴らしいと思う.

② ［与 + finnst + 形容詞中性単数主格 /gaman að ...］...だと思う

Mér finnst gott að synda.　私は泳ぐのは良いことだと思う.

Honum finnst gaman að læra japönsku.　彼は日本語を学ぶのを楽しいと思っている.

③ ［与 + finnst + 主格 + 不定詞句］/ ［与 + finnst að ...］...だと思う

［与 + finnst að ...］の形式をとる場合, 接続詞 að の節中に置かれる動詞には通常接続法（☞ 25 章）が用いられます.

175

Mér finnst þetta vera góð hugmynd.　私はそれは良い考えだと思う.

Henni finnst að þeir eigi að vinna.　彼らは働いた方が良いと彼女は思っている.

④ ［hvað finnst ＋ 与 ＋ um ＋ 対］...についてどう思いますか

Hvað finnst þér um Ísland?　あなたはアイスランドについてどう思いますか?

⑤ ［finnst mér］...と私は思う

英語の I think のように,挿入句として文中や文末におくことができます.

Þetta er oft hættulegt, finnst mér.　それはしばしば危険である,と私は思う.

---

lítast ［与 ＋ líst ＋ 副詞 ＋ á ＋ 対 /að ...］...を...と思う

Mér líst mjög vel á þennan stað.　私はその場所をとても良いと思う.

Hvernig líst þér á að fara í gönguferð?　散歩に行くのはどうですか?

---

leiðast ［与 ＋ leiðist ＋ 主 /að ...］...が...に退屈する

Mér leiðist lífið.　人生に退屈している.

Henni leiðist að sitja heima og gera ekki neitt.

　彼女にとって家でただ座って何もしないのは退屈だ.

　ところでアイスランド語では,langa（意味上の主語は対格）や hlakka〈楽しみにする〉（主語は主格）といった動詞の主語に与格を用いてしまう,いわゆる「与格病（þágufallssýki）」と呼ばれる現象が知られています.ここで取り上げた与格を意味上の主語にとる非人称動詞は,基本的に主語が行為者ではなく（知覚や感覚の）経験者と捉えられますが,この経験者としての与格が（意味的に比較的近い）langa やhlakka の主語に誤って使ってしまうことが原因のようです.

どのような対象を主語にとるかで格が変わるもの

　次の動詞では,どのような対象が主語にとられるかによって名詞・代名詞の格が変わります.（経験者としての）人が主語のとき,その主語は与格となりますが,そうでなければ,その主語は主格となります（例文中下線部）.

---

virðast ...だと思われる

① （経験者が主語のとき）［与 ＋ virðist ＋ 主 ＋ 不定詞］（人）...には...だと思われる

<u>Mér</u> virðist ástandið vera mjög alvarlegt.　私には状況はとても深刻に思える.（与）

② （経験者以外が主語のとき）［主 ＋ virðist ＋ 不定詞］...だと思われる

<u>Ástandið</u> virðist vera að versna.　　　状況は悪化しているように思われる.（主）

なお,sýnast〈...と思われる〉も virðast と同じような意味で用いることができますが,

176

virðast より使用頻度は下がります. また（virðast と異なり）sýnast は挿入句的に［sýnist mér］〈と（私には）思われる〉の形で用いることができますが，［finnst mér］と比べてよりフォーマルになります.

> **takast** ［与（/ 主）＋ tekst ＋（að ...）］...が...を成功させる

Honum tekst að fá hana til að hlæja.　彼は彼女を笑わせることに成功する.（与）

Tilraunin tekst vel.　　　　　　　　　その試みはうまくいく.（主）

Þetta tókst!　　　　　　　　　　　　うまくいった！（主）

> **batna** 良くなる，回復する / **skána** 改善する，ましになる / **versna** 悪くなる，悪化する

回復，悪化を表す動詞も，人を主語にとるときに与格を，事態，現象を主語にとるときに主格を用います.

Láttu þér batna!　　　　　　　　　　　はやく良くなってね！（お大事に！）（与）

Ástandið er að batna í landinu.　　　　その国での状況は良くなっている.（主）

Mér skánaði í maganum.　　　　　　　お腹の調子がましになった.（与）

Veðrið skánar ekki fyrr en í kvöld.　　　天気は今晩まで回復しない.（主）

Honum versnaði skyndilega.　　　　　　彼は体調が突然悪化した.（与）

Ástandið versnar með hverjum degi.　　状況は日に日に悪化する.（主）

その他

その他，動詞 vera や ganga の意味上の主語に与格を用いた次のような表現もあります（☞ 5.5）.

Mér er illt í maganum.　　　　　　　お腹の調子が悪い.

Mér er kalt/heitt.　　　　　　　　　（私は）寒い／暑い.

Hvernig gengur?　　　　　　　　　　調子どう？

Hvernig gengur þér í skólanum?　　　学校はどう？

Mér gengur vel.　　　　　　　　　　うまくいってるよ.

177

第22章 過去分詞・受動文

22.1 過去分詞

　過去分詞は，形容詞のように名詞の性・数・格に合わせて形が変わり，また文脈に応じて強変化と弱変化とが使い分けられます．過去分詞の作り方は動詞の語形変化タイプによって異なります．なお，9.1 で学習した完了分詞は過去分詞の中性単数主格・対格（と形が同じ）であることに注意してください．

弱変化動詞グループ1（AR グループ）

　過去分詞男性単数主格は不定詞（短縮命令形・語幹と同形）に -ður をつけます．変化パターンは基本的に形容詞の強変化と同じで，男性単数主格形から語尾 -ur を落とした形を基準に，性・数・格によって異なる語尾がつきます．ただし，語尾直前の母音 a は語尾が -u- で始まるとき u に変わり，さらにその前の母音が a であれば ö に変わります．語尾のない女性単数主格，中性複数主格・対格でも同じ母音変化が起こります．

kalla ＋ -ður > kallaður　呼ばれた　　　　nota ＋ -ður > notaður　使われた

	単数			複数		
	男性	女性	中性	男性	女性	中性
主	kallað<u>ur</u>	köllu<u>ð</u>	kallað	kallað<u>ir</u>	kallað<u>ar</u>	köllu<u>ð</u>
対	kallað<u>an</u>	kallað<u>a</u>	kallað	kallað<u>a</u>	kallað<u>ar</u>	köllu<u>ð</u>
与	köllu<u>ðum</u>	kallað<u>ri</u>	köllu<u>ðu</u>	köllu<u>ðum</u>	köllu<u>ðum</u>	köllu<u>ðum</u>
属	kallað<u>s</u>	kallað<u>rar</u>	kallað<u>s</u>	kallað<u>ra</u>	kallað<u>ra</u>	kallað<u>ra</u>
主	notað<u>ur</u>	notu<u>ð</u>	notað	notað<u>ir</u>	notað<u>ar</u>	notu<u>ð</u>
対	notað<u>an</u>	notað<u>a</u>	notað	notað<u>a</u>	notað<u>ar</u>	notu<u>ð</u>
与	notu<u>ðum</u>	notað<u>ri</u>	notu<u>ðu</u>	notu<u>ðum</u>	notu<u>ðum</u>	notu<u>ðum</u>
属	notað<u>s</u>	notað<u>rar</u>	notað<u>s</u>	notað<u>ra</u>	notað<u>ra</u>	notað<u>ra</u>

弱変化動詞グループ2（IR グループ）

　この変化グループは過去形の章（第8章）で学習した規則を当てはめることで過去分詞を作ることができます．過去形で語幹母音（第1音節の母音）が変わる動詞の過去分詞は，過去形の母音と同じにします（不定詞 > 過去分詞男性単数主格形）．

①語幹が母音あるいは［母音 ＋ f/g(g)/r］で終わる動詞

　不定詞の語末の -a あるいは -ja を落とした形（短縮命令形・語幹と同じ形）に -ður

をつけて過去分詞男性単数主格形を作ります（語末の -ur は男性単数主格語尾）.

skrá + **-ður** > **skráður** 記録された　　　　**gera** + **-ður** > **gerður** された，行われた

æfa + **-ður** > **æfður**　練習を積んだ　　　**segja** + **-ður** > **sagður** 言われた

②語幹が［母音 + l/m(m)/n/ð］で終わる，あるいは -ngja で終わる動詞

不定詞の語末の -a あるいは -ja を落とした形に -dur をつけて過去分詞男性単数主格形を作ります.

dæma + **-dur** > **dæmdur**　判決を下された　　**sýna** + **-dur** > **sýndur**　　見せられた

þýða + **-dur** > **þýðdur** > **þýddur**　翻訳された　**tengja** + **-dur** > **tengdur** つながれた

③語幹が［母音 + k(k)/p(p)/s(s)/t(t)］で終わる動詞

不定詞の語末の -a あるいは -ja を落とした形に -tur をつけて過去分詞男性単数主格形を作ります.

þekkja + **-tur** > **þekktur**　知られた　　　**kaupa** + **-tur** > **keyptur**　買われた

læsa + **-tur** > **læstur**　　鍵をかけられた　**mæta** + **-tur** > **mættur**　やって来た

④語幹が［子音 + d/ð/t］で終わる動詞

不定詞の語末の -a あるいは -ja を落とした形が［子音 + d/ð/t］で終わるとき，その子音の後に（つまり d/ð/t を落とし）-tur をつけて過去分詞男性単数主格形を作ります.

lenda + **-tur** > **lentur**　降り立った　　　**herða** + **-tur** > **hertur**　硬くなった

birta + **-tur** > **birtur**　公表される

⑤語幹が -ll/-nn で終わる動詞

不定詞の語末の -a あるいは -ja を落とした形に -dur あるいは -tur をつけて過去分詞男性単数主格形を作ります.

brenna + **-dur** > **brenndur**　燃やされた　　**spenna** + **-tur** > **spenntur**　興奮した

このグループの語形変化は AR グループのものとよく似ていますが，中性単数主格・対格で語末が -t（-ddur のものは -tt）になります（☞ 完了分詞の作り方は 9.1）.

		単数			複数	
	男性	女性	中性	男性	女性	中性
主	þýddur	þýdd	þýtt	þýddir	þýddar	þýdd
対	þýddan	þýdda	þýtt	þýdda	þýddar	þýdd
与	þýddum	þýddri	þýddu	þýddum	þýddum	þýddum
属	þýdds	þýddrar	þýdds	þýddra	þýddra	þýddra
主	sagður	sögð	sagt	sagðir	sagðar	sögð
対	sagðan	sagða	sagt	sagða	sagðar	sögð
与	sögðum	sagðri	sögðu	sögðum	sögðum	sögðum
属	sagðs	sagðrar	sagðs	sagðra	sagðra	sagðra

179

弱変化動詞グループ 3（UR グループ）

このグループも IR グループと同じ規則を当てはめて考える必要がありますが，この規則を当てはめるのは語尾が母音で始まるときのみであり，それ以外のところでは語形が異なります．男性単数主格形は，不定詞の語末の -a あるいは -ja を落とした上で -inn をつけます（最後の -n は男性単数主格語尾）．その際，第 1 音節の母音は過去形と同じにします（言い換えると，完了分詞の語末の -ið を -inn に変えて作ります． ☞ 9.1）．

velja + -inn > valinn　選ばれた　　　　　**vefja + -inn > vafinn**　巻かれた

	単数			複数		
	男性	女性	中性	男性	女性	中性
主	valinn	valin	valið	valdir	valdar	valin
対	valinn	valda	valið	valda	valdar	valin
与	völdum	valinni	völdu	völdum	völdum	völdum
属	valins	valinnar	valins	valinna	valinna	valinna
主	vafinn	vafin	vafið	vafðir	vafðar	vafin
対	vafinn	vafða	vafið	vafða	vafðar	vafin
与	vöfðum	vafinni	vöfðu	vöfðum	vöfðum	vöfðum
属	vafins	vafinnar	vafins	vafinna	vafinna	vafinna

ただし，完了分詞で -ið ではなく -t がつく動詞は IR グループと同じ変化になります．

selja + -dur > seldur　売られた　　　　　**setja + -tur > settur**　置かれた

	単数			複数		
	男性	女性	中性	男性	女性	中性
主	seldur	seld	selt	seldir	seldar	seld
対	seldan	selda	selt	selda	seldar	seld
与	seldum	seldri	seldu	seldum	seldum	seldum
属	selds	seldrar	selds	seldra	seldra	seldra
主	settur	sett	sett	settir	settar	sett
対	settan	setta	sett	setta	settar	sett
与	settum	settri	settu	settum	settum	settum
属	setts	settrar	setts	settra	settra	settra

強変化動詞

強変化動詞の過去分詞男性単数主格形は，不定詞の語末の -a あるいは -ja を落とした上で -inn をつけます（最後の -n は男性単数主格語尾）．語尾が母音で始まる場合に

は -in- の -i- が脱落し，また中性単数主格・対格で -ið（完了分詞と同じ）をつけます．
過去分詞を作る際には母音交替の規則（☞ 11.3）も合わせて考える必要があります．

koma + -inn > komin**n** 来た　　　　**t**a**ka + -inn > tekinn** 取られた

kominn の男性複数主格形：**kom**in**n + -ir > kominir > komnir**

	単数			複数		
	男性	女性	中性	男性	女性	中性
主	kominn	komin	komið	komnir	komnar	komin
対	kominn	komna	komið	komna	komnar	komin
与	komnum	kominni	komnu	komnum	komnum	komnum
属	komins	kominnar	komins	kominna	kominna	kominna
主	tekinn	tekin	tekið	teknir	teknar	tekin
対	tekinn	tekna	tekið	tekna	teknar	tekin
与	teknum	tekinni	teknu	teknum	teknum	teknum
属	tekins	tekinnar	tekins	tekinna	tekinna	tekinna

過去分詞の弱変化

　弱変化の語形変化は動詞がどの変化グループに属するかにかかわらず形容詞の弱変化パターンと同じです（☞ 5.2）．男性単数主格形は過去分詞を表す接尾辞の後に弱変化の語尾 -i をつけて作ります．ただし，弱変化は語尾が全て母音のため，弱変化動詞 UR グループで接尾辞 -in- が現れることはなく（valinn〈選ばれた〉の変化と下表 valdi の変化を比較），また強変化動詞についても，常に -i- の脱落が起こる（kominn〈来た〉の変化と下表 komni の変化を比較）ため注意してください．

	単数			複数		
	男性	女性	中性	男性	女性	中性
主	kallaði	kallaða	kallaða	kölluðu	kölluðu	kölluðu
斜	kallaða	kölluðu	kallaða	kölluðu	kölluðu	kölluðu
主	valdi	valda	valda	völdu	völdu	völdu
斜	valda	völdu	valda	völdu	völdu	völdu
主	komni	komna	komna	komnu	komnu	komnu
斜	komna	komnu	komna	komnu	komnu	komnu

22.2 受動文

　「…される」という受動文を作るときには，直前で学習した動詞の過去分詞を用います．受動文の作り方は英語と似ていて，アイスランド語では動詞 vera を用いて［能動文の目的語 + vera + 過去分詞］の形式で表します．しかしながら，元の能動文の

181

目的語が対格である場合と対格以外である場合で受動文の作り方が異なるので注意してください.

元の能動文の目的語が対格のとき

最初に，次の二つの文を見てください.

Maðurinn notar tölvuna.　男はそのパソコンを使う.

→ **Tölvan er notuð (af manninum).**　パソコンは（その男性に）使用されている.

最初の文は nota〈使う〉を用いた能動文で，目的語には tölva〈パソコン〉の対格既知形 tölvuna をとっていますが，この文を受動文にすると 2 つ目の文のようになります. この文では，もともと目的語であった tölva が主語となり，主格をとっています. また，それに合わせて nota の過去分詞 notaður が（主語の女性名詞単数 tölva に合わせて）女性単数主格形 notuð になっています. このように，目的語に対格をとる動詞を含む能動文を受動文にするとき，能動文で目的語であった名詞・代名詞は受動文の主語となり，主語の格は主格となります. また，過去分詞は主語の名詞の性・数（格は主格）に一致させますが，この仕組み自体は形容詞の場合と同じです（☞ 5.3）. なお，行為者（つまり能動文での主語）を明示するには［af + 能動文の主語（与）］を用いますが，受動文は本来，働きかけや影響を受ける対象（能動文での目的語）に注目する表現のため，多くの場合省略されます.

Húsið var málað að utan sumarið 2020.

　2020 年の夏にその家は外壁を塗装した（←その家が塗られた）.

Hann er elskaður af stuðningsmönnum liðsins.

　彼はチームのサポーターから愛されている.

これから起こることについて言及するときには vera の代わりに verða を用います.

Tveir fundir verða haldnir í vikunni.　今週 2 つのミーティングが開かれる.

Nýr leikskóli verður byggður við grunnskólann.

　新しい幼稚園が小学校のそばに建てられる.

※ grunnskóli は 6 歳から 15 歳までの児童，生徒が通う 10 年制の教育施設のため，厳密には日本語の小学校あるいは中学校に相当します.

元の能動文の目的語が対格以外のとき

もとの能動文で用いられる動詞が対格以外の格を支配するとき，つまり目的語が与格あるいは属格のとき，受動文の作り方が上の場合とは異なります.

Björgunarsveitin bjargaði barninu.　レスキュー隊が子供を救出した.

→ **Barninu var bjargað (af björgunarsveitinni).**　子供は（レスキュー隊に）救出された.

Lögreglan leitar mannsins.　　警察はその男を捜索している.

→ **Mannsins er leitað (af lögreglunni).**（警察に）その男は捜索されている.

　上の文はそれぞれ与格支配の bjarga〈救助する〉, 属格支配の leita〈探す〉を含む能動文, 受動文です. 最初の文では目的語 barn〈子供〉が bjarga により与格をとっており, これを受動文にすると 2 つ目の文のようになります. ここではもとの能動文の目的語 barninu（単数与格既知形）が能動文のときと同じ形で受動文の主語に現れています. 同じく 3 つ目の文では leita の目的語 mannsins が, そのままの形（単数属格既知形）で 4 つ目の受動文の主語に現れています. このように, 与格支配あるいは属格支配の動詞を含む能動文を受動文にするとき, もともとの能動文の目的語はそのままの形で受動文の主語になります. また, その場合の主語が何であれ（複数でも）, 動詞 vera は常に 3 人称単数, 動詞の過去分詞は中性単数主格・対格形となります.

Teningunum er kastað. 賽は投げられた.

Fjölda fólks er saknað. 多数の行方不明者がいる.

二重目的語をとる動詞のとき

　二重目的語をとる動詞で gefa〈与える〉や lána〈貸す〉, skrifa〈書く〉など目的語に対格をとるものは, 次のように 2 通りの（語順の）受動文を作ることができます.

Hann gaf mér hringinn. 彼は私にその指輪をくれた.

→ **Hringurinn var gefinn mér (af honum).** その指輪は（彼によって）私の手に渡された.

→ **Mér var gefinn hringurinn.** 私はその指輪をもらった（←与えられた）.

※ただしアイスランド語では, 文頭に有生物の語が置かれる傾向があります.

　1 つ目の能動文について, 対格目的語 hringinn〈その指輪〉を主語とする受動文を作る場合には, 先ほど確認した目的語が対格のときの受動文の規則にしたがい, 主語に主格を, 動詞 vera および過去分詞も主語にあわせた形をとります. 同じく与格目的語 mér〈私に〉を文頭に置いた 3 つ目の文でも, 能動文の対格目的語 hringinn は主格をとり, 動詞 vera および過去分詞は mér ではなく hringurinn にあわせた形をとります. 言い換えると, 3 つ目の文は 2 つ目の hringurinn〈指輪〉を主語にとった受動文の語順を入れ替えた文といえます.

目的語が句や節のとき

　動詞の目的語に句や節をとる文についても受動文を作ることができます.

Þau ákváðu að fresta fundinum.

→ **Það var ákveðið að fresta fundinum.**（文頭に形式主語 það）

→ **Að lokum var ákveðið að fresta fundinum.**（文頭に副詞句）

183

→ **Ákveðið var að fresta fundinum.**（文頭に過去分詞）

（結局）会議を延期することが決まった.

　1つ目の文は目的語に対格をとる動詞 ákveða〈決める〉を含む能動文であり, この文で ákveða の目的語には不定詞句をとっています. これを受動文に書き換えようとすると, 本来目的語は受動文の主語になりますが, 不定詞句が主語の場合はそのままの位置に残ります. その代わり形式主語 það が文頭に置かれ, 2つ目の文のような［það er + 過去分詞中性主格 + að + 不定詞句］の形式ができあがります. 能動文の主語は基本的にこの受動文には表れませんが, これはこの形式がそもそも主語を焦点から外す（つまり誰が行為を行うのかには注目しない）ときに用いられるためです. また, この形式をとるとき, 3つ目の文のように að lokum〈結局〉などの副詞（句）が文頭におかれると形式主語 það は脱落します（☞ 語順については 3.6 および本章プラスワン）. さらに4つ目の文のように過去分詞を文頭に置き［過去分詞 + er að + 不定詞句］の形式をとることもできますが, この場合も同じ規則により það が脱落します.

　目的語に節をとる場合も同様です.

Fólk sagði að mér myndi aldrei takast þetta.

→ **Það var sagt að mér myndi aldrei takast þetta.**（文頭に形式主語 það）

→ **Oft var sagt að mér myndi aldrei takast þetta.**（文頭に副詞）

→ **Sagt var að mér myndi aldrei takast þetta.**（文頭に過去分詞）

私は決してそれに成功しないだろうと（よく）言われていた.

　与格支配の動詞では文頭に því を, 属格支配の動詞では þess を置きます.

Því er fagnað að 30 ár eru liðin frá stofnun félagsins.

その協会が設立されて 30 年が経ったことを人々は喜んでいる.

※［期間 + er(u) liðin(n) frá ...］...してから...（の期間）が経っている

Þess er krafist að umsækjendur hafi fullkomið vald á íslensku.

申請者はアイスランド語を流暢に扱えることが要求される.

※［krefjast þess að ...］...を要求する

22.3 非人称受動文

　ここまで見てきた受動文は全て他動詞, つまり目的語をとる動詞を含むものでしたが, アイスランド語では目的語をとらない自動詞であっても行為者の存在が感じられれば受動文に似た形式をとることができます.

Fólk flýgur daglega frá Keflavík til Kaupmannahafnar.

→ **Það er flogið** daglega frá Keflavík til Kaupmannahafnar.

→ **Daglega er flogið** frá Keflavík til Kaupmannahafnar.

184

→ **Flogið er daglega frá Keflavík til Kaupmannahafnar.**

ケプラヴィークからコペンハーゲンまで毎日飛行機が飛んでいる.

1つ目の文は自動詞 fljúga〈飛ぶ〉を含む能動文で,これを受動文に書き換えると 2つ目の文のようになります.形式的には不定詞句や節を含む文の受動文とよく似ており,[það er + 過去分詞中性主格]の形式をとります.また3つ目の文のように副詞(句)を文頭に置く場合や4つ目の文のように過去分詞を文頭に置く場合,語順の規則による það の脱落が起こります.

動詞の後に前置詞句が続くような文もこれと同様の形式をとることがあります.

Hann bankaði á dyrnar.

→ **Það var bankað á dyrnar.**　ドアがノックされた.

Hann hringdi í mig á sunnudaginn.

→ **Það var hringt í mig á sunnudaginn.**　日曜日に私に電話があった.

※ここでは便宜的に能動文の主語を hann としていますが,そもそも受動文では行為者に注目しておらず,誰が行為を行ったのか具体的には述べられていません.

さらに,動作の開始を表す[fara að + 不定詞]や進行を表す[vera að + 不定詞],完了を表す[vera búinn að + 不定詞]もこの形式で用いられることがあります.

Þegar farið var að skoða málið kom strax í ljós að staðan var ekki góð.

その問題を調べ始めるとすぐに状況が良くないことが明らかになった.

Fólk er hvatt til að halda sig heima á meðan verið er að ryðja vegi.

道路を通れるようにしている間は家にいることが推奨される.

Búið er að opna fyrir skráningu.　登録受付が開始されている.

※ það er búið að opna ...の語順も可能です.

ちなみに,近年この形式は他動詞文にも用いられるようになってきているようです.このとき能動文の動詞の目的語は元の位置にとどまり,格も変化しません.この新しいタイプの受動文(New Passive)は,あまり好まれる表現ではなく学校でも直されてしまうような形式です(ので現段階で覚える必要はありません)が,特に若い世代の間で一般的になってきているようです.

Það var sagt mér í dag að ég yrði að hætta að reykja.

私は今日,タバコ吸うのをやめないといけないと言われた.

※本来であれば Mér var sagt í dag að ...の語順になります.

22.4. 行為の結果・状態を表す用法

ここまで「...される」という受動文について見てきましたが,動詞が表す行為自体ではなく,その行為が行われた後の結果や状態に焦点が置かれる場合,動詞の支配す

る格にかかわらず主語は主格となり，主語の性・数にあわせて動詞 vera と過去分詞の形が変わります（つまり過去分詞がより形容詞的に用いられます）．このとき，対格支配の動詞であれば行為自体について述べる場合（1つ目の文）でも行為の結果状態について述べる場合（2つ目の文）でも用いられる形式に違いはありませんが，それ以外の格を支配する動詞の場合，行為自体について述べるのか（3つ目の文），行為の結果状態について述べるのか（4つ目の文）で用いられる形式が異なります．ただしこの形式をとる与格支配の動詞は少なく，また属格支配の動詞は基本的にこの形式で用いられることはありません．

Mikill reykur steig upp þegar rúðurnar voru brotnar. （行為→主格）

窓ガラスが壊されると，濃い煙が立ち上った．

Rúðurnar voru brotnar þegar við komum. （結果・状態→主格）

私たちが来たときには窓ガラスは壊れていた．

Búðinni var lokað vegna sprengjuhótunar. （行為→与格）

爆破予告のためにその店は閉められた．

Búðin var lokuð og við fórum vonsvikin heim. （結果・状態→主格）

店が閉まっていたので私たちはがっかりして家に帰った．

※ búðin は女性単数主格で lokaður もそれに合わせた lokuð の形をとっています．

また，opnaður（opna〈開く〉の過去分詞）と形容詞 opinn〈開いた〉のように行為自体について述べる場合と行為の結果状態について述べる場合で用いる語が異なるものもあります．

Dyrnar voru opnaðar með miklum látum. ドアが大きな音を立てて開かれた．

Dyrnar voru opnar upp á gátt. ドアは全開だった．

さらに，次の移動や変化を表す自動詞もこれと同様の形式をとって行為の完了，結果を表すことがあります．

byrja > byrjaður	始めた	detta > dottinn	落ちた
deyja > dáinn	死んだ	fara > farinn	行ってしまった
flytja > fluttur	引っ越した	hverfa > horfinn	消えた
koma > kominn	来た	sofna > sofnaður	寝入った
vakna > vaknaður	目覚めた		

Leigubíllinn er kominn. タクシーが来たよ．

Hann er ekki byrjaður í skóla. 彼はまだ学校に行き始めていない．

Hún er nýflutt til Íslands. 彼女はアイスランドに引っ越したばかりだ．

※ ný- 新しく + fluttur（flytja〈引っ越す〉の過去分詞）→ nýfluttur 引っ越したばかりの

プラスワン：það の脱落

　それ自体に具体的な意味を持たない það（いわゆる形式主語・虚辞の it に相当）は，文頭に他の要素がおかれる場合しばしば脱落します．3.6 では，副詞が文頭におかれた場合，本章では過去分詞が文頭におかれた場合，それぞれ það が脱落することを確認しました．特に書き言葉においては，この他にも様々な要素が文頭におかれ，それにともない það の脱落が起こります．ただし，どのような要素を文頭においても定動詞（イタリック）が常に文の要素の 2 番目にくることに注意しましょう．

Það *er* hægt að túlka textann á margan hátt. そのテクストは多様に解釈ができる．

→ **Hægt *er* að túlka textann á margan hátt.** （形容詞が文頭）

→ **Textann *er* hægt að túlka á margan hátt.** （túlka の目的語が文頭）

Það *má* finna upplýsingar um sýninguna hér.

　その展示についてはここで情報を見つけることができる．

→ **Hér *má* finna upplýsingar um sýninguna.** （副詞が文頭）

→ **Upplýsingar um sýninguna *má* finna hér.** （目的語が文頭）

→ **Finna *má* upplýsingar um sýninguna (hér).** （不定詞が文頭）

※☞ [það má finna ...] の形については 10.3.

第23章 不定代名詞②・否定代名詞

23.1 不定代名詞②

不定代名詞には，6.4 で取り上げたものの他に次のようなものもあります。

> **nokkur** いくつかの，誰か，何か

語形変化は形容詞 vitur〈賢い〉のパターンとほぼ同じで，語尾が母音で始まる場合には -u- を落とします（☞ 5.1）。ただし男性単数主格形は nokkurn で，また einhver（☞ 6.4）と同じく，中性単数主格・対格形で形容詞的に名詞を修飾する nokkurt と名詞的（あるいは副詞的）に用いる nokkuð の 2 つの語形が存在します。

	単数			複数		
	男性	女性	中性	男性	女性	中性
主	nokkur	nokkur	nokkurt / nokkuð	nokkrir	nokkrar	nokkur
対	nokkurn	nokkra	nokkurt / nokkuð	nokkra	nokkrar	nokkur
与	nokkrum	nokkurri	nokkru	nokkrum	nokkrum	nokkrum
属	nokkurs	nokkurrar	nokkurs	nokkurra	nokkurra	nokkurra

nokkur は，単独でも形容詞的（名詞は未知形）にも用いられますが，単数と複数で用法が異なります。まず，nokkur の単数形はもっぱら疑問文や否定文で用いられます。nokkur の単数形が疑問文で用いられるとき，話者は否定的な答えを予想，期待しており，そのため〈はい〉と答えるには jú を用います。

Er nokkur heima?	誰か家にいるっていうの？
– Jú, pabbi er heima.	うん，お父さんが家にいるよ。
– Nei, enginn er heima.	いや，誰も家にいないよ。
Sérðu nokkuð?	何か見えるっていうの？
– Jú, ég sé eitthvert skrímsli.	うん，何かの怪物が見えるよ。
– Nei, ég sé ekkert.	いや，何も見えないよ。

※ Sérðu eitthvað?〈何か見える？〉には否定的な含意がないため，já/nei で答えます。

さらに，nokkur の中性単数形 nokkuð は疑問文中で副詞的に用いられることがあります。このときも，質問者は否定的な答えが帰ってくることを予期しており，それにともない丁寧さの度合いが少し上がります。

Geturðu nokkuð lánað mér smá pening? 少しお金を借りることってできないかな？

次に，nokkur を否定文で用いる場合には強い否定を表します。

188

Ég sé ekki nokkurn mun á þessum tveimur aðferðum.

　私はこの２つの方法に何の違いも見出せない.

Ég er ekki í nokkrum vafa um það.　私はそれについて何の疑いもない.

一方, nokkur の複数形は〈いくつかの, 何人かの〉という意味になります.

Hún keypti nokkrar bækur til gjafa.　彼女はプレゼント用に何冊かの本を買った.

※ einhverjar bækur であれば「どんな本か分からない」ところに焦点が置かれますが, nokkrar bækur であれば「何冊か」というというところに焦点が置かれます.

Nú eru liðin nokkur ár síðan hún byrjaði að blogga um daglegt líf á Íslandi.

　彼女がアイスランドでの日常生活に関するブログを始めて何年か過ぎた.

Nokkrir slösuðust alvarlega í umferðarslysinu.　その交通事故で数人が重傷を負った.

なお, 単数でも中性形は〈いくらかの〉という意味で肯定文で用いることがあります.

Barnið borðaði nokkuð af brauðinu.　その子はパンをいくらか食べた.

> **annar**〈2つのもののうちの〉一方の

annar〈一方の〉の語形変化はかなり特殊です（序数の annar も同じ. ☞ 18.3）. 基本的に語尾は annar- の後ろにつきますが, 男性単数主格は annan, 中性単数主格・対格は annað, 女性単数主格, 中性複数主格・対格は önnur になります. 語尾が母音で始まる場合, 語尾直前の a が脱落し, さらに -nnr- が -ðr- に変わります.

annar の男性複数主格形：annar- + -ir > annrir > aðrir

	単数			複数		
	男性	女性	中性	男性	女性	中性
主	annar	önnur	annað	aðrir	aðrar	önnur
対	annan	aðra	annað	aðra	aðrar	önnur
与	öðrum	annarri	öðru	öðrum	öðrum	öðrum
属	annars	annarrar	annars	annarra	annarra	annarra

　代名詞 annar は〈(2つのもののうちの) 片方〉を表します. 多くの場合, annar が修飾する名詞は既知形をとります. また, annar は hinn と対で用いられることがあり, 〈一方は..., もう一方は...〉という意味を表します.

Mér er illt í öðru auganu.　片方の目が痛い.

Ég keypti flugmiða aðra leiðina til Parísar.　私はパリへの片道切符を買った.

※〈往復〉は báðar leiðir といいます.

Annar handleggurinn er þykkari en hinn.　一方の腕がもう片方よりも太い.

※繰り返しのため, hinn の後ろに handleggurinn が省略されています.

annar が名詞の未知形をとる場合には〈他の, 異なる〉という意味を表します. ま

た margir aðrir〈他の多くの〉や hver annar/hvað annað〈他の誰／何か…〉, einhver annar/eitthvað annað〈誰か他の人／何か他のもの〉などの表現も見られます.

Tala þau annað tungumál en móðurmál sitt? 彼らは自分たちの母語以外の言語を話すの?

※この（annað）en〈…とは（異なる）〉は英語の（other）than に相当します.

Við og margir aðrir erum sammála honum. 私たちと他多数が彼に賛成している.

Hvað annað get ég gert? 私は他に何ができるのだろう?

Hugsaðu um eitthvað annað. 何か別のことを考えなさい.

---

báðir 両方の

báðir の語形変化は形容詞の強変化と似ています. 意味的な理由から（基本的に）単数形はなく, また中性主格・対格形 bæði, および属格形 beggja が不規則です.

	複数		
	男性	女性	中性
主	**báðir**	**báðar**	**bæði**
対	**báða**	**báðar**	**bæði**
与	**báðum**	**báðum**	**báðum**
属	**beggja**	**beggja**	**beggja**

báðir は 2 つの対象を指して〈両方の〉という意味を表します. báðir が名詞を修飾するとき名詞の多くは既知形をとりますが, ペアで存在する対象を指す名詞は未知形をとる傾向があります. また, 文脈的な理由により báðir が指す対象が自明である場合には, báðir の後ろの名詞が省略されることもあります. さらに, báðir が代名詞にかかるとき, 通常 báðir は代名詞の後ろに置かれますが, 代名詞が文の主語であれば, báðir は動詞の後ろに置かれる傾向があります.

Ég á tvö börn og bæði börnin eru í leikskóla.

私には 2 人の子供がいて, どちらも幼稚園に通っている.

Hann braut báða handleggi. 彼は両腕を骨折した.

Ég á tvo bræður og báðir búa í Danmörku.

私には 2 人の兄弟がいて, 両方ともデンマークに住んでいる.

Hann las tvær bækur og þær voru báðar mjög skemmtilegar.

彼は本を 2 冊読んだが, どちらも面白かった.

ýmis 異なる, 様々な

語形変化は形容詞強変化パターンにおおむねしたがいます. 語尾が母音で始まる場合に ýmis の -i- が脱落し, また形容詞の強変化語尾が -r- で始まるところ（つまり女

190

性単数与格・属格, 男性・女性・中性複数属格）で -r- の代わりに -s- をつけます.

		単数			複数	
	男性	女性	中性	男性	女性	中性
主	ýmis	ýmis	ýmist	ýmsir	ýmsar	ýmis
対	ýmsan	ýmsa	ýmist	ýmsa	ýmsar	ýmis
与	ýmsum	ýmissi	ýmsu	ýmsum	ýmsum	ýmsum
属	ýmiss	ýmissar	ýmiss	ýmissa	ýmissa	ýmissa

ýmis は, しばしば ýmiss konar〈様々な種類の〉, af ýmsu tagi〈様々な種類の〉, á ýmsan hátt〈様々な方法で, 色々な意味で〉といった慣用表現で用いられます.

Hér má finna ýmiss konar upplýsingar um þetta mál.

ここではその問題に関する様々な情報を見つけることができる.

Fyrirtækið framleiðir mjólkurvörur af ýmsu tagi.

その会社は様々な種類の乳製品を製造している.

Það er hægt að túlka textann á ýmsan hátt.　そのテキストは様々に解釈ができる.

その他, ýmis は名詞を修飾したり, 単独で用いることも可能です.

Blómin eru í ýmsum litum.　それらの花は様々な色をしている.

Ýmsir segja að japanska sé erfitt tungumál.　様々な人が日本語は難しい言語だと言う.

Það fer eftir ýmsu.　場合による.

┌─────────────────────┐
│ **slíkur** そのような │
└─────────────────────┘

語形変化は形容詞の強変化パターンと同じです.

		単数			複数	
	男性	女性	中性	男性	女性	中性
主	slíkur	slík	slíkt	slíkir	slíkar	slík
対	slíkan	slíka	slíkt	slíka	slíkar	slík
与	slíkum	slíkri	slíku	slíkum	slíkum	slíkum
属	slíks	slíkrar	slíks	slíkra	slíkra	slíkra

slíkur は英語の such に相当する代名詞で, 単独でも形容詞的にも用いられます. slíkur が名詞を修飾するとき, 性・数・格は名詞に一致させ, また名詞は未知形をとります. 代名詞と一緒に用いる場合, slíkur は代名詞の直後におきます.

Mig dreymir um að búa í slíku húsi. そのような家に住むのを夢見ている.

Ísland er dæmi um slíkt land. アイスランドはそのような国の一例である.

Ekkert slíkt hefur gerst. そんなことは起こっていない.

191

þvílíkur なんという，そのような

語形変化は形容詞の強変化と同じです．

	単数			複数		
	男性	女性	中性	男性	女性	中性
主	þvílíkur	þvílík	þvílíkt	þvílíkir	þvílíkar	þvílík
対	þvílíkan	þvílíka	þvílíkt	þvílíka	þvílíkar	þvílík
与	þvílíkum	þvílíkri	þvílíku	þvílíkum	þvílíkum	þvílíkum
属	þvílíks	þvílíkrar	þvílíks	þvílíkra	þvílíkra	þvílíkra

þvílíkur は，slíkur と同じように用いることもできますが，多くの場合，感嘆文（[þvílíkur ＋ 名詞 ＋ （að ...）]〈なんという...だろう〉）で用いられます．語形は直後に置く名詞の性・数・格に合わせます．

Þvílíkt veður! なんて天気だ！

Þvílík gleði að fá tækifæri til að tala við hana!

彼女と話す機会をもらえるなんてなんという喜びだろう！

þvílíkur とよく似た語に hvílíkur〈（名詞未知形をともない）どのような，なんという...〉がありますが，この語も（まれに間接疑問文で用いられますが）多くの場合感嘆文で用いられます．

Hvílíkur misskilningur! なんという誤解だ！

sami/samur 同じ

sami/samur の語形変化は少し特殊で，品詞としては代名詞に分類されますが，形容詞の弱変化（上表），強変化（下表）のように 2 つの変化パターンがあります．

	単数			複数		
	男性	女性	中性	男性	女性	中性
主	sami	sama	sama	sömu	sömu	sömu
斜	sama	sömu	sama	sömu	sömu	sömu

	単数			複数		
	男性	女性	中性	男性	女性	中性
主	samur	söm	samt	samir	samar	söm
対	saman	sama	samt	sama	samar	söm
与	sömum	samri	sömu	sömum	sömum	sömum
属	sams	samrar	sams	samra	samra	samra

基本的にこの代名詞は（〈同じ〉という意味的な理由から）弱変化パターンの sami を用います．名詞は既知形をとることもありますが，多くの場合未知形をとります．〈...と

同じ〉のように，同じ対象を明示する場合には，［sami ＋（名詞）＋ og ...］とします．

Það sama gerðist í mörgum löndum. 多くの国で同じことが起きた．

Við erum á sama aldri. たちは同い年です．

Maðurinn var handtekinn tvisvar sama daginn. その男は同じ日に２度逮捕された．

Hann horfði í sömu átt og ég. 彼は私と同じ方向を見た．

動詞 vera や verða の後で主語の補語として機能する場合には強変化パターンの samur を用いることがありますが，この用法はしばしば否定文で用いられます．これらの用法の他，中性形に由来する副詞 samt〈それでも〉や形容詞 sama〈（非人称構文で）同じの，気にしない〉も一緒に覚えておきましょう．

Heimurinn er ekki samur og áður. 世界は以前と同じではない．

Takk fyrir samt./Þakka þér samt fyrir. （申し出を断った後などに）でもありがとう．

Mér er alveg sama. 私は何でも構わない．

23.2. 否定代名詞

否定の意味を持つ代名詞に enginn/(ekki) ... neinn〈誰も，何も...ない〉や hvorugur〈（２つのうちの）...のどちらもない〉があります．

> **enginn/(ekki) ... neinn** 誰も，何も...ない

enginn〈誰も，何も...ない〉は少し特殊な語形変化パターンを持つ語で，男性・中性単数属格で einskis，中性単数主格・対格で ekkert という形をとります．

	単数			複数		
	男性	女性	中性	男性	女性	中性
主	enginn	engin	ekkert	engir	engar	engin
対	engan	enga	ekkert	enga	engar	engin
与	engum	engri	engu	engum	engum	engum
属	einskis	engrar	einskis	engra	engra	engra

enginn は単独で用いることも名詞を修飾することもあります．名詞を修飾するときその名詞は未知形をとり，enginn の性・数・格は名詞に一致させます．

Enginn hló að þeim. 彼らのことを笑うものは誰もいなかった．

Ég skil ekkert. 私には何も分からない．

Ég hef enga hugmynd um þetta. それについて私はさっぱり分からない．

Hér eru engin tré. ここには木が一本も生えていない．

Enginn þeirra vissi svarið. 彼らのうち誰もその答えを知らなかった．

中性単数 ekkert は，形容詞や副詞の前で否定を表す副詞として用いることもあり

193

ます.

Hann er ekkert leiðinlegur.　彼は退屈な奴なんかではないよ.

次に, neinn 〈誰も, 何も...ない〉の語形変化は einn と同じです (☞ 18.1).

	単数			複数		
	男性	女性	中性	男性	女性	中性
主	neinn	nein	neitt	neinir	neinar	nein
対	neinn	neina	neitt	neina	neinar	nein
与	neinum	neinni	neinu	neinum	neinum	neinum
属	neins	neinnar	neins	neinna	neinna	neinna

enginn とは異なり, neinn は単独では用いられず常に ekki やその他の否定的な意味を持つ語句をともないます. nokkur の項目で確認した ekki nokkur とよく似ていますが, ekki nokkur は ekki neinn よりも強い否定を表します.

Ég er ekki búin að borða neitt í dag.　私は今日まだ何も食べていない.

Ég er ekki með neina peninga.　　（私は）お金の持ち合わせがない.

Ég hef aldrei haft neinn áhuga á að fara til útlanda.

私は今まで一度も海外に行くことに興味を持ったことはない.

Hann fór út án þess að segja neitt.　彼は何も言わずに出て行った.

※ án 〈...なしに〉は前置詞ですが否定を表します.

また, 上で取り上げた 2 つの否定代名詞は文中での振舞いが大きく異なるため注意が必要です. まず, enginn は文の主語になることができるのに対し, ekki neinn （および ekki nokkur）は基本的に主語になることができません.

○ **Enginn kom í heimsókn í gær.**　昨日は誰も訪ねてこなかった.

× **Ekki neinn/Ekki nokkur kom í heimsókn í gær.**

一方, enginn は前置詞や句動詞の目的語になることができず, また助動詞をともなう文の動詞の目的語としてもほとんど用いられることはありません. このような場合には, 通常 ekki neinn が用いられます.

× **Hún talar við engan í skólanum.**

○ **Hún talar ekki við neinn í skólanum.**　彼女は学校で誰とも話すことはない.

× **Ég gat sagt ekkert.**

○ **Ég gat ekki sagt neitt.**　私は何も言うことができなかった.

ただし, 次のような語順であれば, 助動詞をともなう文の動詞の目的語であっても enginn を用いることができます.

○ **Ég gat ekkert sagt.**

句動詞の場合でも, 小辞の前であれば enginn を置くことが可能です.

194

× Hann bætti við <u>engu</u>.

○ Hann bætti <u>engu</u> við.　彼は何も足さなかった.

○ Hann bætti ekki við <u>neinu</u>.

これらを簡単にまとめると，enginn は，①［助動詞＋動詞］，②［動詞＋前置詞］，③［動詞＋小辞］の形式の後ろに置く目的語に用いることができません.

hvorugur （2つのうちの）...のどちらもない

語形変化は形容詞強変化と同じです.

	単数			複数		
	男性	女性	中性	男性	女性	中性
主	hvorugur	hvorug	hvorugt	hvorugir	hvorugar	hvorug
対	hvorugan	hvoruga	hvorugt	hvoruga	hvorugar	hvorug
与	hvorugum	hvorugri	hvorugu	hvorugum	hvorugum	hvorugum
属	hvorugs	hvorugrar	hvorugs	hvorugra	hvorugra	hvorugra

hvorugur は báðir とは反対の意味の語で，2つの対象の両方を否定します．hvorugur は基本的に単数形で用いられ，hvorugur が修飾する名詞は単数既知あるいは複数属格既知で現れます．また，hvorugur を主語で用いるとき，動詞は単数となります．

Eru <u>báðar</u> konurnar á Íslandi?　女性たちは 2 人ともアイスランドにいるの？

– Nei, <u>hvorug</u> konan/<u>hvorug</u> kvennanna/<u>hvorug</u> þeirra er á Íslandi.
　いや，どちらの女性もアイスランドにはいないよ．

※この他，前置詞 af を用いて hvorug af konunum/þeim と表現することもできます．

<u>Hvoruga</u> bókina hef ég lesið á japönsku.　どちらの本も日本語では読んだことがない．

<u>Hvorug</u> lögin komu til framkvæmda.　どちらの法律も施行されることはなかった．

※ lög〈法律〉が（絶対）複数のため hvorugur も複数形（中性複数主格）をとっています．

23.3 その他

hvor annar/hver annar （各々が）お互い

hvor annar は 2 人（2 グループ），hver annar は 3 人（3 グループ）以上の対象について用います（☞ hvor/hver の語形変化は 17.1, annar の語形変化は 23.1）．hvor annar/hver annar は，語順と格が少し複雑で，以下の通りになります．

性は主語と一致，格は動詞（あるいは前置詞）が支配する格にしたがう

Gunnar og Jón hjálpa <u>hvor</u> <u>öðrum</u>.　グンナルとヨウンはお互いに助け合う.

※主語：Gunnar og Jón（両者男性）・動詞：hjálpa（主語に主格，目的語に与格）
　→ hjálpa の主語は<u>主格</u>：hvor は男性単数<u>主格</u> hvor
　　hjálpa の目的語は<u>与格</u>：annar は男性単数<u>与格</u> öðrum

Jón og Anna horfa <u>hvort</u> á <u>annað</u>.　ヨウンとアンナはお互いに見つめ合う.

※主語：Jón og Anna（中性←男性＋女性）・動詞：horfa（主語に主格，[horfa á ＋ 対]）
　→ horfa の主語は<u>主格</u>：hvor は中性単数<u>主格</u> hvort
　　[horfa á ＋ 対]のため á の後ろは<u>対格</u>：annar は中性単数<u>対格</u> annað

Stelpurnar þrjár brosa <u>hver</u> til <u>annarrar</u>.

　その3人の女の子たちは（各々）お互いに微笑み合う.

※主語：stelpurnar þrjár（全員女性）・動詞：brosa（主語に主格，[brosa til ＋ 属]）
　→ brosa の主語は<u>主格</u>：hver は女性単数<u>主格</u> hver
　　[brosa til ＋ 属]のため til の後ろは<u>属格</u>：annar は女性単数<u>属格</u> annarrar

なお，hvor annar/hver annar は動詞の -st 形で言い換えることができる場合があります（☞ 動詞の -st 形の相互的用法については 20.4）.

Þau <u>hjálpuðu</u> hvort öðru. ≒ **Þau <u>hjálpuðust</u> að.**　彼らはお互いに助け合った.

Þeir <u>mættu</u> hver öðrum. ≒ **Þeir <u>mættust</u>.**　彼らは（お互いに）出会った.

第24章 比較

24.1 原級比較

この章では，2つ以上のものやことを比較して「AはBと同じくらい...である」，「AはBよりも...である」，「グループの中でAが一番...である」と言うときに使う表現を学習します．比較表現で問題となるのは多くの場合形容詞と副詞であり，ここではそれらの原級（「AはBと同じくらい...である」），比較級（「AはBよりも...である」），最上級（「Aが一番...である」）について学びます．

最初に同等のレベル（「AはBと同じくらい...である」）を表す表現について確認します．アイスランド語では，英語と同じく原級を使う比較について形容詞や副詞に特別な形はありません．原級比較の場合，対象となる形容詞，副詞の直前に jafn あるいは eins を，直後に og を置きます（[jafn/eins ＋形容詞・副詞＋ og ...]）．ただし og の後ろに置かれる要素の中で，og の前の要素と重なる部分については通常省略されます．なお，jafn は形容詞や副詞と合わさって1語でつづられることがあります．

Hann er jafn gamall og ég [er gamall].　　彼は私と同じ年齢だ．

Hann var jafn gamall og ég er [gamall] núna.　彼は今の私と同じ年齢だった．

　※ var と er では時制が異なるため，この例文では ég の直後の er も残っています．

Ástandið er jafnslæmt og það hefur verið.　　状況はこれまでと同じくらい悪い．

eins は，否定を含む文（〈AはBほど...ではない〉）や［eins ＋形容詞・副詞＋ og hægt er/mögulegt er/ 主語＋ geta]〈可能なかぎり〉の形式でもよく用いられます．さらに，これらの表現を強めるためにしばしば副詞 alveg〈全く〉をともなうことがあります．〈ほとんど〉と言いたいときには næstum/nærri (því) を用います．

Japanska er ekki eins erfið og ég hélt.　日本語は私が思っていたほど難しくない．

Ekkert er eins mikilvægt og vinátta.　友情よりも大事なものはない．

Endilega sendu okkur skilaboð og við munum svara þér eins fljótt og hægt er.

　ぜひ私たちにメッセージをお送りください．そうすれば私たちは（あなたに）可能な限りすぐに返事をお送りします．　※ endilega ぜひ，もちろん

Hann hljóp eins hratt og hann gat.　　彼はできる限り速く走った．

Hún var alveg jafn spennt og ég.　　彼女は私と全く同じくらいワクワクしていた．

Hann er ekki alveg eins ríkur og hún.　彼は彼女と全く同程度に裕福なわけではない．

Hann er næstum jafn gamall og ég.　彼は私とほぼ同じ年齢だ．

197

24.2 形容詞の比較級・最上級

アイスランド語のほとんどの形容詞は比較級および最上級で語の形が変わります．基準となるのは見出し語形（＝男性単数主格形）から男性単数主格語尾（多くは -ur）を除いた形（つまり語幹と同じ形）であり，基本的に比較級ではその直後に -ar-/-r- を，最上級では -ast-/-st- をつけ，さらにその後ろに語尾を続けます．

グループ1（-ar-/-ast- グループ）

比較級で -ar- を，最上級で -ast- をつけるグループで，多くの語がこのグループに入ります．語末の -i/-ur はそれぞれ比較級と最上級の男性単数主格語尾です（☞24.3）．

原級		比較級	最上級
ríkur	金持ちの	**ríkari**	**ríkastur**
svartur	黒い	**svartari**	**svartastur**
heitur	熱い	**heitari**	**heitastur**
ljós	明るい	**ljósari**	**ljósastur**
dýr	高価な	**dýrari**	**dýrastur**

ただし，母音で始まる語尾がつくときに2音節目の母音が脱落する形容詞は，比較級と最上級でも同じく2音節目の母音が脱落します．男性単数主格が -inn で終わるものや語末 -ur が語尾ではないもの（☞5.1 のグループ4・5）がこのグループに入ります．

原級		比較級	最上級
fyndinn	面白い	**fyndnari**	**fyndnastur**
skrýtinn	変な	**skrýtnari**	**skrýtnastur**
dapur	悲しい	**daprari/dapurri**	**daprastur**
vitur	賢明な	**vitrari/viturri**	**vitrastur**

グループ2（-r-/-ast- グループ）

比較級で -r- を，最上級で -ast- をつけるグループです．

①男性単数主格形が -legur/-ugur/-aður で終わる形容詞

原級		比較級	最上級
fallegur	美しい	**fallegri**	**fallegastur**
hentugur	手頃な，便利な	**hentugri**	**hentugastur**
svipaður	似ている	**svipaðri**	**svipaðastur**

②男性単数主格形が -ll/-nn で終わる形容詞

語末の -l/-n を 1 つ落とした上で比較級で -r- を，最上級で -ast- をつけますが，比較級につく -r- は直前の子音 l/n に同化します．

原級	比較級	最上級
vinsæll　人気のある	**vinsælli**	**vinsælastur**
seinn　遅い	**seinni**	**seinastur**

③語幹が母音で終わる形容詞

比較級で（-r- ではなく）-rr- をつけます．また，第 1 音節の母音が ý または æ の形容詞には，最上級で -ast- の直前に -j- を挿入します．

原級	比較級	最上級
blár　　青い	**blárri**	**bláastur**
grár　　灰色の	**grárri**	**gráastur**
nýr　　新しい	**nýrri**	**nýjastur**
gagnsær　透明な	**gagnsærri**	**gagnsæjastur**

グループ 3（-r-/-st- グループ）

比較級で -r- を，最上級で -st- をつけるグループです．多くは比較級と最上級で第 1 音節の母音が変わります．語幹が母音で終わる形容詞には比較級で -rr- をつけます．

①語幹母音が a/ö から e

原級	比較級	最上級
langur　　長い	**lengri**	**lengstur**
fagur　　美しい	**fegurri/fegri**	**fegurstur**
grannur　細い	**grennri**	**grennstur**
skammur　（時間が）短い	**skemmri**	**skemmstur**
dökkur　暗い	**dekkri**	**dekkstur**
þröngur　狭い	**þrengri**	**þrengstur**

②語幹母音が á/ó から æ

原級	比較級	最上級
hár　高い	**hærri**	**hæstur**
fár　少ない	**færri**	**fæstur**
lágur　低い	**lægri**	**lægstur**
smár　小さい	**smærri**	**smæstur**
stór　大きい	**stærri**	**stærstur**　　※形に注意.

199

③語幹母音がu から y

原級		比較級	最上級
ungur	若い	**yngri**	**yngstur**
stuttur	短い	**styttri**	**stystur**
þungur	重い	**þyngri**	**þyngstur**
þunnur	薄い	**þynnri**	**þynnstur**

④語幹母音がú から ý

原級		比較級	最上級
djúpur	深い	**dýpri**	**dýpstur**
mjúkur	柔らかい	**mýkri**	**mýkstur**

⑤母音変化なし

原級		比較級	最上級
mjór	細い	**mjórri**	**mjóstur**

その他

比較級, 最上級の作り方が原級から予測不可能なタイプです. 個別に覚えましょう.

原級		比較級	最上級
góður	良い	**betri**	**bestur**
illur	悪い, 怒った	**verri**	**verstur**
slæmur	酷い, 体調が悪い	**verri**	**verstur**
vondur	悪い, 下手な	**verri**	**verstur**
gamall	古い, 年をとった	**eldri**	**elstur**
margur	多数の	**fleiri**	**flestur/flestir**
mikill	多くの, 多量の	**meiri**	**mestur**
lítill	小さな	**minni**	**minnstur**

不変化の形容詞は, 比較級で形容詞の前にmeira を, 最上級でmest をつけます.

原級		比較級	最上級
einmana	一人ぼっちの	**meira einmana**	**mest einmana**
spennandi	興奮させる	**meira spennandi**	**mest spennandi**

原級のない形容詞

形容詞の中には原級の形が存在しないものもあります. これらの形容詞には多くの場合対応する副詞があります (カッコ内に示しています).

200

原級	比較級	最上級
(austur)	eystri/austari 東の	austastur
(vestur)	vestari/vestri 西の	vestastur
(suður)	syðri 南の	syðstur
(norður)	nyrðri 北の	nyrstur
(fram)	fremri 前（側）の	fremstur
(aftur)	aftari 後ろ（側）の	aftastur
(fyrr)	fyrri 前の，前者の	fyrstur
(síð/síðla)	síðari 後の，後者の	síðastur
(inn)	innri 内部の，奥の	innstur
(út/utar)	ytri 外部の	ystur
(ofar)	efri 上側の	efstur
(niður/niðri)	neðri 下側の	neðstur
–	heldri 高貴な，傑出した	helstur
–	æðri 高貴な	æðstur
(síður)	síðri 劣った	sístur
–	skárri まだましな	skástur
–	(nærri)	næstur 次の
–	(fjarri)	fjærstur 最奥の，最果ての

24.3 形容詞の比較級・最上級の語形変化

　形容詞比較級の語形変化には弱変化しかありません．ただし通常の形容詞（原級）の弱変化とはパターンが異なり，中性単数を除く全ての性・数・格で語尾に -i，中性単数で語尾に -a がつきます．ríkur〈金持ちの〉の例を見てみましょう．

	単数			複数		
	男性	女性	中性	男性	女性	中性
全	ríkari	ríkari	ríkara	ríkari	ríkari	ríkari

　それに対して形容詞の最上級にはそれぞれ強変化（表上）と弱変化（表下）があります．語形変化パターンは原級のものと同じです．

	単数			複数		
	男性	女性	中性	男性	女性	中性
主	ríkastur	ríkust	ríkast	ríkastir	ríkastar	ríkust
対	ríkastan	ríkasta	ríkast	ríkasta	ríkastar	ríkust
与	ríkustum	ríkastri	ríkustu	ríkustum	ríkustum	ríkustum
属	ríkasts	ríkastrar	ríkasts	ríkastra	ríkastra	ríkastra

	単数			複数		
	男性	女性	中性	男性	女性	中性
主	ríkast<u>i</u>	ríkast<u>a</u>	ríkast<u>a</u>	ríkust<u>u</u>	ríkust<u>u</u>	ríkust<u>u</u>
斜	ríkast<u>a</u>	ríkust<u>u</u>	ríkast<u>a</u>	ríkust<u>u</u>	ríkust<u>u</u>	ríkust<u>u</u>

24.4 副詞の比較級・最上級

アイスランド語では，（全ての語ではありませんが）副詞にも比較級と最上級の形があります．副詞の比較級，最上級の作り方はおおむね次の規則にしたがいます．

グループ1（-ar/-ast グループ）

比較級で -ar，最上級で -ast をつけるグループです．語末が -lega で終わる副詞の比較級，最上級もこのグループに入ります．ただし，副詞が形容詞由来のものの場合（☞ 15.3），元の形容詞の語幹（見出し語形から男性単数主格語尾を除いた形）を基準に考える必要があります．

skemmtilega の比較級：skemmtileg~~ur~~ ＋ -ar > skemmtilegar

hratt の比較級：hrað~~ur~~ ＋ -ar > hraðar

原級		比較級	最上級
austur	東へ	**austar**	**aust<u>a</u>st**
fljótt	素早く	**fljótar(a)**	**fljótast**
hratt	早く	**hraðar(a)**	**hrað<u>a</u>st**
oft	よく，しばしば	**oftar**	**oftast**
sjaldan	めったに…ない	**sjaldnar**	**sjaldn<u>a</u>st**
skemmtilega	面白く	**skemmtilegar**	**skemmtilegast**

※例外的に seint の比較級は seinna，最上級は seinast となります．

グループ2（-ar/-st グループ）

比較級で -ar，最上級で -st をつけるグループです．いくつかの場所を表す副詞（原級のない形容詞のところで取り上げた語）がこのグループに入ります．

原級		比較級	最上級
suður	南に	**sunnar**	**syð<u>s</u>t**
norður	北に	**norðar**	**nyrst**
frammi	前で	**framar**	**frem<u>s</u>t**
inni	中に	**innar**	**inn<u>s</u>t**
úti	外に	**utar**	**yst**
uppi	上に	**ofar**	**ef<u>s</u>t**
niðri	下に	**neðar**	**neð<u>s</u>t**

グループ3（-ra/-st グループ）

比較級で -ra, 最上級で -st をつけるグループです．比較級，最上級で語幹の母音が変わる形容詞の中性単数主格・対格形を副詞として用いる語がこのグループに入ります．母音変化の規則は形容詞のものと同じです（☞ 24.2 のグループ3）．

原級		比較級	最上級
langt	遠く	lengra	lengst
skammt	（時間的に）すぐそこに	skemmra/skemur	skemmst
þröngt	狭く	þrengra	þrengst
hátt	高く	hærra	hæst
lágt	低く	lægra	lægst
smátt	少し	smærra	smæst
stutt	（時間・距離が）短く	styttra	styst
þungt	重く	þyngra	þyngst
djúpt	深く	dýpra	dýpst

グループ4（-(u)r/-st グループ）

比較級で -(u)r, 最上級で -st をつけるグループです．このグループに入る語の数は少なく，また原級がないものもあります．

原級		比較級		最上級
lengi	長い間	lengur		lengst
fjarri	遠く	fjær		fjærst
nærri	近く	nær		næst
–		fremur	むしろ	fremst
–		skár	ましに	skást

その他

副詞にも比較級，最上級の作り方が原級から予測不可能なものがあります．

原級		比較級	最上級
gjarna(n)	喜んで，すすんで	heldur	helst
illa	悪く	verr	verst
lítið	少し	minna	minnst
mikið	かなり，多く	meir(a)	mest
mjög	とても	meir(a)	mest
snemma	早く	fyrr	fyrst
varla	かろうじて，少なく	síður	síst
vel	良く，上手に	betur	best

203

24.5 形容詞・副詞の比較級の用法

比較級は，主に 2 つの対象を取り上げて比較するときに用いられます．「... より」と言うときには接続詞 en を用います．原級比較のところでも説明したように，en の後に続く要素について，その前の要素と重なる部分は通常省略されます．

Þú ert eldri en ég. 君は私よりも年上だ． ※ ég の格は主語の þú に一致させます．

Börn eru skemmtilegri en fullorðnir. 子供たちは大人たちよりも面白い．

Staðan er erfiðari nú en áður. 以前よりも現在の方が事態は困難である．

Rannsóknin tekur lengri tíma en við áætluðum fyrst.

その調査は私たちが最初に予定していたよりも長い時間がかかる．

Það er auðveldara að læra íslensku ef þú kannt norsku.

もしノルウェー語ができるのなら，アイスランド語を学ぶのはより簡単だ．

Það er hægara sagt en gert. 言うは易く行うは難し．

副詞の比較級も同様ですが，性・数による語形変化はありません．

Ferðamönnum fjölgar hraðar en búist var við.

旅行者数が予想していたよりも急速に増加している．

Mér líður betur í dag en í gær. 昨日よりも今日の方が調子が良い．

比較級を強調する場合には副詞 miklu（mikill の中性単数与格）を用います．「... 倍」というには sinn〈回，度〉の与格を用いた［数字（与格）＋ sinni/sinnum］の形式を比較級の前におきます．ただし，半分は helmingi，2 倍は tvisvar sinnum/tvöfalt，3 倍は þrisvar sinnum/þrefalt といいます（4 倍は fjórfalt も可）．差分を明示するときにもその数値は与格で示します．

Hann er miklu sterkari en ég. 彼は僕よりもはるかに強い．

Noregur er tæplega fjórum sinnum stærri en Ísland.

ノルウェーはアイスランドよりも 4 倍弱大きい．

※ tæplega ...弱（反対は rúmlega ...強）

Hún er tvöfalt eldri en hann. 彼女は彼の 2 倍年上だ．

Nokkrum dögum seinna kom hann heim til mín. 数日後に彼は私の家にやってきた．

Fyrir fimm árum var ég tíu kílóum þyngri en ég er í dag.

5 年前，私は今の私よりも 10 キロ太っていた．

24.6 比較級を用いた慣用表現

その他，形容詞や副詞の比較級を用いた慣用表現として，meira og minna〈多かれ少なかれ〉, sem betur fer〈幸運にも〉, því miður〈残念ながら〉,［比較級 ＋ og ＋比較級］〈ますます...〉,［því ＋比較級 ＋（sem ...）＋ því ＋比較級］あるいは［því ＋比較級

＋（sem ...）＋ þeim（mun）＋比較級］〈...すればするほど...〉などがあります．また前半，後半のような表現にもそれぞれ比較級 fyrri および síðari/seinni が用いられます．

Þetta er <u>meira og minna</u> rangt. これは多かれ少なかれ誤りである．

<u>Sem betur fer</u> fann ég lykilinn í töskunni minni.

幸いにも私は自分の鞄の中で鍵を見つけた．

<u>Því miður</u> er ekkert sem ég get gert fyrir ykkur.

残念ながら私があなたたちにしてあげられることは何もない．

<u>Fleiri og fleiri</u> fara erlendis að stunda nám.

ますます多くの人々が学業のために外国に行っている．

<u>Því fyrr</u> því betra. 早ければ早いほど良い．

<u>Því fleiri</u> spurningum sem þú svarar rétt <u>því fleiri</u> stig færðu.

より多くの質問に正しく答えれば，それだけ多くの点数がもらえる．

Íslenska liðið skoraði tvö mörk í <u>fyrri</u> hálfleiknum.

アイスランド代表チームは前半に 2 点をきめた．

Landnámsmennirnir komu til Íslands á <u>síðari</u> hluta 9. aldar og <u>fyrri</u> hluta 10. aldar.

入植者たちは 9 世紀後半および 10 世紀前半にアイスランドにやってきた．

24.7 形容詞・副詞の最上級の用法

最上級は通常 3 つ以上の対象を取り上げて，その中で「一番...である」と述べる際に用いられます．先ほど見たように，比較級とは異なり形容詞の最上級には強変化と弱変化があり，基本的な用法は 5.3 で確認した形容詞の用法と同じです．しかし最上級の「一番...である」ものは一つしかないという意味的な性質から，修飾する名詞は基本的に既知形になり，その名詞を修飾する形容詞は原則弱変化形を用います．したがって，強変化形を用いるのは形容詞が補語として用いられる叙述用法に限られます．

<u>Besta</u> leiðin til að forðast smit er að þvo hendur vel.

感染を防ぐ最善の方法は手をよく洗うことです．

Everest er <u>hæsta</u> fjall jarðar. エベレストは世界で最も高い山です．

※ jörð〈地球，大地〉の修飾を受けて fjall〈山〉は未知形になっています（☞ 6.2）．

Hvaða bók var <u>skemmtilegust</u>? どの本が一番面白かった？

Mér finnst <u>erfiðast</u> að vakna snemma á morgnana.

朝早く起きるのが一番難しいと私は思う．

副詞の最上級には強変化も弱変化もなく，語形変化もありません．

Hún er <u>oftast</u> kát og glöð. 彼女は大抵の場合陽気で楽しそうだ．

205

Strákurinn situr aftast í kennslustofunni. 少年は教室の一番後ろに座っている.

Mér líður best heima. 家にいるときが一番調子が良い.

また〈...の中で〉と言いたいときには，最上級の後ろに前置詞 af をおき［最上級＋ af ＋与］とするか，あるいは最上級の直後に名詞・代名詞の属格を続けます.

Hann er elstur af bræðrunum. 彼はその兄弟の中で一番年上です.

Flestir þeirra hafa farið til útlanda. 彼らのほとんどが外国に行ったことがある.

Brennu-Njáls saga er lengst allra Íslendingasagna.

ニャールのサガは全てのアイスランド人のサガの中で最も長い.

最上級を強めるには副詞 allra（allur〈全ての〉の複数属格）を最上級の直前におくか，修飾する形容詞の最上級の語頭に接頭辞 al-/lang- をつけます. 反対に，einn の複数属格形 einna をおくことで，最上級を弱めることもできます.

Þetta er allra besti veitingastaðurinn á Íslandi.

ここはまさにアイスランドで最高のレストランです.

Þetta er alversta veður sem ég hef upplifað.

これは私が経験した中で飛び抜けて最悪な天気です.

Honum finnst langskemmtilegast að spila fótbolta.

彼はサッカーをするのが飛び抜けて最高に楽しいと思っている.

Jón er einna skemmtilegastur af þeim öllum.

ヨウンは彼ら全員の中でおそらく一番面白い.

さらに〈最も...なもののうちの1つ〉と言いたいときには，［einn ＋最上級（弱）＋名詞（既知）］とするか［einn af ＋最上級（与・弱）＋名詞（与・既知）］とします. また〈...番目に最も...〉という表現では，序数の対格を最上級の直前におきます. なお，「2番目」の場合には næst も用いられますが，この næst は stærstur〈最も大きな〉や síðastur〈一番最後の〉などの形容詞に対して接頭辞として語頭につく傾向があります.

Gullfoss er einn frægasti foss landsins.

グトルフォスは（アイスランド）国内で最も有名な滝の1つだ.

Brúarfoss er einn af fallegustu fossum landsins.

ブルーアルフォスは（アイスランド）国内で最も美しい滝の1つだ.

※ land〈国〉の修飾により foss が未知形になっています（☞ 6.2）.

Indónesía er fjórða fjölmennasta land heims.

インドネシアは世界で4番目に人口の多い国だ.

Kanada er næststærsta land i heimi. カナダは世界で2番目に大きい国だ.

指示代名詞 sá〈その〉をともなう表現もしばしば見られます（☞ 6.3）.

206

Þetta er mjög skemmtileg bók, örugglega <u>sú skemmtilegasta</u> sem ég hef lesið.

それはとても面白い本だよ，確実に今まで読んだ中で一番面白い本だ．

※ここでは女性名詞 bók を受けているため女性形 sú が用いられています．

Þetta er <u>það besta</u> sem ég hef gert í lífinu.　それは私が人生の中で行なった最善のものです．

24.8 最上級を用いた慣用表現

その他最上級を含む慣用表現として，sem を用いた［sem ＋最上級］〈できるだけ…〉や að minnsta kosti〈少なくとも〉，fyrst og fremst〈とりわけ，何よりも〉，að mestu leyti〈大部分は〉，í mesta lagi〈せいぜい，多くても〉などがあります．また sem snöggvast〈ほんの一瞬〉も元々は snöggur〈速い〉の最上級に基づく表現です．

Ég þarf að fara heim <u>sem fyrst</u>.　私は今すぐにでも家に帰る必要がある．

Hann ætlar að búa hér <u>að minnsta kosti</u> í tvö ár í viðbót.

彼は少なくとも後2年ここに住む予定である．

<u>Fyrst og fremst</u> þurfum við að treysta hvert öðru.

何よりもまず私たちはお互いに信頼し合う必要がある．

Bókin fjallar <u>að mestu leyti</u> um loftslagsmál.　その本は概して気候問題を扱っている．

Það tekur <u>í mesta lagi</u> klukkustund að lesa þessa grein.

その記事を読むのにかかるのはせいぜい1時間だ．

Hann leit <u>sem snöggvast</u> í kringum sig.　彼はほんの一瞬辺りを見回した．

第25章 接続法

25.1 接続法

アイスランド語には直説法と接続法という異なる動詞の形があります．直説法はこれまで学習した動詞形であり，主に話し手が主観的態度を含めずに事実をそのまま述べるときに用います．一方，接続法はある事象に対して話し手が「事実・現実ではない（かもしれない）」と何らかの形で思っている（ことが前提である）ときに用います．

接続法には接続法現在と接続法過去（ドイツ語の接続法第1式，第2式に相当）があり，それぞれに異なる動詞形が存在します．大雑把に言えば，これらは英語の仮定法（現在・過去・過去完了）に相当しますが，用法は（重なる部分はあるものの）大きく異なります．また接続法現在，接続法過去という呼び方をしていますが，必ずしも前者が現在，後者が過去のことに用いられるわけではありません．

25.2 接続法の語形

動詞の接続法現在，接続法過去の活用はこれまで学習した直説法現在，直説法過去のものとは異なりますが，活用語尾は全ての動詞グループに共通です．

接続法現在

接続法現在は不定詞から語末の -a を除いた形に接続法現在の活用語尾をつけて作ります．活用語尾は動詞活用グループに関係なく1・2・3人称単数でそれぞれ -i, -ir, -i, 複数で -um, -ið, -i となります．直説法現在で脱落する -j- や -v- は接続法現在では残りますが, -j- の直前に g や k がくる場合, 1人称複数を除き -j- を落とします．下表の vekja〈起こす〉では，1人称複数 vekjum を除き全て -j- が脱落しているのに対して，velja〈選ぶ〉では人称や数に関わらず全ての形で -j- が残っていることに注意してください．

	tala 話す		vekja 起こす	
	単数	複数	単数	複数
1人称	ég tali	við tölum	ég veki	við vekjum
2人称	þú talir	þið talið	þú vekir	þið vekið
3人称	hann tali	þeir tali	hann veki	þeir veki

	velja 選ぶ		fá 手に入る，もらう	
	単数	複数	単数	複数
1 人称	ég velji	við veljum	ég fái	við fáum
2 人称	þú veljir	þið veljið	þú fáir	þið fáið
3 人称	hann velji	þeir velji	hann fái	þeir fái

接続法過去

接続法過去は直説法過去（強変化動詞では直説法過去複数）に基づいて作られます．どちらのタイプも活用語尾は同じで 1・2・3 人称単数でそれぞれ -i, -ir, -i（接続法現在の活用語尾と同じ），複数で -um, -uð, -u（直説法過去の活用語尾と同じ）となります．ただし接続法過去の語幹が -æ-/-g-/-k- で終わる場合，複数で活用語尾の直前に -j- が挿入されます（下表 fá〈手に入る〉を参照）．

	tala 話す		vekja 起こす	
	単数	複数	単数	複数
1 人称	ég talaði	við töluðum	ég vekti	við vektum
2 人称	þú talaðir	þið töluðuð	þú vektir	þið vektuð
3 人称	hann talaði	þeir töluðu	hann vekti	þeir vektu

	velja 選ぶ		fá 手に入る	
	単数	複数	単数	複数
1 人称	ég veldi	við veldum	ég fengi	við fengjum
2 人称	þú veldir	þið velduð	þú fengir	þið fengjuð
3 人称	hann veldi	þeir veldu	hann fengi	þeir fengju

なお，接続法過去では語幹母音（第 1 音節の母音）が変わります．強変化動詞の母音変化は直説法過去複数の母音に基づくことに注意してください．

①語幹母音が直説法過去で a・接続法過去で e

動詞	不定詞		直説法 3 人称	接続法 3 人称単数	接続法 3 人称複数
弱	velja	選ぶ	valdi / völdu	veldi	veldu
	segja	言う	sagði / sögðu	segði	segðu
	vekja	起こす	vakti / vöktu	vekti	vektu

②語幹母音が直説法過去（複数）で á/ó/o・接続法過去で æ

動詞	不定詞		直説法 3 人称	接続法 3 人称単数	接続法 3 人称複数
弱	ná	届く	náði / náðu	næði	næðu
	eiga	持っている	átti / áttu	ætti	ættu
	mega	してもよい	mátti / máttu	mætti	mættu

209

動詞	不定詞		直説法 3 人称	接続法 3 人称単数	接続法 3 人称複数
強4	bera	運ぶ	bar / báru	bæri	bæru
	skera	切る	skar / skáru	skæri	skæru
	sofa	眠っている	svaf / sváfu	svæfi	svæfu
	koma	来る	kom / komu	kæmi	kæmu
強5	geta	できる	gat / gátu	gæti	gætu
	sjá	見る	sá / sáu	sæi	sæju
強6	fara	行く	fór / fóru	færi	færu
	taka	取る	tók / tóku	tæki	tækju
	slá	打つ	sló / slógu	slægi	slægju

③語幹母音が直説法過去（複数）で o/u/ju・接続法過去で y

動詞	不定詞		直説法 3 人称	接続法 3 人称単数	接続法 3 人称複数
弱	þola	耐える	þoldi / þoldu	þyldi	þyldu
	valda	原因になる	olli / ollu	ylli	yllu
	spyrja	尋ねる	spurði / spurðu	spyrði	spyrðu
	þurfa	必要がある	þurfti / þurftu	þyrfti	þyrftu
	kunna	知っている	kunni / kunnu	kynni	kynnu
強2	brjóta	壊す	braut / brutu	bryti	brytu
	fljúga	飛ぶ	flaug / flugu	flygi	flygju
強3	drekka	飲む	drakk / drukku	drykki	drykkju
	stökkva	跳ぶ	stökk / stukku	stykki	stykkju
強7	hlaupa	走る	hljóp / hlupu	hlypi	hlypu
	vaxa	育つ	óx / uxu	yxi	yxu
	búa	住んでいる	bjó / bjuggu	byggi	byggju
	höggva	たたき切る	hjó / hjuggu	hyggi	hyggju

④語幹母音が直説法過去で ú・接続法過去で ý

動詞	不定詞		直説法 3 人称	接続法 3 人称単数	接続法 3 人称複数
弱	flýja	逃げる	flúði / flúðu	flýði	flýðu
	knýja	強いる	knúði / knúðu	knýði	knýðu

接続法の語形が特殊な動詞

　動詞 vera〈である〉は接続法の語形が特殊です．接続法現在形は不定詞や直説法現在形からは予測できず，活用語尾も他の動詞とは異なります．また，接続法過去形では母音 o から æ に変わります（上の接続法過去の母音変化の表②の koma タイプ）．

	現在単数	現在複数	過去単数	過去複数
1 人称	ég **sé**	við **séum**	ég **væri**	við **værum**
2 人称	þú **sért**	þið **séuð**	þú **værir**	þið **væruð**
3 人称	hann **sé**	þeir **séu**	hann **væri**	þeir **væru**

なお vera の接続法現在形について，痕跡的に Guð veri með þér〈神があなたとともにありますように〉などの表現に 3 人称単数 veri（1 人称複数 verum）のような形が残っていますが（希求法と呼ばれることがあります），現在はほとんど用いられません．

その他，弱変化動詞には sækja〈取ってくる〉の接続法過去 3 人称単数 sækti（直説法 sótti）や þiggja〈受け取る〉の þægi/þæði（直説法 þáði），þvo〈洗う〉の þvægi（直説法 þvoði），gá〈見る〉の gáði（直説法 gáði）のように，接続法過去が直説法の形から単純に推測できないものがあります．また直説法過去のない skulu〈することにしている〉の接続法過去 3 人称単数は skyldi，munu〈だろう〉は mundi/myndi です．

動詞の -st 形の接続法

動詞の -st 形の接続法も基本的に直前で学習したパターンにしたがいますが，語末に -st がつく場合，接続法現在・過去ともに 2 人称単数で活用語尾の -r，複数で -ð が脱落します．

	talast（talast við で）話し合う			
	現在単数	現在複数	過去単数	過去複数
1 人称	ég **talist**	við **tölumst**	ég **talaðist**	við **töluðumst**
2 人称	þú **talist**	þið **talist**	þú **talaðist**	þið **töluðust**
3 人称	hann **talist**	þeir **talist**	hann **talaðist**	þeir **töluðust**

	veljast　選ばれる			
	現在単数	現在複数	過去単数	過去複数
1 人称	ég **veljist**	við **veljumst**	ég **veldist**	við **veldumst**
2 人称	þú **veljist**	þið **veljist**	þú **veldist**	þið **veldust**
3 人称	hann **veljist**	þeir **veljist**	hann **veldist**	þeir **veldust**

	fást　入手できる			
	現在単数	現在複数	過去単数	過去複数
1 人称	ég **fáist**	við **fáumst**	ég **fengist**	við **fengjumst**
2 人称	þú **fáist**	þið **fáist**	þú **fengist**	þið **fengjust**
3 人称	hann **fáist**	þeir **fáist**	hann **fengist**	þeir **fengjust**

25.3 主節内の接続法

接続法現在

接続法はある事象について話し手が何らかの形で事実ではないという前提に立っているときに用いられますが，接続法現在はあまり頻繁に用いられる形ではありません．多くの場合，慣用表現で用いられ話し手の願望などを表します．まだ起こっていないという前提に立っているからこその願望ですが，慣用表現の中にはその意味が見えにくくなってしまっているものが多く見られます．

Gangi þér vel!　幸運を祈る！頑張って！

Takk fyrir mig. – Verði þér að góðu.

　ごちそうさま．－どういたしまして（←あなたに良いこととなりますように）．

Guði sé lof.　やれやれ，運が良かった（←神を讃えんことを）．

Guð hjálpi þér.　神があなたを助けてくださいますように．

※くしゃみをした相手に言う表現です（英語の bless you に相当）．ちなみに〈くしゃみをする〉は
アイスランド語で hnerra といいます．

動詞の -st 形（☞ 20.4）が指示や助言の文脈で用いられることもあります．

Umsóknir berist rafrænt í gegnum vef sjóðsins.

　申し込みはその基金のウェブページを通して電子的に行うこと．

Notkun: Hristist fyrir notkun. Geymist í kæli eftir opnun.

　用法：使用前に振ること．開栓後は要冷蔵．

接続法過去

接続法過去はしばしば何かを要求するときに用いることができますが，直説法よりも丁寧さの度合いが高まります．この用法では助動詞 geta〈できる〉，vilja〈したい〉，mega〈してもよい〉がよく用いられ，下の例文は概ね英語の can/could I ...? や can/could you ...?，will/would you ...?，may/might I ...? などの表現に相当します．接続法過去を用いているからといって過去のことについて述べているわけではありません．

Get ég fengið að tala við forstjórann?　社長とお話しさせてもらえますか？

Gæti ég fengið að tala við forstjórann?

　社長とお話しさせていただくことはできますでしょうか？

Getur þú sagt mér hvað klukkan er?　何時か教えてくれる？

Gætir þú sagt mér hvað klukkan er?　何時か教えていただけますか？

Viltu hjálpa mér?　私を手伝ってくれる？

Vildirðu (vera svo vænn að) hjálpa mér?　私を手伝っていただけますか？

Má ég taka mynd af ykkur.　あなたたちの写真を撮ってもいい？

Mætti ég taka mynd af ykkur.　あなたたちの写真を撮ってもよろしいですか？

また助動詞以外にも vera〈である〉や verða〈になる〉などを用いて控えめな依頼や願望，義務を表すこともあります．

Það <u>væri</u> gaman að geta talað reiprennandi íslensku.

　流暢なアイスランド語を話せたら楽しいだろうな．

Ég <u>yrði</u> mjög þakklátur ef þið gætuð gefið mér ráð.

　あなたたちから助言をいただけると私はとてもありがたいのですが．

Af hverju <u>ætti</u> ég að gera það?　　なぜ私がそれをしないといけないのでしょうか？

　※接続法を用いることで話し手の「事実ではない」という態度が想起され，話し手のいやだという
　　感情が背後に感じられます．

さらに可能性を表すこともあります．

Það <u>ætti</u> að vera hægt að ljúka verkefninu fyrir jólin.

　その課題はクリスマス前に終わらせることができるはずだ．

Þetta <u>gæti</u> verið satt.　それは本当かもしれない．

25.4 従位節内の接続法

間接話法

誰かが言ったことについて述べるときに用いられる表現を話法といいます．話法には誰かの発言をそのまま直接的に引用して述べる「直接話法」と，誰かの発言を話し手が自分視点から間接的に述べる「間接話法」があります．通常，直接話法では segja〈言う〉や spyrja〈尋ねる〉，telja〈思う〉などの動詞の後（あるいは前）に引用符（（„...“）gæsalappir といいます）をつけ，発言内容がそのまま引用されます．それに対して間接話法では，それらの動詞の後に，節を導く að や（発言内容が疑問文であれば）疑問詞を置き，その後に文を続けます．その際，að や疑問詞の後に続く従位節内の動詞には接続法が用いられます．下の例文では，一つ目，三つ目が直接話法を，二つ目，四つ目が間接話法を用いています．

Hann segir: „Jón er frábær kennari.“　「ヨウンは素晴らしい先生だ」と彼は言う．

Hann segir að Jón <u>sé</u> frábær kennari.　彼は，ヨウンは素晴らしい先生だと言う．

Maðurinn spyr: „Talar þú norsku?“　「ノルウェー語を話しますか？」と男は尋ねる．

Maðurinn spyr hvort ég <u>tali</u> norsku.　男は私がノルウェー語を話すのかどうか尋ねる．

　※ hvort については 17.3 を参照．

間接話法では文を作る際の動詞の時制に注意を払う必要があります．簡潔に言えば，もとの文の主節の動詞（segja や spyrja など）が現在形であれば間接話法の文の従位節の動詞は接続法現在に，もとの文の主節の動詞が過去であれば間接話法の文の従位節の動詞は接続法過去に変える必要があります（いわゆる時制の一致）．

①主節：現在／直接話法の文中の動詞：現在 → 従位節の動詞は接続法現在に

Hann segir: „Ísland er fallegt land.“

→ **Hann segir að Ísland sé fallegt land.**　彼は，アイスランドは美しい国だと言う.

②主節：過去／直接話法の文中の動詞：現在 → 従位節の動詞は接続法過去に

Hann sagði: „Ísland er fallegt land.“

→ **Hann sagði að Ísland væri fallegt land.**　彼は，アイスランドは美しい国だと言った.

③主節：現在／直接話法の文中の動詞：過去

→ 従位節の動詞は［hafa の接続法現在 + 動詞の完了分詞］に

Hún segir: „Jón kom í heimsókn fyrir nokkrum vikum.“

→ **Hún segir að Jón hafi komið í heimsókn fyrir nokkrum vikum.**

彼女はヨウンが数週間前に家に来たと言っている.

④主節：過去／直接話法の文中の動詞：過去

→ 従位節の動詞は［hafa の接続法過去 + 動詞の完了分詞］に

Hún sagði: „Jón kom í heimsókn fyrir nokkrum vikum.“

→ **Hún sagði að Jón hefði komið í heimsókn fyrir nokkrum vikum.**

彼女はヨウンが数週間前に家に来たと言っていた.

直接話法の文の動詞が命令形であるときには［segja ＋ 与 ＋ að ＋ 不定詞］の形式で言い換えることができます.

Mamma sagði: „Komdu strax heim!“

→ **Mamma sagði mér að koma strax heim.**　ママは私にすぐ帰宅するように言った.

動詞 segjast

直接話法の文の発話者が自分自身について述べているとき（つまり発言部分の文の主語が 1 人称のとき）に限り，しばしば segja〈言う〉の -st 形 segjast が用いられます.このとき，発言部分の文の動詞が現在であれば，segjast を用いた表現では［segjast ＋不定詞］に，過去であれば［segjast hafa ＋完了分詞］の形式にします. また，segjast の時制はもとの文の segja の時制に準じます.

Hún segir/sagði: „Ég er með ofnæmi fyrir mjólkurvörum.“

→ **Hún segist/sagðist vera með ofnæmi fyrir mjólkurvörum.**

彼女は乳製品にアレルギーがあると言っている／言った.

※このタイプの文を hún segir að hún sé ... のように言い換えることも文法的には可能ですが，その場合従位節中の主語 hún〈彼女〉が話し手の hún と同じ人物を指しているのか，異なる人物を指しているのかがあいまいな文になってしまいます.

Hann segir/sagði: „Ég skilaði bókinni á bókasafnið.“

214

→ **Hann segist/sagðist hafa skilað bókinni á bókasafnið.**

彼はその本は図書館に返したと言っている／言った.

　ちなみに，間接話法ではありませんが þykjast〈ふりをする〉も segjast と同じ形式で用いられることがあります.

Hann þóttist vera læknir.　彼は医者のふりをした.

その他の að 節内の接続法

　主節で願望（vona〈願う〉，óska〈望む〉），予期（búast við〈予期する〉），恐怖（óttast〈恐れる〉，vera hræddur um〈恐れている〉），疑い（gruna〈疑う〉），考え・感想（halda〈思う〉，finnast〈（自分の意見として）思う〉，virðast〈思われる〉，skiljast〈だと理解する〉）など，（まだ）事実ではない，あるいは不確定であることを表す動詞表現が用いられるとき，その文の að 節内の動詞には接続法の形が用いられます. このとき，主節内の動詞が現在であれば従位節内の動詞は接続法現在に，主節内の動詞が過去であれば従位節内の動詞は接続法過去に変える必要があります.

Ég held að hún sakni þín.　彼女はあなたがいないのを寂しく思っていると私は思う.

Mig grunar að hann hafi talað illa um mig.　彼が私の悪口を言ったのだと私は疑っている.

Ég vona að veðrið fari að skána.　私は天気が回復するのを願っている.

Ég vonaði að veðrið færi að skána.　私は天気が回復するのを願っていた.

　主節の動詞が vita〈知っている〉や heyra〈聞こえる〉，sjá〈見える〉，muna〈覚えている〉のように事実であることを表すものである場合，að 節内の動詞は直接法の形を取ります.

Ég veit að hann er góður fótboltamaður.

彼は良いサッカー選手であるのを私は知っている.

Ég heyri að hann er orðinn pirraður.

彼がイラッとしているのが私には聞いて分かる（←私は聞こえる）.

Ég sé að hann er mjög stressaður.

彼はとてもストレスが溜まっているのが私には見て分かる（←私は見える）.

　しかしこれらの動詞が否定文で用いられ，かつ続く að 節の内容が不確定である場合，að 節の動詞には接続法を用います. 例えば下の文で直説法 kom を使うと，彼が帰宅したことは知っているがそれを見てはいない，という含みが生じます.

Ég sá ekki að hann kæmi/kom heim.　私は彼が帰宅するのを見なかった.

　なお，接続詞が導く節内の内容が事実ではないことを前提とする場合（条件を表す nema〈...しない限り〉，目的を表す til (þess) að〈...するために〉，譲歩を表す þó (að)〈...にもかかわらず〉など），接続詞が導く節内の動詞には接続法を用います（☞ 26.2）.

215

25.5 動詞 ætla の接続法表現

動詞 ætla の接続法現在形 ætli は話し手の自信のなさを表し，しばしば疑問文や疑問に対する返答で用いられます．文法的に少し奇妙ですが，疑問文では［ætli + 主語 + 動詞の接続法現在 + （ekki)］の形式をとります．

Ætli það sé hægt að ferðast aftur í tímann?

　過去にタイムスリップすることってできるのかなぁ？

Ætli hann komi ekki heim á mánudaginn?

　彼，月曜日に家に帰ってこないのかなぁ？

Af hverju ætli hann sé svona reiður?　なぜ彼はそんなに怒っているのかなぁ？

疑問に対する返答の文脈では，ætli það (ekki) が（しばしば否定で）用いられます．この場合，ætli það は控えめな否定を，ætli það ekki は控えめな同意を表します．反語的な表現であることから，含意される意味が直感とは逆になってしまうかもしれないので注意してください．

Heldurðu að hún sé tilbúin með ritgerðina?　彼女はもうレポートを書いたと思う？

– Ætli það ekki.　　　　　　　　　　　　　（そうなん）じゃないかなぁ．

Eigum við að fara í ræktina?　　　　　　　　ジムに行こうか？

– Ætli það ekki.　　　　　　　　　　　　　しょうがないなぁ．

25.6 仮定を表す用法

接続法は，現実ではないあるいはそうなりそうにないと話し手が思っている出来事を仮定するときにも用いられます．これは英語の仮定法に相当しますが，アイスランド語で仮定を表すときには条件節（ef を含む従位節），帰結節（結論を表す主節）ともに接続法過去を用います．条件節と帰結節の間には þá〈もしそうなら〉が挿入されることがあります．

なお，条件節が文頭に来た場合，帰結節で主語と動詞の倒置が起こります．また，条件節は ef を用いずに表現することもできますが，その場合，条件節で主語と動詞の倒置が起こります．

①現在の事実（単なる条件）について述べるとき：直説法

十分にあり得ることについて「もし…なら」と述べる場合，条件節も帰結節も直説法を用います．ただし ef を用いない場合，条件節の動詞は接続法現在の形にします．

Ef ég hef tíma get ég hjálpað þér.　時間があれば君を手伝ってあげられるよ．

→ Hafi ég tíma get ég hjálpað þér.　　※ hafi は接続法の現在 1 人称単数です．

②現在の仮定について述べるとき：接続法過去

現実にはあり得ないこと，起こりそうもないことについて述べる場合，条件節も帰

結節も接続法過去にします.

Ef ég <u>hefði</u> tíma <u>gæti</u> ég hjálpað þér. もし時間があれば君を手伝ってあげられるのに.

→ <u>Hefði</u> ég tíma <u>gæti</u> ég hjálpað þér.

Ef ég <u>væri</u> þú þá <u>myndi</u> ég hringja strax í hana.

もし僕が君だったら,今すぐ彼女に電話をするのに.

③過去の仮定について述べるとき：過去完了＋接続法過去

過去に起こった事実に反する仮定について述べる場合,条件節も帰結節も［hafa の接続法過去＋完了分詞］の形にします.

Ef ég <u>hefði haft</u> tíma <u>hefði ég getað</u> hjálpað þér.

もし時間があったら君を手伝ってあげられたのに.

→ <u>Hefði</u> ég <u>haft</u> tíma þá <u>hefði</u> ég <u>getað</u> hjálpað þér.

Ef ég <u>hefði verið</u> þú þá <u>hefði</u> ég <u>hringt</u> í hana.

もし僕が君だったら,彼女に電話をかけただろうに.

※帰結節に助動詞を含む場合,［助動詞の接続法過去＋hafa＋完了分詞］の形になります（この文の場合は þá myndi ég hafa hringt í hana となります).

プラスワン：間接話法と再帰代名詞

segjast を用いた［segjast＋不定詞／hafa＋完了分詞］の形式は直接話法内の動詞が非人称動詞の場合には避けられます.このとき,通常の接続詞 að をとる形式が用いられますが,非人称動詞の主語には再帰代名詞が置かれます.

Jón sagði: „Mig langar að heimsækja Svíþjóð.“

→ **Jón sagði að <u>sig</u> langaði að heimsækja Svíþjóð.**

ヨウンはスウェーデンを訪れてみたいと言った.

※ sig が指す対象は主節の主語 Jón です.なお langaði は接続法 3 人称単数過去形.

Maðurinn segir: „Mér finnst bókin skemmtileg.“

→ **Maðurinn segir að <u>sér</u> finnist bókin skemmtileg.**

その本は面白いと思うとその男性は言っている.

上の例からも分かるように,間接話法の文において従位節内の再帰代名詞は主節主語（下の文では Jón）を指すことができます.

Jón sagði að pabbi <u>sinn</u> væri að kalla á sig.

ヨウンは自分のお父さんが自分（＝ヨウン）のことを呼んでいるんだと言った.

第26章 接続詞②

26.1 等位接続詞②

次の２語は，接続詞に分類されていますが文中での振る舞いが少し特殊です．

> heldur ではなく，しかし，その代わり

否定文と一緒に用いられます．接続詞に分類されますが振る舞いは副詞的で，文と文をつなぐ場合 heldur の後は主語と動詞の倒置が起こります．

Hún býr ekki á Íslandi heldur í Noregi.

彼女はアイスランドではなくノルウェーに住んでいる．

Hann sagði ekkert heldur starði bara á gólfið.　彼は何も言わずただ床を見つめていた．

Hún grét ekki heldur brosti hún.　　　　　彼女は涙を流すのではなく微笑んだ．

次の heldur も副詞的です．

Ég vissi það ekki. – Ekki ég heldur.　　　　知らなかったよ．私もだよ．

Hann var ekki stjórnmálamaður og heldur ekki Jón.

彼は政治家ではなかったが，ヨウンもそうではなかった．

また bara〈…だけ〉，aðeins〈単に〉，eingöngu〈…だけ〉をともなう [ekki bara/aðeins/eingöngu A heldur (líka/einnig) B]〈A だけでなく B も〉の形式でも用いられます．

Hann sendi mér ekki bara póstkort heldur líka stóran pakka.

彼は私にポストカードだけでなく大きな荷物も送ってくれた．

Bókin fjallar ekki aðeins um Ísland heldur einnig um Danmörku.

その本は単にアイスランドだけではなくデンマークについても扱っている．

> enda だって，まあ

enda は何らかの関連があると考えられる二つの事態を表す文をつなぐのに用いられます．論理的に考えられうる関連性を表すことからしばしば英語の because に相当すると言われますが，enda は，単に論理的な推論に基づく関連性を表すだけで，2 つの事態に直接的な因果関係があるのかは分かりません．また enda も heldur と同じく直後で主語と動詞の倒置が起こります．

Hann var með hita enda hafði hann verið í rigningu allan daginn.

彼は熱を出していた．まあ彼は一日中雨にうたれていたからね．

218

26.2 従位接続詞②

ここでは，16.2 で扱っていない従位接続詞を取り上げます．条件，譲歩，目的，比較などを表す従位接続詞では，従位節内でしばしば接続法が用いられます．

時に関連する接続詞

> **um leið og / strax og ...** …すると同時に，…するとすぐに

um leið og と strax og は〈…すると同時に，…するとすぐに〉という意味を表します．これらはどちらも og を省いた形で副詞としても用いられます．

Um leið og hann sá mig flúði hann í burtu. 　彼は私を見るとすぐ逃げていった．

Ég keypti bókina strax og hún kom út. 　私はその本が出版されると同時に購入した．

Strákurinn brosti til mín en brosið hvarf um leið. （副詞）

　少年は私に向かって微笑んだが，その笑顔は一瞬で消えた．

Ég kem strax aftur. 　すぐ戻ってくるよ．（副詞）

> **þangað til / þar til / uns** …まで

þangað til および þar til は〈…まで〉という意味を表します．これらの接続詞の後には文だけでなく á morgun〈明日〉などの時を表す表現がくることもあります．uns も同様の意味を表しますが，使用頻度は下がります．さらに，þangað til〈それまで〉は単独で副詞としても用いられます．

Ég horfði á sjónvarpið þangað til mamma sagði mér að bursta tennurnar.

　母が歯を磨くように言うまで私はテレビを見ていた．

Við biðum þar til hann kom heim. 　私たちは彼が帰宅するまで待っていた．

Reglurnar eru í gildi þangað til á morgun. 　それらの規則は明日まで有効です．

Hann bjó í þessu húsi uns hann dó. 　彼は亡くなるまでその家に住んでいた．

Hann kemur bráðum og þangað til verðum við að bíða hér. （副詞）

　彼がもうすぐ来るのでそれまで私たちはここで待たないといけない．

条件を表す接続詞

> **ef** もし…なら / **nema** もし…でないなら，…しない限り

条件を表す接続詞 ef は〈もし…なら〉という意味を表します．英語の if に相当しますが，この接続詞が名詞節を導くことはありません（名詞節を導く if に相当する語は hvort）．それに対して接続詞 nema は〈もし…でないなら，…しない限り（［ef … ekki］に相当）〉という意味を表します．nema が導く節内の動詞は接続法をとります．

Ég get sagt þér frá því ef þú vilt. 　そのことを話して欲しければお話ししましょう．

219

Ef þú hjálpar mér þá skal ég hjálpa þér.　もし君が私を助けてくれるなら私は君を助けよう.

Þú færð ekki hjálp <u>nema</u> þú biðjir um hana.　君が頼まないと助けてもらえないよ.

nema はこの他に〈...を除いて〉という意味でも用いられます.

Safnið er opið alla daga <u>nema</u> þriðjudaga.　博物館は火曜を除き毎日開いている.

譲歩を表す接続詞

þó (að) / þótt / enda þótt / jafnvel þótt / þrátt fyrir (það) að ...にもかかわらず

þó (að) / þótt / enda þótt / jafnvel þótt / þrátt fyrir (það) að は〈...にもかかわらず，...ではあるが，...であっても〉という意味を表します. これらの接続詞が導く従位節内の動詞は接続法が用いられます.

Hún fór út í búð þó að veðrið <u>væri</u> vont.

天気が悪かったにもかかわらず彼は買い物に出かけた.

Ég var alls ekki þreyttur <u>þótt</u> ég <u>hefði</u> unnið allan daginn.

私は一日中働いたにもかかわらず全く疲れていなかった.

Reglan gildir jafnvel <u>þótt</u> þú búir í útlöndum.

その規則はあなたが外国に住んでいても適用される.

þrátt fyrir (það) að が導く従位節内の動詞は，ほとんどの場合接続法の形をとりますが，直説法を用いることもあります. ここで直説法を用いた場合，従位節の内容が事実であるという点に力点が置かれます.

Hann er mjög bjartsýnn <u>þrátt fyrir að</u> hann <u>sé/er</u> atvinnulaus.

彼は失業中にもかかわらずとても楽観的だ.

※ bjartsýnn 楽観的な（反対は svartsýnn 悲観的な）

なお，þrátt fyrir は，対格支配の前置詞としても機能します.

Hann ætlar ekki að gefast upp <u>þrátt fyrir</u> erfiða stöðu liðsins.

チームの置かれた困難な状況にもかかわらず，彼にあきらめるつもりはない.

目的・結果を表す接続詞

til (þess) að ...するために

目的を表す接続詞 til (þess) að は〈...するために〉という意味を表します. この接続詞が導く従位節内の動詞は接続法の形になります.

Hann slökkti á útvarpinu <u>til þess að</u> við gætum einbeitt okkur að verkefninu.

彼は私たちが課題に集中できるようにラジオを消した.

> **svo (að)** ...するために，その結果，それで

　svo (að) は英語の so (that) に相当し，目的〈...するために〉や結果〈その結果...，それで...〉を表します．目的の意味の場合には svo (að) が導く従位節内の動詞は接続法に，結果の意味では直説法になります．

Gefðu mér 10 mínútur svo að ég geti lesið dagblað.（接続法：目的）

　新聞を読むことができるように 10 分ください．

Hann gaf mér 10 mínútur svo að ég gat lesið dagblað.（直説法：結果）

　彼は私に 10 分間くれ，それで私は新聞を読むことができた．

> **svo ... að** とても ...なので...，...するほど...である

　[svo ＋形容詞・副詞＋ að] の形式で結果〈とても ...なので...〉や程度〈...するほど...である〉を表します．að が導く従位節内の内容が現実のことであれば結果解釈で従位節内の動詞には直説法を，現実でなければ程度解釈で動詞は接続法をとります．

Mér brá svo mikið að ég hljóp út úr herberginu.

　私はとてもびっくりして部屋から走って出て行った．

Hún er ekki svo veik að hún þurfi að liggja á sjúkrahúsi.

　彼女は入院する必要があるほどには衰弱していない．

> **þannig að** その結果，それで

　þannig að は結果〈その結果，それで〉を表します．

Bíllinn bilaði þannig að við þurftum að koma bílnum af götunni.

　車が故障してしまい，それで車を通りからどけなくてはならなかった．

　þannig にはこの他にも副詞〈そのように，(að をともない) ...のように〉や形容詞〈そのような，(að をともない) ...のような〉としての用法も存在します．

Geturðu útskýrt þetta fyrir mér þannig að ég skilji það?

　私が理解できるように説明してくれますか？

Staðan er þannig að við erum enn að rýma svæðið.

　私たちはまだその区域から人々を避難させている状況です．

比較を表す接続詞

> **eins og / svo sem** ...のように，...と同じように，...といった

　比較を表す接続詞 eins og は〈...のように，...と同じように，...といった〉という意味を表します．eins og の後ろに文が続くとき，文が表す内容が現実のことであれば従位節内の動詞は直説法を，現実のことでなければ接続法の形をとります．

Þú lítur út alveg eins og mamma þín. 君はお母さんと全く同じ顔つきをしている.

Þau hlógu eins og smábörn. 彼らは小さな子供のように笑った.

Maðurinn ræktar grænmeti eins og salat og spínat.

男はレタスやホウレンソウといった野菜を育てている.

Eins og þú veist hef ég gaman af því að elda.

君も知っているように, 私は料理をするのが楽しい.

Hann lætur eins og hann viti mikið um efni málsins.

彼はあたかもその問題の中身についてたくさん知っているかのように振る舞う.

Ég segi alveg eins og er. ありのままに言うよ (←そうであるように言う).

接続詞 svo sem も同じく比較〈のように, のような〉を表しますが, svo sem は副詞としても用いられることがあります. 副詞の svo sem は何かを渋々受け入れる諦めの感情〈どうせ, 別に...〉を表します.

Svo sem kunnugt er mega múslimar ekki drekka áfengi. (接続詞)

よく知られているように, イスラム教徒はお酒を飲んではいけない.

Ég bjóst svo sem ekki við neinu. 私は何も期待なんかしていなかった. (副詞)

なお, sem〈...のように, ...として, ...のときに〉は単独でも接続詞として機能します.

Hann er ljúfur sem lamb. 彼は子羊のようにおだやかである.

Sem háskólakennari get ég ekki verið sammála þessu.

大学教員として私はそれに賛成できない.

Ég var mjög feiminn sem barn. 私は子供の頃とても恥ずかしがり屋だった.

A. 参考にした文献・役に立つ文献

アイスランド語の発音

・「アイスランド語の文字・発音」の章の発音は主に次の発音辞典の表記に基づきます.

1. Eiríkur Rögnvaldsson. 2013. *Pronunciation Dictionary for Icelandic*, CLARIN-IS.
   <http://hdl.handle.net/20.500.12537/198>

2. Eiríkur Rögnvaldsson. 2017. *Hljóðkerfi og orðhlutakerfi íslensku*. Reykjavík.
   <https://issuu.com/eirikurr/docs/ho_20a10301ffd4de>

・アイスランド語の音声を聞けるサイトは意外とたくさんあります. 発音練習には次のウェブサイト・文献も役に立つでしょう.

3. *Icelandic Online*. Háskóla Íslands. <https://icelandiconline.com/>

4. *Icelandic Online* – BÖRN. <http://born.icelandiconline.com>

5. *Viltu læra íslensku?* Tungumálatorg. <http://tungumalatorg.is/viltu_laera_islensku/>
   ※さらに, 下に挙げている 2, 4, 5, 7, 11, 13, 14, 15 でも音声を聞くことができます.

主要な初・中級者向けアイスランド語辞書・学習書

1. Sverrir Hólmarsson, Christopher Sanders and John Tucker. 1989. *Íslensk-ensk orðabók / Concise Icelandic-English Dictionary*. Reykjavík: Iðunn.
   <http://digital.library.wisc.edu/1711.dl/IcelOnline.IEOrd>
   →オンラインで利用できるアイスランド語・英語辞書. 初級者向け.

2. *m.is* <https://m.is/ordabok>
   →アイスランド語・英語, アイスランド語・ポーランド語辞書. こちらもオンラインで検索が可能で, 語形変化や慣用表現も調べられる.

3. Kristín Bjarnadóttir (ed.). 2020. *Beygingarlýsing íslensks nútímamáls*. Reykjavík: Stofnun Árna Magnússonar í íslenskum fræðum. <https://bin.arnastofnun.is/>
   →語形変化を調べられるサイト. これを使わずしてアイスランド語学習は無理です.

4. Halldóra Jónsdóttir og Þórdís Úlfarsdóttir. 2020. *Íslensk nútímamálsorðabók*. Reykjavík: Stofnun Árna Magnússonar í íslenskum fræðum. <http://islenskordabok.is/ >
   →単語の発音も聞ける非常に便利な辞書. 定義が少し難しいことがあり中級者向け.

5. Þórdís Úlfarsdóttir (ed.). 2020. *ISLEX.* Reykjavík: Stofnun Árna Magnússonar í íslenskum fræðum. <http://islex.is> →他の北欧諸言語との対訳辞書.

6. *Málið. is* <https://malid.is/> →上記の辞書を含めた様々な辞書の一括検索が可能.

7. 入江浩司. 2020. 『ニューエクスプレスプラス　アイスランド語』. 東京：白水社.
   →アイスランド語を初めて学習する方向けの学習書. 音声も有.

8. 森田貞雄. 1981.『アイスランド語文法』. 東京：大学書林.

→古語と現代語の文法を同時に扱うことを試みたユニークな文法書.

9. 森信嘉. 1996.『アイスランド語基礎 1500 語』東京：大学書林.

→唯一，日本語で入手可能なアイスランド語の単語帳.

10. 信森広光. 1967.『アイスランド語辞典』福山：北欧社. →現在は絶版。

11. Auður Einarsdóttir, Guðrún Theodórsdóttir, María Garðarsdóttir & Sigríður Þorvaldsdóttir. 2016. *Learning Icelandic*. Reykjavík: Mál og menning.

→英語で書かれたアイスランド語の入門書. テクストの音声はダウンロード可. 後半には簡易文法もついている.

12. Guðrún Theodórsdóttir. 2016. *Learning Icelandic: Grammar Exercises*. Reykjavík: Mál og menning.

→ 11 と一緒に使うことを想定したワークブック.

13. Helga Hilmisdóttir & Jacek Kozlowski. 2009. *Beginner's Icelandic with 2 Audio CDs*. New York: Hippocrene Books.

→こちらもアイスランド語の入門書だが，11 よりは少し難易度が高い.

14. Daisy L. Neijmann. 2015. *Colloquial Icelandic: The Complete Course for Beginners*. London and New York: Routledge. →英語で書かれた使い勝手の良い学習書.

15. Sólborg Jónsdóttir & Þorbjörg Halldórsdóttir. *Íslenska fyrir alla* 1-4. <http://tungumalatorg.is/ifa/>

→自習にはあまり向かないかもしれないが，無料でダウンロード可能. 音声も有.

16. Jón Friðjónsson. 1978. *A Course in Modern Icelandic*. Reykjavík: Tímaritið skák.

→古い学習書だが，他の学習書があまり触れていないような文法事項についても扱っている.

17. Daisy L. Neijmann. 2021. *Icelandic: An Essential Grammar*. London and New York. Routledge.

→本書の次にさらに本格的に文法を学習したい方向け.

18. Stefán Einarsson. 1973. *Icelandic: Grammar, texts, glossary*. London: The Johns Hopkins Press.

→最もクラシックなアイスランド語文法書. テクストが豊富.

B. 主要動詞活用表

　主要な動詞の活用を挙げています。現在では 3 人称単数現在形を、過去単数では 3 人称単数過去形を、過去複数では 3 人称複数過去形を載せています。

弱変化動詞

① AR グループ

動詞	現在	過去単数	過去複数	完了分詞	意味
kalla	kallar	kallaði	kölluðu	kallað	呼ぶ
tala	talar	talaði	töluðu	talað	話す
ætla	ætlar	ætlaði	ætluðu	ætlað	するつもりである

② IR グループ・UR グループ（一部それ以外のものも含む）

a. 語幹が母音あるいは［母音 + f/g(g)/r］で終わる動詞（過去形で語幹に -ð-）

flýja	flýr	flúði	flúðu	flúið	逃げる
gera	gerir	gerði	gerðu	gert	する
knýja	knýr	knúði	knúðu	knúið	強いる・動かす
leggja	leggur	lagði	lögðu	lagt	（横にして）置く
spyrja	spyr	spurði	spurðu	spurt	尋ねる

b. 語幹が［母音 + l/m(m)/n/ð］、-ngja で終わる動詞（過去形で語幹に -d-・ただし -ðdi > -ddi）

greiða	greiðir	greiddi	greiddu	greitt	支払う・櫛でとかす
hringja	hringir	hringdi	hringdu	hringt	電話する、鳴らす
styðja	styður	studdi	studdu	stutt	支える
sýna	sýnir	sýndi	sýndu	sýnt	見せる・示す
telja	telur	taldi	töldu	talið	数える
vekja	vekur	vakti	vöktu	vakið	起こす
velja	velur	valdi	völdu	valið	選ぶ

c. 語幹が［母音 + k(k)/p(p)/s(s)/t(t)］で終わる動詞（過去形で語幹に -t-）

flytja	flytur	flutti	fluttu	flutt	動かす
læsa	læsir	læsti	læstu	læst	鍵をかける
setja	setur	setti	settu	sett	置く

d. 語幹が［子音 + d/ð/t］で終わる動詞（過去形で子音の後に -t）

synda	syndir	synti	syntu	synt	泳ぐ
virða	virðir	virti	virtu	virt	尊敬する

e. その他（特殊な母音変化をするものも含む）

hafa	hefur	hafði	höfðu	haft	持っている
kaupa	kaupir	keypti	keyptu	keypt	買う

ná	nær	náði	náðu	náð	届く
slökkva	slekkur	slökkti	slökktu	slökkt	消す
snerta	snertir	snerti/snart	snertu/snurtu	snert/snortið	触れる
spenna	spennir	spennti	spenntu	spennt	張る・緊張させる
sækja	sækir	sótti	sóttu	sótt	取ってくる
valda	veldur	olli	ollu	valdið	原因になる
yrkja	yrkir	yrkti/orti	yrktu/ortu	yrkt/ort	詩をよむ
þiggja	þiggur	þáði	þáðu	þegið	受け取る
þvo	þvær	þvoði	þvoðu	þvegið	洗う

その他の特殊な動詞

a. 語末に -ri つけて過去形を作る動詞

gróa	grær	greri/gréri	greru/gréru	gróið	育つ
núa	nýr	neri/néri	neru/néru	núið	こする
róa	rær	reri/réri	reru/réru	róið	（オールで）漕ぐ
snúa	snýr	sneri/snéri	sneru/snéru	snúið	回す

b. 過去・現在動詞

eiga	á	átti	áttu	átt	持っている
kunna	kann	kunni	kunnu	kunnað	仕方を知っている
mega	má	mátti	máttu	mátt	してもよい
muna	man	mundi	mundu	munað	覚えている
munu	mun	−	−	−	するだろう
skulu	skal	−	−	−	することになっている
vita	veit	vissi	vissu	vitað	知っている
vilja	vill	vildi	vildu	viljað	したい
þurfa	þarf	þurfti	þurftu	þurft	する必要がある

強変化動詞

a. グループ 1 （í - ei - i - i）

bíða	bíður	beið	biðu	beðið	待つ
bíta	bítur	beit	bitu	bitið	かむ
grípa	grípur	greip	gripu	gripið	つかむ
hrína	hrín	hrein	hrinu	hrinið	（大声で）泣く
kvíða	kvíðir	kveið	kviðu	kviðið	心配する
líða	líður	leið	liðu	liðið	（時間が）過ぎる
líta	lítur	leit	litu	litið	目をやる、見る
ríða	ríður	reið	riðu	riðið	乗る
rífa	rífur	reif	rifu	rifið	破る，引き裂く

síga	sígur	seig	sigu	sigið	沈む
skína	skín	skein	skinu	skinið	輝く
skríða	skríður	skreið	skriðu	skriðið	這う
slíta	slítur	sleit	slitu	slitið	引きちぎる
stíga	stígur	steig/sté	stigu	stigið	登る
svíða	svíður	sveið	sviðu	sviðið	焦がす
svíkja	svíkur	sveik	sviku	svikið	裏切る
þrífa	þrífur	þreif	þrifu	þrifið	片付ける

b. グループ 2（jó/jú/ú - au - u - o）

bjóða	býður	bauð	buðu	boðið	提供する
brjóta	brýtur	braut	brutu	brotið	壊す
fjúka	fýkur	fauk	fuku	fokið	吹き飛ぶ，吹き荒れる
fljúga	flýgur	flaug	flugu	flogið	飛ぶ
frjósa	frýs	fraus	frusu	frosið	凍る
gjósa	gýs	gaus	gusu	gosið	噴火する
hljóta	hlýtur	hlaut	hlutu	hlotið	受け取る
kjósa	kýs	kaus	kusu	kosið	選ぶ
ljúga	lýgur	laug	lugu	logið	嘘をつく
ljúka	lýkur	lauk	luku	lokið	終える
lúta	lýtur	laut	lutu	lotið	屈める
njóta	nýtur	naut	nutu	notið	楽しむ
sjóða	sýður	sauð	suðu	soðið	煮る
sjúga	sýgur	saug	sugu	sogið	吸う
skjóta	skýtur	skaut	skutu	skotið	撃つ
smjúga	smýgur	smaug	smugu	smogið	（何とか）通り抜ける
strjúka	strýkur	strauk	struku	strokið	なでる，拭く
súpa	sýpur	saup	supu	sopið	（ちびちび）飲む

c. グループ 3（e/i/ja/ö/y - a/ö - u - o/u）

binda	bindur	batt	bundu	bundið	縛る・結ぶ
bregða	bregður	brá	brugðu	brugðið	（素早く）動かす
brenna	brennur	brann	brunnu	brunnið	燃える
bresta	brestur	brast	brustu	brostið	割れる
detta	dettur	datt	duttu	dottið	転ぶ，落ちる
drekka	drekkur	drakk	drukku	drukkið	飲む
finna	finnur	fann	fundu	fundið	見つける
gjalda	geldur	galt	guldu	goldið	支払う
hrökkva	hrekkur	hrökk	hrukku	hrokkið	割れる

hverfa	hverfur	hvarf	hurfu	horfið	消える
renna	rennur	rann	runnu	runnið	流れる
skella	skellur	skall	skullu	skollið	バタンとぶつかる
skjálfa	skelfur	skalf	skulfu	skolfið	震える
skreppa	skreppur	skrapp	skruppu	skroppið	（ちょっと）行く
sleppa	sleppur	slapp	sluppu	sloppið	逃れる
spinna	spinnur	spann	spunnu	spunnið	紡ぐ
springa	springur	sprakk	sprungu	sprungið	破裂する
spretta	sprettur	spratt	spruttu	sprottið	育つ
stinga	stingur	stakk	stungu	stungið	刺す
stökkva	stekkur	stökk	stukku	stokkið	跳ぶ
svelta	sveltur	svalt	sultu	soltið	飢える
syngja	syngur	söng	sungu	sungið	歌う
sökkva	sekkur	sökk	sukku	sokkið	沈む
velta	veltur	valt	ultu	oltið	転がる
verða	verður	varð	urðu	orðið	になる
vinna	vinnur	vann	unnu	unnið	働く

d. グループ 4（e/o - a/o - á/o - o/u）

bera	ber	bar	báru	borið	運ぶ
koma	kemur	kom	komu	komið	来る
nema	nemur	nam	námu	numið	学ぶ，取り去る
skera	sker	skar	skáru	skorið	切る
sofa	sefur	svaf	sváfu	sofið	眠っている
stela	stelur	stal	stálu	stolið	盗む

e. グループ 5（e/i/é - a/á - á/o - e/é）

ákveða	ákveður	ákvað	ákváðu	ákveðið	決定する
biðja	biður	bað	báðu	beðið	頼む
drepa	drepur	drap	drápu	drepið	殺す
éta	étur	át	átu	étið	（がつがつ）食べる
gefa	gefur	gaf	gáfu	gefið	与える
geta	getur	gat	gátu	getað / getið	できる / 推測する・言及する
kveða	kveður	kvað	kváðu	kveðið	詩を詠む，言う
leka	lekur	lak	láku	lekið	漏れる
lesa	les	las	lásu	lesið	読む
liggja	liggur	lá	lágu	legið	横になっている
meta	metur	mat	mátu	metið	評価する
reka	rekur	rak	ráku	rekið	追い立てる

sitja	situr	sat	sátu	setið	座っている
sjá	sér	sá	sáu	séð	見る
vera	er	var	voru	verið	である

f. グループ 6 （a/e/á/o/ey/æ - ó - ó - a/e）

aka	ekur	ók	óku	ekið	運転する
ala	elur	ól	ólu	alið	生む・育てる
deyja	deyr	dó	dóu	dáið	死ぬ
draga	dregur	dró	drógu	dregið	引く
fara	fer	fór	fóru	farið	行く
fela	felur	fól	fólu	falið	隠す
grafa	grefur	gróf	grófu	grafið	掘る・埋める
hefja	hefur	hóf	hófu	hafið	始める
hlaða	hleður	hlóð	hlóðu	hlaðið	積む
hlæja	hlær	hló	hlógu	hlegið	笑う
slá	slær	sló	slógu	slegið	打つ・殴る
standa	stendur	stóð	stóðu	staðið	立っている
sverja	sver	sór	sóru	svarið	誓う
taka	tekur	tók	tóku	tekið	取る
vaxa	vex	óx	uxu	vaxið	育つ

g. グループ 7 （指定なし - é/jó - é/u - 不定詞と同じ）

auka	eykur	jók	juku	aukið	増やす
blása	blæs	blés	blésu	blásið	吹く
búa	býr	bjó	bjuggu	búið	住む
falla	fellur	féll	féllu	fallið	落ちる
fá	fær	fékk	fengu	fengið	手に入る，もらう
ganga	gengur	gekk	gengu	gengið	歩いていく
gráta	grætur	grét	grétu	grátið	泣く
halda	heldur	hélt	héldu	haldið	持つ，つかむ，思う
hanga	hangir	hékk	héngu	hangið	掛かっている
heita	heitir	hét	hétu	heitað heitið	名前である 約束する
hlaupa	hleypur	hljóp	hlupu	hlaupið	走る
höggva	heggur	hjó	hjuggu	höggvið	たたき切る
láta	lætur	lét	létu	látið	させる
leika	leikur	lék	léku	leikið	遊ぶ
ráða	ræður	réð/réði	réðu	ráðið	決定する・助言する

229

C. 文法用語リスト

アイスランド語初級学習者が出会う可能性の高い文法用語を挙げています．多くは現代アイスランド語語形変化リスト（*Beygingarlýsing íslensks nútímamáls*），現代アイスランド語辞書（*Íslensk nútímamálsorðabók*）からとっています．

1. persóna (1. pers.)：1 人称

2. persóna (2. pers.)：2 人称

3. persóna (3. pers.)：3 人称

afturbeygt fornafn：再帰代名詞

andlag：目的語

athugið：注意しなさい

atviksorð (ao.)：副詞

aukafall：斜格（主格以外の格，対格・与格・属格の総称）

ábendingarfornafn：指示代名詞

Áttir þú við...：（検索の文脈で）もしかして...

beyging：語形変化・屈折；

    sterk/veik beyging：強・弱変化

beygingarmynd：語の変化形，屈折形

boðháttur：命令法

dæmi：例

efsta stig：最上級

eignarfall (ef.)：属格

eignarfornafn：所有代名詞

einnig ritað...：さらに...の表記もありうる

eintala (et.)：単数

fall：格

fallstjórn：格支配

fleirtala (ft.)：複数

formlegt：フォーマルな・形式ばった

fornafn：代名詞

forsetning：前置詞

framburður：発音

framsöguháttur：直説法

frumlag：主語

frumstig：原級

gamaldags：古風な（表現）

germynd：能動態

gervifrumlag：形式主語，ダミー主語

greinir：冠詞（既知形語尾）；

    með greini：既知形；**án greinis**：未知形

háttarsögn：法動詞，法助動詞（ある事態について話し手がどの程度確信を持っているのか明示する，あるいは主語の能力や意志，義務，願望について述べるときに用いる動詞）

hjálparsögn：助動詞（他の動詞と結びついて様々な文法的機能を表す動詞のこと．受動態や完了で用いる vera や hafa も助動詞です）

hliðstætt：限定用法の

hvorugkyn (hk.)：中性

hvorugkynsnafnorð (hk.)：中性名詞

karlkyn (kk.)：男性

karlkynsnafnorð (kk.)：男性名詞

karlmannsnafn：男性名

kvenkyn (kvk.)：女性

kvenkynsnafnorð (kvk.)：女性名詞

kvennafn：女性名

leita：検索する

    Leita að beygingarmynd：活用形・屈折形を検索する（BÍN で語の見出し語

形が分からない場合にチェックをつけ
ると良いでしょう.）

lýsingarháttur nútíðar：現在分詞

lýsingarháttur þátíðar：過去分詞

lýsingarorð (lo.)：形容詞

miðmynd：中動態

miðstig：比較級

nafnháttarmerki：不定詞マーカー

nafnháttur：不定詞

nafnliður：名詞句

nafnorð (no.)：名詞

nefnifall (nf.)：主格

nútíð：現在（時制）

orðaröð：語順

orðasambönd：句（orðasambandの複数形）

orðhlutar：形態素（語の構成要素）

orðmynd：語形

Orð vikunnar：今週の一語

óákveðið ábendingarfornafn：
不定指示代名詞

óákveðið fornafn：不定代名詞

óformlegt：くだけた・会話体の

ópersónulegt：非人称

ópersónuleg notkun：非人称用法

persónufornafn：人称代名詞

persónuleg notkun：人称用法

raðtala：序数

sagnbót：完了分詞（過去分詞中性単数
対格形を指します. 現在完了や過去完
了で用いる助動詞 hafa, および可能を

表す助動詞 geta などの後に置かれる
動詞がこの形をとります. 文法書に
よっては，過去分詞と完了分詞を区別
せず一貫して過去分詞（lýsingarháttur
þátíðar）としているものもあります.）

sagnorð (so.)：動詞

samheiti：同義語

samtenging (st.)：接続詞

setning：文；**aðalsetning**：主文・主節；
aukasetning：従属文・従属節

sérnafn：固有名詞

sérstætt：独立して用いられる・叙述用
法の

sjaldgæft：まれな

skammstöfun (skst.)：略語・省略形

skyldar færslur：関係のある見出し語

spurnarfornafn：疑問代名詞

spurnarmyndir：疑問形（疑問文で用い
られる動詞の形）

stofn：語幹（語の変化語尾を除いた部分）

stýfður (boðháttur)：短縮（命令）形（2
人称代名詞が後ろにつかない命令形）

töluorð：数詞

upphrópun：間投詞

viðtengingarháttur：接続法

þágufall (þgf.)：与格

þátíð：過去（時制）

þolfall (þf.)：対格

örnefni：地名

231

D. 略語リスト

学習者にとって有用と思われる主要な略語を挙げています（文法用語の略語は前ページの学習者向け文法用語リストをご参照ください）.

a.m.k. / að minnsta kosti：少なくとも

ath. / athugaðu, athugið：注意しなさい

BÍN / Beygingarlýsing íslensks nútímamáls：現代アイスランド語語形変化リスト

bls. / blaðsíða：ページ

eiginl. / eiginlega：実際は・実のところ

e.Kr. / eftir Krist：紀元（後）

ennfr. / ennfremur：さらに

e.t.v. / ef til vill：ひょっとすると・多分

e.þ.h. / eða þess háttar：... など（そんな感じ）

e.þ.u.l. / eða því um líkt：... などなど

f.Kr. / fyrir Krist：紀元前

HÍ / Háskóli Íslands：アイスランド大学

ISK / íslensk króna：アイスランド・クローナ

ísl. / íslenska, íslenskur：アイスランド（語）の

kap. / kapítuli：章

kl. / klukkan：（時計について）... 時

klst. / klukkustund(ir)：（時間について）... 時間

kr. / króna：（アイスランド）クローナ

líkl. / líklega：おそらく

m.a. / meðal annars：とりわけ

m.a.s. / meira að segja：もっと言うと・さらに

Mbl. / Morgunblaðið：モルグン・ブラーズ（アイスランドの新聞）

mín. / mínúta：（時間について）... 分

msk. / matskeið(ar)：テーブルスプーン（大さじ）

m.ö.o. / með öðrum orðum：言い換えると

nr. / númer：... 番

o.áfr. / og áfram：... 以降

o.fl. / og fleira：... など

o.m.fl. / og margt fleira：... など多数

o.s.frv. / og svo framvegis：... など

o.þ.h. / og þess háttar：... など（そんな感じ）

próf. / prófessor：教授

prós. / prósent：パーセント

RÚV / Ríkisútvarpið：アイスランド国営放送

sbr. / samanber：比較せよ

sek. / sekúnda：（時間について）... 秒

s.k. / svo kallaður：いわゆる

skv. / samkvæmt：... によれば・... にしたがえば

stk. / stykki：... 個

t.a.m. / til að mynda：例えば

t.d. / til dæmis：例えば

t.h. / til hægri：右側（の）

tsk. / teskeið(ar)：ティースプーン（小さじ）

t.v. / til vinstri：左側（の）

u.þ.b. / um það bil：約，およそ

útg. / útgáfa：第...版（útgefandi：編集者）

þ.e. / það er：つまり

þ.e.a.s. / það er að segja：つまり

E. 単語リスト （約 2300 語）

見出し語には，（男性）主格形を，動詞は不定詞のみを挙げています。個々の名詞は性と単数属格，複数主格形を，動詞には目的語の格を載せ，（AR 動詞以外の）弱変化動詞は現在 3 人称単数，過去 3 人称単数，完了分詞を，強変化動詞には加えて過去 3 人称複数を載せています。また，（主に機能語のみですが）簡易的な索引としても使えます。（【 】内の数字は章番号。P はプラスワン。）

A

að ［接］…ということ【6.3, 10.3, 16.2, 17.3】

að ［前：与］（点）に向かって，（性質・測量・時間について）…に，おかしくて【12.1, 12.3】

að（不定詞の前において）…すること【7.4, 7.5】

aðallega ［副］主として

aðeins ［副］単に【26.1】

aðferð ［女］(-ar, -ir) 方法

aðgerð ［女］(-ar, -ir) 手術，措置，処置

aðstoða ［動：対］援助する

aðstæður ［女複］状況

af ［前：与］…から（離れて），…の，…によって【12.1, 12.3】；af hverju なぜ【12.3, 17.2】；af því (að) …なので【12.3, 16.2, 17.2】

afar ［副］かなり【5.3】

afhen/da ［動：対］渡す

af/i ［男］(-a, -ar) 祖父

afla ［動］（しばしば ［afla sér ＋属］で）手にいれる

afleiðing ［女］(-ar, -ar) 結果，結末

aflýs/a ［動：与］(-ir, -ti, -t) 中止する

afmæli ［中］(-s, -) 誕生日（= afmælisdagur）

Afríka ［女］(-u) アフリカ

Afríku/maður ［男］(-manns, -menn) アフリカ人

afrískur ［形］アフリカの

afsaka ［動：対］謝罪する；afsakið すみません

afskaplega ［副］とても，かなり

afskrá ［動］(-ir, -ði, -ð) afskrá sig 登録解除する

af/sökun ［女］(-sökunar, -sakanir) 謝罪

aftan ［副］að aftan 後ろから，後ろに【15.1】；aftan við ＋ 対・fyrir aftan ＋ 対 …の後ろで，に【14.1, 15.1】

aftari ［形］（比較級）後ろの

aftastur ［形］（最上級）一番後ろの

aftur ［副］再び；aftur fyrir ＋ 対 …の後ろへ【14.1】；（しばしば aftur á bak で）後ろへ【15.1, 15.6】

agúrk/a ［女］(-u, -ur) キュウリ（= gúrka）

aka ［動：与］(ekur, ók, óku, ekið) 運転する

akstur ［男］(-s) 運転

Akureyr/i ［女］(-ar) アークレイリ

ala ［動：対］(elur, ól, ólu, alið) 生む，育てる；alast upp 育つ

aldrei ［副］一度も…ない【1.4, 9.3】

aldur ［男］(-s) 年齢

aleinn ［形］一人ぼっちの

algengur ［形］一般的な，普通の

algjörlega ［副］完全に，全く，全くもって

alltaf ［副］常に，いつも【1.4, 3.5, 7.5】

233

allur [代] 全ての，全部の【6.4】

almenning/ur [男]（-s）大衆

almennt [副] 一般的に，ふつう

alvarlegur [形] 深刻な

alveg [副] 完全に【5.3, 7.5】

alþjóðlegur [形] 国際的な

Ameríka [女]（-u）アメリカ

Ameríku/maður [男]（-manns, -menn）
（南北）アメリカ大陸の人

amerískur [形] アメリカの

amma [女]（ömmu, ömmur）祖母

Amsterdam [女]（-）アムステルダム

and- [接] 反...【5.P】

anda [動] 呼吸する；anda að sér 息を吸う；
anda frá sér 息を吐く；andast 死ぬ

andar/tak [中]（-taks, -tök）一瞬，瞬間

andheiti [中]（-s, -）反意語

andlegur [形] 精神的な

andlit [中]（-s, -）顔

andrúmsloft [中]（-s）雰囲気

andskot/i [男]（-a, -ar）悪魔（≒ djöfull）；
（andskotans で）くそっ（≒ djöfulsins）

andspænis [前：与] ...に向かい合って，
...に相対して，...に直面して【12.1, 12.3】

andstæður [形] 反対の

andvaka [形]（不変化）眠れずに，起き
ている

and/varp [中]（-varps, -vörp）ため息

andvarpa [動] ため息をつく

annaðhvort → eða

annar [代]（2つのもののうちの）一方の
【6.4, 23.1】

annar [数] 2番目の【18.3】

annars [副] さもないと，それ以外は

apótek [中]（-s, -）薬局

app [中]（-s, öpp）アプリ（= forrit）

appelsín/a [女]（-u, -ur）オレンジ

appelsínugulur [形] オレンジ色の

apríl [男]（-）4月

armbandsúr [中]（-s, -）腕時計

Así/a [女]（-u）アジア

asískur [形] アジアの

Asíubú/i [男]（-a, -ar）アジア人

aska [女]（ösku）灰

asn/i [男]（-a, -ar）ロバ，バカ

atburð/ur [男]（-ar, -ir）出来事

athuga [動：対] 調べる，注意して見る

athugasemd [女]（-ar, -ir）コメント，意見

athygli [女]（-）注意

Atlantshaf [中]（-s）大西洋

atriði [中]（-s, -）一項目，（劇などの）
場面

atvinnulaus [形] 無職の

auðugur [形] 豊かな

auðveldur [形] 簡単な

auðvitað [副] 当然，もちろん

aug/a [中]（-a, -u）目

augljós [形] 明白な

auglýsing [女]（-ar, -ar）広告

augnablik [中]（-s, -）一瞬，瞬間

auk [前：属] ...に加えて；auk þess それ
に加え【12.4】

auka [動：対]（eykur, jók, juku, aukið）増
やす

austari/eystri [形]（比較級）東の

austan [副] 東から；að austan 東から，東
側の【15.1】[前：属] ...の東の；austan
við + 対・fyrir austan + 対 ...の東に

【14.1, 15.1】

austur ［副］東へ【15.1】；austur fyrir ＋
対 ...の東へ【14.1】；［中］(-s) 東

Austurríki ［中］(-s) オーストリア

Austurríkis/maður ［男］(-manns, -menn)
オーストリア人

austurrískur ［形］オーストリアの

Á

á ［前：対・与］...の上へ，...の上で，...
に負担などを与えて，...に基づいて
【12.1, 13.1, 13.2, 13.3】

á ［女］(-r, -r) 川

áberandi ［形］(不変化) 傑出した，目立つ

ábyrgð ［女］(-ar) 責任

áðan ［副］少し前に，今さっき

áður ［副］以前

áður en ［接］...する前に【16.2】

áfengi ［中］(-s) アルコール

áfram ［副］前へ【15.6】

ágúst ［男］(-) 8 月

ágætur ［形］まずまず良い

áhersl/a ［女］(-u, -ur) 強調

áhorf/andi ［男］(-anda, -endur) 視聴者

áhrif ［中複］影響

áhug/i ［男］(-a) 興味

áhugamál ［中］(-s, -) 関心事，興味，趣味

áhugaverður ［形］興味深い

áhyggj/a ［女］(-u, -ur) 不安

ákveð/a ［動：対］(-ur, ákvað, ákváðu, ákveðið)
決定する

ákvörðun ［女］(ákvörðunar, ákvarðanir) 決
定

álag ［中］(-s, álög) 負担

álög ［中複］魔法

án ［前：属］（しばしば án þess að で）
...なしで，...せずに【12.4, 23.2】

ánægður ［形］満足した（↔ óánægður）

ár ［中］(-s, -) 年【19.2】

árangur ［男］(-s) 成功

áratug/ur ［男］(-ar/-s, -ir) 10 年

árdegis ［副］午前に

árhundrað ［中］(-s, -hundruð) 100 年

ársfjórðung/ur ［男］(-s, -ar) 四半期

árstíð ［女］(-ar, -ir) 季節

árþúsund ［中］(-s, -) 1000 年

ásamt ［前：与］...と一緒に【12.1, 12.3】

áskrif/andi ［男］(-anda, -endur) サブスク
リプション契約者

áskrift ［女］(-ar, -ir) サブスクリプション

ást ［女］(-ar, -ir) 愛

ástand ［中］(-s) 状況

Ástral/i ［男］(-a, -ir/-ar) オーストラリア人

Ástralí/a ［女］(-u) オーストラリア

ástralskur ［形］オーストラリアの

ástæð/a ［女］(-u, -ur) 理由

átján ［数］18

átjándi ［数］18 番目の

átt ［女］(-ar, -ir) 方向

átta ［数］8

átta ［動］átta sig á ＋与 ...を理解する

áttatíu ［数］80

áttræðisald/ur ［男］(-urs, -rar) 70 代

áttræður ［形］80 歳の

áttugasti ［数］80 番目の

áttundi ［数］8 番目の

áttung/ur ［男］(-s, -ar) 8 分の 1【18.5】

á/vöxtur ［男］(-vaxtar, -vextir) 果物

235

áætlun［女］（áætlunar, áætlanir）計画

B

baða［動］入浴させる；baða sig 入浴する

bak［中］（-s, bök）背中【14.1】；á bak við ＋対 ...の後ろに，で【14.1】

bak/a［動：対］（パンなど）を焼く

bakar/i［男］（-a, -ar）パン屋さん

bakarí［中］（-s, -）パン屋（店）

bakverk/ur［男］(-jar, -ir)背中の痛み，腰痛

Balkanskag/i［男］（-a）バルカン半島

banan/i［男］（-a, -ar）バナナ

Bandaríkin［中複］アメリカ合衆国

Bandaríkja/maður［男］(-manns, -menn) 米国人，アメリカ人

bandarískur［形］アメリカの

banka［動］（ドアなどを）ノックする

bankakort［中］（-s, -）銀行キャッシュ カード

bank/i［男］（-a, -ar）銀行

banna［動：（与）対］禁じる

bar［男］（-s, -ir）バー

bara［副］...だけ【26.1】

barátta［女］（-u）争い，戦い

barn［中］（-s, börn）子供

barna/barn［中］(-barns, -börn)孫

batna［動］（主語に与）良くなる，回復 する【21.2】

baun［女］（-ar, -ir）豆

báðir［代］両方の【16.1, 23.1】

bát/ur［男］（-s, -ar）ボート

bein［中］（-s, -）骨

bein/a［動：与］（-ir, -di, -t）...に向ける

beinlínis［副］率直に，直ちに，明らかに

beinn［形］まっすぐな

beint［副］真っ直ぐ，直接

beittur［形］鋭い

bekk/ur［男］（-jar/-s, -ir）ベンチ，学校 のクラス

belti［中］（-s, -）ベルト

bend/a［動：与］（-ir, -ti, -t）指す，指し示す

ber［中］（-s, -）ベリー

bera［動：対］（ber, bar, báru, borið）運ぶ；bera fram ＋対 ...を発音する；bera saman ＋対 ...を比較する

berja［動：対］（ber, barði, barið）殴る，打つ；berjast 戦う

Berlín［女］（-ar）ベルリン

betur［副］（比較級）より良く；sem betur fer 幸運にも

beygingarmynd［女］（-ar, -ir）語の変化 形，屈折形

beyg/ja［動：対］（-ir, -ði, -t）曲げる；beygja sig かがむ

bið/ja［動：対］（-ur, bað, báðu, beðið）頼む；biðjast afsökunar 謝罪する【7.3】

bið/röð［女］(-raðar, -raðir)順番待ちの列

bila［動］故障する

bilaður［形］故障した

billjón［数］・［女］（-ar, -ir）1 兆【18.1】

billjónasti［数］1 兆番目の

bind/a［動：対］（-ur, batt, bundu, bundið）縛る，結ぶ

birt/a［動：対］（-ir, -i, -）公表する，明るくなる；birtast 明らかになる，現れる

bíð/a［動：属］（-ur, beið, biðu, beðið）待つ【7.3】

bíl/l［男］（-s, -ar）車

bílskúr［男］（-s, -ar）ガレージ

bílstjór/i［男］（-a, -ar）ドライバー, 運転手

bíó［中］（-s, -）映画

bít/a［動：対］（-ur, beit, bitu, bitið）かむ

bjarga［動：与］救助する, 救う；bjarga sér（困難な状況などを）切り抜ける；bjargast 何とかなる,（危機などから）逃れる

bjartsýnn［形］楽観的な（↔ svartsýnn）

bjartur［形］明るい

bjóða［動：与・対］（býður, bauð, buðu, boðið）提供する

björgun［女］（björgunar, bjarganir）救助

björgunarsveit［女］(-ar, -ir) レスキュー隊

björn［男］（bjarnar, birnir）熊

blað［中］（-s, blöð）葉, 新聞

blaða/maður［男］(-manns, -menn) ジャーナリスト

blanda［動：与］混ぜる；blanda saman 混ぜ合わせる

blautur［形］濡れた

blána［動］青くなる, 青ざめる

blár［形］青い

blása［動：与］（blæs, blés, blésu, blásið）吹く

bleikur［形］ピンク色の

bless［間］バイバイ, さようなら

blessaður［形］（sæll og blessaður などで）こんにちは, やあ【1.P】

blindur［形］盲目の, 目の見えない

blogga［動］ブログを書く

blotna［動］濡れる

blóð［中］（-s）血

blóm［中］（-s, -）花

blýant/ur［男］（-s, -ar）鉛筆

boð［中］（-s, -）提供, 申し出, 指示

bogna［動］曲がる, たわむ

boll/a［女］（-u, -ur）（菓子）パン

boll/i［男］（-a, -ar）カップ

bolludag/ur［男］（-s, -ar）クリームパンの日【19.2 ③】

bolt/i［男］（-a, -ar）ボール；ボルト

borð［中］（-s, -）テーブル

borð/a［動：対］食べる

borg［女］（-ar, -ir）（大きな）街・都市

borg/a［動：対］払う

borgarstjór/i［男］（-a, -ar）市長

botn［男］（-s, -ar）底

bók［女］（-ar, bækur）本

bókasafn［中］（-s, bókasöfn）図書館

bókmenntir［女複］文学

bóluefni［中］（-s, -）ワクチン

bóndi［男］（bónda, bændur）農民

bót［女］（-ar, bætur）治療

bragð［中］（bragðs, brögð）味覚；秘訣

brattur［形］急な, 険しい

brauð［中］（s, -）パン

braut［女］（-ar, -ir）コース, 道路

bráðna［動］（氷などが）解ける

bráðum［副］もうすぐ【7.5】

bregð/a［動：与］（-ur, brá, brugðu, brugðið）（素早く）動かす；bregðast við + 与 ... に対応する

brei/ða［動：対］（-ðir, -ddi, -tt）広げる；breiða út + 対 ... を広げる, ... を広める

brenn/a［動］（-ur, brann, brunnu, brunnið）燃える【11.P】；brenna út 燃え尽きる

brenn/a［動：対・与］（-ir, -di, -du, -t）燃やす【11.P】

237

brennandi［形］［副］（熱さを強調して）焼けるような，焼けるほどに【7.6】

breskur［形］イギリスの，英国の

brest/a［動：与］(-ur, brast, brustu, brostið) 割れる

Bret/i［男］(-a, -ar) イギリス人

Bretland［中］(-s) イギリス，英国

breyt/a［動：与］(-ir, -ti, -tu, -t) 変える；breytast 変わる

breytilegur［形］不定の，変動する

breyting［女］(-ar, -ar) 変化

bréf［中］(-s, -) 手紙

brjálaður［形］狂った，怒り狂った；（天気が）ひどい

brjálast［動］（怒り）狂う

brjóst［中］(-s, -) 胸

brjóta［動：対］(brýtur, braut, brutu, brotið) 壊す；brjótast fram 顔を出す

bros［中］(-s, -) 微笑み

bros/a［動］(-ir, -ti, -tu, -að) 微笑む

brotna［動］割れる，折れる，壊れる

brott/för［女］(-farar, -farir) 出発

bróðir［男］(bróður, bræður) 兄，弟

brú［女］(-ar, brýr) 橋

brúnn［形］茶色の

bræ/ða［動：対］(-ðir, -ddi, -tt) 溶かす

bursta［動］磨く

burst/i［男］(-a, -ar) ブラシ

burt［副］向こうへ【15.1】

burtu［副］(í burtu で) 向こうに【15.1】

buxur［女複］ズボン

bú/a［動：対］(býr, bjó, bjuggu, búið) 住んでいる；búa til ＋対 ... を作る【15.5】；búast við ＋与 ... を期待する；vera búinn

að ＋不定詞（もう）... してしまった【9.4, 22.3】

búð［女］(-ar, -ir) 店

búning/ur［男］(-s, -ar) 礼服，制服，ユニフォーム，民族衣装

búr［中］(-s, -) ケージ，籠

bygging［女］(-ar, -ar) 建物

bygg/ja［動：対］(-ir, -ði, -t) 建てる；byggjast á ＋与 ... に基づく

byrja［動］始める

byrj/andi［男］(-anda, -endur) 初級者

byrj/un［女］(-unar, -anir) 初め【19.2】

byss/a［女］(-u, -ur) 拳銃

bæ/r［男］(-jar, -ir) 町，農場

bæði→ báðir

bæt/a［動：対・与］(-ir, -ti, -t)（対）良くする；（与）加える；bæta ＋与 ＋ við ... を追加する【15.5】

D

dag/blað［中］(-blaðs, -blöð) 新聞，日刊紙

daglega［副］毎日，日々

dagskrá［女］(-r, -r) プログラム

dag/ur［男］(-s, -ar; 単与 degi) 日・昼；í dag 今日；um daginn 先日；allan daginn 一日中；á hverjum degi 毎日；á daginn 昼間に，日中；að degi (til) 昼の，に；virka daga 平日に【19.2】

dal/ur［男］(-s, -ir) 谷

Dan/i［男］(-a, -ir) デンマーク人

Dan/mörk［女］(-merkur) デンマーク

dansa［動：対］踊る

danska［女］(dönsku) デンマーク語

danskur ［形］デンマークの

dapur ［形］（女単主 döpur）悲しい

dauð/i ［男］（-a）死

dauður ［形］死んでいる

dauðþreyttur ［形］死ぬほど疲れた【5.3】

dá ［動：対］（-ir, -ði, -ð）称賛する；dást að ＋与 ...を称賛する，素晴らしいと思う

dálítið ［副］少し，ちょっと【5.3】

debetkort ［中］（-s, -）デビットカード

deila ［動：与］分ける；deila A með B/B í A A を B で割る；（自動詞で）口論する

deild ［女］（-ar, -ir）部局，学科

deiling ［女］（-ar, -ar）割り算

dekk ［中］（-s, -）タイヤ

desember ［男］（-）12 月

dett/a ［動］（-ur, datt, duttu, dottið）転ぶ，（重心を失って）落ちる

dey/ja ［動］（-r, dó, dóu, dáið）死ぬ；deyja út 絶滅する

dimmur ［形］暗い

disk/ur ［男］（-s, -ar）皿

djúpur ［形］深い

djöf/ull ［男］（-uls, -lar）悪魔：（djöfullinn! で）くそっ！

dofna ［動］弱まる，麻痺する

doktorsnám ［中］（-s）博士課程

dollari ［男］（-a, -ar）ドル

dós ［女］（-ar, -ir）缶

dót ［中］（-s）もの；おもちゃ；荷物

dóttir ［女］（dóttur, dætur）娘

draga ［動：対］（dregur, dró, drógu, dregið）引く；draga upp ...を取り出す；draga fram ...を取り出す；draga A frá B B から A を引く；dragast áfram（頑張って）進む

drasl ［中］（-s）くず

draumur ［男］（-s, -ar）夢

dreif/a ［動：与］（-ir, -ði, -t）ばらまく，配送する，散らす

drek/i ［男］（-a, -ar）ドラゴン

drekk/a ［動：対］（-ur, drakk, drukku, drukkið）飲む

drep/a ［動：対］（-ur, drap, drápu, drepið）殺す；drepa niður（希望など）...を失わせる

dreym/a ［動］（-ir, -di, -t）（主語に対）夢を見る；［対 dreymir um］...を夢みる【21.2】

dríf/a ［動］（-ur, dreif, drifu, drifið）drífa sig 急ぐ

drottning ［女］（-ar, -ar）王女

drukkna ［動］溺れる

drykk/ur ［男］（-jar, -ir）飲み物

duglegur ［形］有能な

dularfullur ［形］不思議な，意味深長な

dvel/ja ［動］（-ur, dvaldi, dvalið）滞在する

dvöl ［女］（dvalar, dvalir）滞在

Dyflinn/Dyflinn/i ［女］（-ar）ダブリン

dyl/ja ［動：対］（-ur, duldi, dulið）隠す

dyr ［女複］ドア

dýn/a ［女］（-u, -ur）マットレス

dýr ［形］高価な（↔ ódýr）

dýr ［中］（-s, -）動物

dæm/a ［動：対］（-ir, -di, -t）判決を下す

dæmi ［中］（-s, -）例

dökkna ［動］暗くなる

dökkur ［形］暗い

239

E

eða [接] または，あるいは；annaðhvort
A eða B A と B のどちらか【16.1, 16.2】

eðli [中]（-s）本質

eðlilegur [形] 自然の

ef [接] もし...なら【26.2】

efa [動：対] ...を疑う；efast [動] efast um
＋対 ...を疑う

eflaust [副] 疑いなく，間違いなく

efni [中]（-s, -）物質，内容

efri [形]（比較級）上の；efstur（最上級）
一番上の

eftir [前：対・与]（対）...の後で，...によっ
て，...によって書かれた；（与）...に沿っ
て，...を追って，...を望んで【12.1,
13.1, 14.1】；á eftir [前：与]（順番，時
間などについて）...の後に，で（↔ á
undan）【12.1, 12.3】；eftir að [接] ...の
後で【16.2】

eftirfarandi [形]（不変化）次の，下記の

egg [中]（-s, -）卵

eiga [動：対]（á, átti, átt）所有する，（家
族や友人が）いる【7.P, 9.2】；eiga eftir
að ＋不定詞 ...することが残っている，
まだ...をし終えていない；eiga að ＋不
定詞 ...しなければならない，した方
が良い【10.2, 25.3】

eig/andi [男]（-anda, -endur）所有者

eigin [形]（不変化，中単主・対のみ eigið）
自身の【6.1】

eiginkon/a [女]（-u, -ur, 複属 eiginkvenna）
妻

eiginlega [副] 結局

eigin/maður [男]（-manns, -menn）夫

eilítið [副] 少し，ちょっと【5.3】

eilífur [形] 永遠の；絶え間ない

einbeit/a [動]（-ir, -ti, -t）einbeita sér（að
＋与）（...に）集中する

einbýlishús [中]（-s, -）一軒家

einfaldlega [副] 単純に

einfaldur [形] 単純な，簡単な

eingöngu [副] ...だけ【26.1】

einhver [代] 誰か，何か【6.4, 23.1】

einkenni [中]（-s, -）特徴，症状

einkennilegur [形] 特徴的な，独特な

einkum [副] 特に

einkunn [女]（-ar, -ir）成績，評点

einmana [形]（不変化）一人ぼっちの

einmitt [副] ちょうど

einn [数]・[代]・[形] 1，1 つの【18.1】

einnig [副] さらに

einnota [形] 使い捨ての

eins og [接] ...のように，...と同じよう
に【26.2】

einstaka・einstöku [形]（不変化）個々の，
単独の

einstakling/ur [男]（-s, -ar）個，個人

einstakur [形] 個々の，独特な

einungis [副] ...だけ，単に

Eist/i [男]（-a, -ar）エストニア人

Eistland [中]（-s）エストニア

eistneskur [形] エストニアの

eitur [中]（-s, -）毒

ekki [副] ...でない【1.4, 3.4, 3.5, 8.3, 10.2,
16.2, 23.2】

ekta [形]（不変化）本物の，真の

elda [動：対] 料理する

240

eldhús [中]（-s, -）台所

eldspúandi [形] 炎を吐く

eld/ur [男]（-s, -ar）火，炎

ellefti [数] 11 番目の

ellefu [数] 11

elska [動：対] 愛する；elskast 愛し合う

elt/a [動：対]（-ir, -i, -）追い求める

en [接]（等位接続詞で）しかし【16.1】

en [接]（比較の文で）…よりも【24.5】

enda [接] だって，まあ【26.1】

enda [動：対] …を終える；終わる

endalaus [形] 終わることのない，無限の

endilega [副] ぜひ，もちろん

endur/taka [動：対]（-tekur, -tók, -tóku, -tekið）繰り返す，もう一度言う・行う

eng/ill [男]（-ils, -lar）天使

enginn [代] 誰も，何も…ない【23.2】

enn [副] いまだに；もう（1 つ）；（比較級の前におかれて）さらに

enni [中]（-s, -）額

ennþá [副] まだ；（比較級の前におかれて）さらに

ensk/a [女]（-u）英語

epli [中]（-s, -）リンゴ

erfiður [形] 難しい

erindi [中]（-s, -）用事，使命；（短い）講演，話

erlendis [副] 外国で

erlendur [形] 外国の

Evróp/a [女]（-u）ヨーロッパ

evrópskur [形] ヨーロッパの

Evrópubú/i [男]（-a, -ar）ヨーロッパ人

ey/ða [動：与]（-ðir, -ddi, -tt）破壊する，除く；（お金や時間を）使う；（コンピューターで）削除する

eyði/leggja [動：対]（-leggur, -lagði, -lagt）破壊する

eyj/a [女]（-u, -ur）島（= ey）

Eyjaálf/a [女]（-u）オセアニア

eyr/a [中]（-a, -u）耳

É

ég [代]（対 mig, 与 mér, 属 mín）私（は・が）【1.1, 3.1】

ét/a [動：対]（-ur, át, átu, étið）食べる

F

faðir [男]（föður, feður）父

faðma [動：対] 抱きしめる；faðmast 抱き合う

fagna [動：与] 喜ぶ，祝う

fagur [形]（女単主 fögur, 中単主 fagurt）美しい

falla [動]（fellur, féll, féllu, fallið）落ちる；falla niður 中止する；falla saman 崩れ落ちる

fallegur [形] 美しい

fangelsi [中]（-s, -）刑務所，監獄

far [中]（fars, för）（車などに）乗ること

fara [動]（fer, fór, fóru, farið）行く；fara fram 行われる；fara saman 合う；farast 死ぬ；fara að + 不定詞 …し始める，し出す【7.5, 22.3】

fastur [形] 固定した，（はまって）動かない，固定の

fatnað/ur [男]（-ar）衣服

fá [動：対]（fær, fékk, fengu, fengið）手に入る，もらう，得る；fá sér + 対 …を手に

241

入れる：（助動詞として）...させても
らう；fá + 対 + til að + 不定詞 ...に...
をしてもらう，...に...をさせる【10.5】

fálma［動］手探りする；fálma sig áfram
手探りで進む

fán/i［男］(-a, -ar) 国旗

fár［形］少ない

febrúar［男］(-) 2 月

feginn［形］心が軽くなって，うれしい

fegurð［女］(-ar) 美

feiminn［形］内気な，恥ずかしがり屋の

feitur［形］太った

fel/a［動：対］(-ur, faldi, falið) 隠す；fela sig
身を隠す

fella［動：対］落とす；fella niður ...を中止
する，（負債などを）帳消しにする

ferð［女］(-ar, -ir) 旅

ferða/lag［中］(-lags, -lög) 旅

ferða/maður［男］(-manns, -menn) 旅行者

ferðast［動］旅をする

fer/ill［男］(-ils, -lar) 経歴

ferkílómetr/i［男］(-a, -ar) 平方キロメー
トル

fern/fernir［形］（しばしば絶対複数名
詞と）4 つの【18.1】

fertugasti［形］40 番目の

fertugsald/ur［男］(-urs, -rar) 30 代

fertugur［形］40 歳の

fest/a［動：対］(-ir, -i, -) 固定する

fé［中］(fjár) 財産，羊

fé/lag［中］(-lags, -lög) 社会，協会

félag/i［男］(-a, -ar) 仲間

fiðl/a［女］(-u, -ur) バイオリン

fikra［動］(fikra sig áfram で) ゆっくり

進む

Filippseyjar［女複］フィリピン

fimm［数］5

fimmtán［数］15

fimmtándi［数］15 番目の

fimmti［数］5 番目の

fimmtíu［数］50

fimmtudag/ur［男］(-s, -ar) 木曜日

fimmtugasti［数］50 番目の

fimmtugsald/ur［男］(-urs, -rar) 40 代

fimmtugur［形］50 歳の

fimmtungur［男］(-s, -ar) 5 分の 1【18.5】

fingur［男］(-s, -) 指

finn/a［動：対］(-ur, fann, fundu, fundið)
見つける；finna upp 発明する；finnast
（主語に与）...と思う【21.2】

Finn/i［男］(-a, -ar) フィンランド人

Finnland［中］(-s) フィンランド

finnskur［形］フィンランドの

fiskimið［中複］漁場

fisk/ur［男］(-s, -ar) 魚

fitna［動］太る

fíl/l［男］(-s, -ar) 象

fínn［形］良い，精巧な，上質な

fjall［中］(fjalls, fjöll) 山

fjalla［動］fjalla um + 対 ...を扱う

fjarlægur［形］遠い

fjarri［副］・［前：与］(...の) 遠くに；fjær (比
較級) (...の) より遠くに

fjárhagslegur［形］経済的な

fjórði［数］4 番目の

fjórðungur［男］(-s, -ar) 4 分の 1【18.5】

fjórfalt［副］4 倍して

fjórir［数］4【18.1】

242

fjórmilljónasti［数］400 万番目の

fjórtán［数］14

fjórtándi［数］14 番目の

fjúka［動］（fýkur, fauk, fuku, fokið）吹き飛ぶ，吹き荒れる

fjær［副］［前：与］（...の）遠くに【14.P】

fjærstur［形］（最上級）最奥の，最果ての

fjölbreyttur［形］様々な

fjöl-［接］数が多い【5.P】

fjöld/i［男］（-a）多数

fjölga［動：与］増やす；（主語に与）増加する

fjölmargur/fjölmargir［形］多くの

fjölmennur［形］人がたくさんの

fjölskyld/a［女］（-u, -ur）家族

fjörður［男］（fjarðar, firðir）フィヨルド

fjörutíu［数］40

flaska［女］（flösku, flöskur）ビン

fleiri［形］（比較級）多くの

flens/a［女］（-u, -ur）インフルエンザ

flett/a［動：与］（-ir, -i, -）ページをめくる；fletta upp ... を辞書で引く

flíspeys/a［女］（-u, -ur）フリース

fljótlega［副］すぐに

fljótt［副］速く，素早く

fljótur［形］速い，素早い

fljúga［動］（flýgur, flaug, flugu, flogið）飛ぶ；fljúgast á 喧嘩する

flokk/ur［男］（-s, -ar）グループ，政党

flókinn［形］複雑な

flug［中］（-s, -）飛行機

flug/a［女］（-u, -ur）ハエ

flugeld/ur［男］（-s, -ar）（しばしば複で）花火

flugmið/i［男］（-a, -ar）飛行機のチケット

flug/völlur［男］（-vallar, -vellir）空港

flyt/ja［動：対］（-ur, flutti, flutt）運ぶ；flytja inn ... を輸入する；flytja út 輸出する

flýja［動］（flýr, flúði, flúið）逃げる

flýt/a［動：与］（-ir, -ti, -t）flýta sér 急ぐ

flökurt［形］（不変化）（主語に与）吐き気がする

fol/ald［中］（-alds, -öld）子馬

forða［動：与］守る，保護する；forðast 避ける

foreldrar［男複］両親

for/faðir［男］（-föður, -feður）先祖，祖先

for/lag［中］（-lags, -lög）出版社

formlegur［形］形式的な

forníslensk/a［女］（-u）古アイスランド語

forset/i［男］（-a, -ar）大統領

forstjór/i［男］（-a, -ar）社長

forsætisráðherra［男］（-, -r）首相

forviða［形］（不変化）とても驚いた

foss［男］（-, -ar）滝

fólk［中］（-s）人々

fótbolta/maður［男］（-manns, -menn）サッカー選手

fótbolt/i［男］（-a, -ar）サッカー

fótspor［中］（-s, -）足跡

fótur［男］（fótar, fætur）足

Frakk/i［男］（-a, -ar）フランス人

Frakkland［中］（-s）フランス

fram［副］前へ【15.1, 15.6】；fram hjá + 与 ... のそばを通り過ぎて【12.3】；fram undir + 対 ... にかけて【13.2】；fram fyrir + 対 ... の前へ【14.1】

243

framan ［副］að framan 前 の，前 から
【15.1】；framan við ＋ 対・fyrir framan
＋ 対 …の前で，に【14.1】

framhald ［中］（-s）継続，続行

framhaldsnám ［中］（-s）修士課程，博士
前期課程

framkvæmd ［女］（-ar, -ir）施行，実施

framlei/ða ［動：対］（-ðir, -ddi, -tt）製造
する

frammi ［副］前で，前面で【15.1】

frammi/staða ［女］（-stöðu）パフォーマ
ンス，調子，状態，仕上がり

framtíð ［女］（-ar, -ir）将来，未来

franska ［女］（frönsku）フランス語

franskur ［形］フランスの

frá ［前：与］… から【12.1, 12.3】；frá og
með ＋ 与 …から，…以降【12.3】

frábær ［形］素晴らしい

frádrátt/ur ［男］（-ar）引き算

frekar ［副］むしろ

frelsi ［中］（-s）自由

frem/ja ［ 動： 対 ］（-ur, framdi, frömdu,
framið）（犯罪などを）犯す，行う

fremri ［形］（比較級）より前の；fremstur
一番前の

fremur ［副］むしろ

fresta ［動：与］延期する

frétt ［女］（-ar, -ir）ニュース

frétt/a ［動：対］（-ir, -i, -) …の知らせを受
ける

frí ［中］（-s, -）休み，休暇

frjáls ［形］自由な

frjósa ［動］（frýs, fraus, frusu, frosið）凍る

frost ［中］（-s, -）氷点下

frostmark ［中］（-s）氷点，０度【18.P】

frú ［女］（-ar, -r）婦人

frægur ［形］有名な

frænd/i ［男］（-a, -ur）男性の親戚

frænk/a ［女］（-u, -ur）女性の親戚

fugl ［男］（-s, -ar）鳥

fullkominn ［形］完全な

fullnægjandi ［形］（不変化）満足な，十
分な

fullorðinn ［形］大人の

fulltrúi ［男］（-a, -ar）代表

fullur ［形］満ちた，完全な，酔った

fundur ［男］（-ar, -ir）ミーティング

furðulegur ［形］不思議な，変な

fylg/ja ［動：与］（-ir, -di, -t）後についてい
く，従う；fylgjast að 同行する，一緒
に行く

fyll/a ［動：対］（-ir, -ti, -t）満たす；fylla út
（空欄に）書き込む；fyllast 満杯になる

fyndinn ［形］面白い

fyrir ［前：対・与］…の前，…を覆って，
邪魔をして【12.1, 13.1, 14.1】

fyrir/gefa ［動・与・対］（gefur, gaf, gáfu,
gefið）許す；（命令形で）ちょっとす
みません

fyrirtæki ［中］（-s, -）会社

fyrr en ［接］ekki A fyrr en B B するまで A
しない【16.2】

fyrramál ［中］（-s）í fyrramálið 明日の朝に

fyrri ［形］（比較級）前の，前者の；í fyrra
去年【19.2】；fyrstur（最上級）最初の

fyrri/nótt ［女］（-nætur）í fyrrinótt 一昨
夜【19.2】

fyrrverandi ［形］（不変化）前の

244

fyrst ［副］最初に；fyrst og fremst とりわけ，何よりも

fyrstur ［数］1番目の，最初の【18.3】

fæ/ða ［動：対］(-ðir, -ddi, -tt) 産む；fæðast 産まれる

fækka ［動：与］減らす；(主語に与) 減少する

fær/a ［動：対］(-ir, -ði, -t) 移動させる，渡す

Færeying/ur ［男］(-s, ar) フェーロー人

Færeyjar ［女複］フェーロー諸島

færeyskur ［形］フェーロー諸島の

fögnuður ［男］(fagnaðar) 歓喜，大喜び

fölna ［動］顔面蒼白になる

föstudagur ［男］(-s, -ar) 金曜日

föt ［中複］服

G

gaff/all ［男］(-als, -lar) フォーク

gagnsær・gegnsær ［形］透き通った，透明な

gagnvart ［前：与］...に対して，...に関して【12.1, 12.3】

gamall ［形］古い

gaman ［中］(-s) 楽しみ

ganga ［動］(gengur, gekk, gengu, gengið) 歩いていく；ganga aftur 化けて出る【15.6】；(非人称で) ...うまくいく，(物事が) 進む【21.2】

gangstétt ［女］(-ar, -ir) 歩道

gang/ur ［男］歩くこと，廊下，通路；í gang (エンジンなどを) かけて，動かして；í gangi 動いている，作動している

garð/ur ［男］(-s, -ar) 庭

gata ［女］(götu, götur) 通り

gá ［動］(-ir, -ði, -ð) 見る

gáta ［女］(-u, -ur) 謎

gátt ［女］(-ar, -ir) 戸口；upp á gátt ドアを大きく開いて

gefa ［動：与・対］与える；gefa út ...を出版する；gefast upp 諦める

gef/andi ［男］(-anda, -endur) 贈与者，与える人

gegn ［前：与］...に対して【12.1, 12.3】

gegnt ［前：与］...の真向かいに【12.1, 12.3】

gegnum ［前：対］(しばしば í gegnum で) ...を通り抜けて【12.1, 12.2】

ger/a ［動：対］(-ir, -ði, -t) する；gerðu það お願い【8.4】；gerðu/gjörðu svo vel どうぞ【8.4】；gerast 起こる

gerð ［女］(-ar, -ir) 行為，種類

gersamlega ［副］(主に否定的な意味の語を修飾して) 完全に，全く，全くもって

gestaherbergi ［中］(-s, -) ゲストルーム

gest/ur ［男］(-s, -ir) 客

get/a ［動］(-ur, gat, gátu, getað/getið) (後ろに完了分詞をとって) ...できる；推測する，言及する【8.P, 10.4, 25.3】

geymsl/a ［女］(-u, -ur) 収納室，倉庫

Geysi/r ［男］(-s) (間欠泉の) ゲイシル

gift/a ［動：対］(-ir, -i, ,-) gifta sig 結婚する；giftast 結婚する；(与) ...と結婚する

giftur ［形］結婚している

gild/a ［動］(-ir, -ti, -t) 有効である

gildandi ［形］(不変化) (法的に) 有効な

gildi ［中］(-s, -) (í gildi で) 効力のある

giska ［動］giska á + 対 ...を推測する

gist/a ［動：対］(-ir, -i, -) 泊まる

245

gítar [男]（-s, -ar）ギター

gjalda [動：対・属]（geldur, galt, guldu, goldið）罰を受ける，償う

gjarna/gjarnan [副] 喜んで

gjósa [動]（gýs, gaus, gusu, gosið）噴火する

gjöf [女]（gjafar, gjafir）プレゼント

gjöfull [形] 豊かな，気前の良い

gjör/a [動]（-ir, -ði, -t）gera の古形（→ gera）

glaður [形] 喜んで，嬉しがって

glas [中]（glass, glös）グラス

gleði [女]（-, -r）喜び

gleð/ja [動：対]（-ur, gladdi, glatt）喜ばせる；gleðjast yfir ＋与 ...を喜ぶ

gleraugu [中複] 眼鏡【18.1】

gleym/a [動：与]（-ir, -di, -t）忘れる

glím/a [動]（-ir, -di, -t）（しばしば [glíma við ＋対] で）（...と）戦う

gluggi [男]（-a, -ar）窓

gluggaveður [中]（-s, -）窓際天気，窓際日和【9.P】

glugga/tjald [中]（-tjald, -tjöld）カーテン

glæsilegur [形] 素晴らしい

gos [中]（-s, -）火山

gotterí [中]（-s）甘いもの，スウィーツ

góður [形] 良い

gólf [中]（-s, -）床

graf/a [動]（grefur, gróf, grófu, grafið）掘る，埋める

grannur [形] 細い

gras [中]（grass, grös）草，芝

gráð/a [女]（-u, -ur）度【18.P】

grána [動] 灰色になる

grár [形] 灰色の

grát/a [動]（grætur, grét, grétu, grátið）泣く

grei/ða [動：（与・）対]（-ðir, -ddi, -tt）（...に）...を支払う；（対）（髪を）櫛でとかす；greiða sér hár 髪をとかす

greiðsl/a [女]（-u, -ur）支払い

greiðslukort [中]（-s, -）（デビットカードやクレジットカードなど支払いに使う）カード

grein [女]（-ar, -ar/-ir）記事，論文；gera sér grein fyrir ＋与 ...を理解する

grein/a [動]（-ir, -di, -t）理解する，判別する，見分ける，診断する；greinast 診断される

greinilega [副] 明らかに，はっきりと

grennast [動] 細くなる

gretta [動：対] gretta sig（不満などで）顔をしかめる

grím/a [-u, -ur] マスク

gríp/a [動：対]（-ur, greip, gripu, gripið）つかむ；grípa inn í 介入する

gró/a [動]（grær, greri/gréri, gróið）（植物が）育つ，（傷などが）癒える

gruna [動] 疑う；（主語に対）...について疑う

grundvalla [動：対] 土台を据える；grundvallast á ...に基づく

grunnnám [中]（-s）学士課程

grunnskól/i [男]（-a, -ar）小中学校

Grænland [中]（-s）グリーンランド

Grænlending/ur [男]（-s, -ar）グリーンランド人

grænlenskur [形] グリーンランドの

grænmeti [中]（-s）野菜

grænn [形] 緑色の

gröf [女]（grafar, grafir）墓

guð ［男］（-s, -ir）神

gufa ［動］gufa upp 蒸発する

gulna ［動］黄色くなる，黄ばむ

gulur ［形］黄色い

gæg/jast ［動］（-ist, -ðist, -st）覗き見る

gæludýr ［中］（-s, -）ペット

gærkvöld ［中］（-s）í gærkvöld(i) 昨 晩【19.2】

gæsalappir ［女複］引用符

gæt/a ［動：属］（-ir, -ti, -t）世話をする；gæta sín 気をつける

gönguleið ［女］（-ar, -ir）散歩道，遊歩道

H

haf ［中］（-s, höf）海

haf/a ［動］（hefur, -ði, -t）持っている【7.P, 9.1, 9.3】

hafna ［動］（ついには）…になる，…に終わる

hafna ［動：与］拒絶する，退ける

hafragraut/ur ［男］（-ar, -ar）ポリッジ

haga ［動：与］haga sér 振る舞う

hald/a ［動：対・与］（heldur, hélt, héldu, haldið）（与で）持つ，つかむ，押さえる；（対で）思う；halda（＋与＋）áfram（…を）続ける；halda ＋与 ＋ fram …と主張する

halla ［動：与］…を傾ける

ham/ar ［男］（-ars, -rar）ハンマー

hamborgar/i ［男］（-a, -ar）ハンバーガー

hamingj/a ［女］（-u）幸運；Til hamingju おめでとう

handa ［前：与］…のために【12.1, 12.3】

handan ［前：属］［副］… の反対側に；fyrir handan ＋対 …の反対側に【14.1】；handan við hornið（時間が）もうすぐで【14.1】

handbolt/i ［男］（-a, -ar）ハンドボール

handklæði ［中］（-s, -）タオル

handlegg/ur ［男］（-s, -ir）腕

handrit ［中］（-s, -）写本

hand/taka ［動：対］（-tekur, -tók, -tóku, -tekið）…を逮捕する

hanga ［動］（hangir, hékk, héngu, hangið）掛かっている，吊り下がる

hangikjöt ［中］（-s）燻製の羊肉

hann ［代］（対 hann, 与 honum, 属 hans）彼；（男性名詞に）それ【1.1, 3.1】

harðna ［動］固まる

harður ［形］固い

Harpa ［女］（Hörpu）ハルパ（文化センター）

hatt/ur ［男］（-s, -ar）帽子

haust ［中］（-s, -）秋【19.2】

hádegi ［中］（-s, -）正午；fyrir hádegi 午前；eftir hádegi 午後；í hádeginu 正午に；um hádegi(ð) 正午（頃）に【19.1, 19.2】

hádegismat/ur ［男］（-ar）昼ご飯

hádegisverð/ur ［男］（-ar. -ir）昼食

hálfur ［形］半分の【18.5, 19.1】

háls ［男］（-, -ar）喉，首元

hálsmen ［中］（-s, -）ネックレス

háma ［動］がっつく，がつがつ食べる

hán ［代］（対 hán, 与 háni, 属 háns）（ジェンダーニュートラルな代名詞）その人【3.1】

hár ［形］高い

hár ［中］（-s, -）髪

247

háskólakennar/i ［男］（-a, -ar）大学教員

háskól/i ［男］（-a, -ar）大学

hátt ［副］高く，大きな音で

hátta ［動：対］（主に hátta sig で）（服を脱いで）ベッドに入る，床につく

háttur ［男］（háttar, hættir）方法

hávað/i ［男］（-a, -ar）騒音

hef/ja ［動：対］（-ur, hóf, hófu, hafið）始める；hefjast 始まる

hefn/a ［動：属］（-ir, -di, -t）（しばしば hefna sín で）復讐する

hegðun ［女］（-ar）振る舞い，行い

heil/i ［男］（-a, -ar）脳

heill ［形］完全な，全体の，丸...

heils/a ［女］（-u）健康

heilsa ［動：与］挨拶する；heilsast 挨拶を交わす

heim ［副］（自分の）家へ【12.3, 15.1】

heima ［副］（自分の）家で【12.3, 15.1】；［eiga heima + 場所］...に住んでいる【7.P】

heiman ［副］（しばしば að heiman/heiman að で）家から【15.1】

heimili ［中］（-s, -）世帯，家，家庭

heimilis/fang ［中］（-fangs, -föng）住所

heimsókn ［女］（-ar, -ir）訪問

heimspeki ［女］（-）哲学

heimsreis/a ［女］（-u, -ur）世界（一周）旅行

heim/sækja ［動・対］（-sækir, -sótti, -sótt）訪ねる・訪問する

heim/ur ［男］（-s, -ar）世界

heit/a ［動：与］（-ir, hét, hétu, heitið/heitað）...という名前である，約束する【3.P】

heiti ［中］（-s, -）名前

heitur ［形］熱い

heldri ［形］（比較級）高貴な；helstur（最上級）傑出した，顕著な

heldur ［副］（...よりも）むしろ，かなり；［接］...ではなく，しかし，その代わり【26.1】

helg/i ［女］（-ar, -ar）週末；um helgina 週末に；um helgar（習慣的に）週末に【19.2】

hell/a ［動：与］（-ir, -ti, -t）注ぐ；hella niður ...をこぼす

hell/ir ［男］（-is, -ar）洞窟

helming/ur ［男］（-s, -ar）半分【18.5】

Helsinki ［女］（-）ヘルシンキ

hen/da ［動：与］（-dir, -ti, -t）投げる，捨てる

heng/ja ［動：対］（-ir, -di, -t）掛ける

henta ［動：与］合う，ぴったりである

hentugur ［形］役に立つ

heppinn ［形］幸運な

herbergi ［中］（-s, -）部屋

her/ða ［動：対］（-ðir, -ti, -t）硬くする

herðar ［女複］肩

herra ［男］（-, -r）（敬称的に）男性，主人

hest/ur ［男］（-s, -ar）馬

heyr/a ［動：対］（-ir, -ði, -t）聞く；heyrðu ちょっと（聞いて）【8.4】

héðan ［副］ここから【15.1】

hérað ［中］（-s, héruð）地区，地方

hérlendis ［副］国内で

hérna ［副］ここで，ええと【6.3, 15.1, 15.2】

hika ［動］ためらう；（hika við að ... で）...するのをためらう

hikandi ［形］（不変化）ためらいながら

hikst/i ［男］（-a, -ar）しゃっくり

hill/a ［女］（-u, -ur）棚

him/inn ［男］（-ins, -nar）天，空

hingað ［副］ここに【15.1】

hinn ［冠］その【5.3】；［代］他のもの，人【23.1】

hirsl/a ［女］（-u, -ur）収納，収納棚

hissa ［形］（不変化）驚いた

hita ［動：対］温める

hitastig ［中］（-s, -）度

hit/i ［男］（-a, -ar）熱

hitna ［動］熱くなる

hitt/a ［動：対］（-ir, -i, -）会う；hittast お互い会う

hjarta ［中］（-, hjörtu）心，心臓

hjá ［前：与］...のそばに【12.1, 12.3】

hjálp ［女］（-ar, -ir）助け

hjálp/a ［動：与］手伝う・助ける；hjálpast að 助け合う

hjól ［中］（-s, -）自転車

hjóla ［動］自転車で行く

hjón ［中複］夫婦

hlað/a ［動：対］（hleður, hlóð, hlóðu, hlaðið）積む；hlaða niður ＋与 ダウンロードする；hlaðast upp 積み上がる

hlakka ［動］hlakka til ＋属 ...を楽しみにする【15.5】

hlaup/a ［動］（hleypur, hljóp, hlupu, hlaupið）走る

hlát/ur ［男］（-urs, -rar）笑い，笑い声

hlé ［中］（-s, -）休憩

hlið ［女］（-ar, -ar）側面，側；við hliðina á ＋与 ...の隣に，で

hljóð ［中］（-s, -）音

hljóð/bók ［女］（-bókar, -bækur）オーディオブック

hljóma ［動］音がする；（副詞をともない）...のように聞こえる

hljóta ［動：対］（hlýtur, hlaut, hlutu, hlotið）...であるに違いない，受け取る【10.2】

hlusta ［動］hlusta á ＋対 ...を聴く；hlusta á tónlist 音楽を聴く

hlut/i ［男］（-a, -ar）一部，部分

hlut/ur ［男］（-ar, -ir）物；役目

hlutverk ［中］（-s, -）役割【17.1】

hlý/ða ［動：与］（-ðir, -ddi, -tt）従う

hlýna ［動］暑くなる

hlýr ［形］暖かい

hlæja ［動］（hlær, hló, hlógu, hlegið）hlæja að ＋与 ...を笑う

hnerr/a ［動］くしゃみをする

hné ［中］（-s, -）膝

hnipra ［動］hnipraði sig saman 体を縮こませる

hníf/ur ［男］（-s, -ar）ナイフ

Holland ［中］（-s）オランダ

Hollending/ur ［男］（-s, -ar）オランダ人

hollenskur ［形］オランダの

hollur ［形］健康的な

horf/a ［動］（-ir, -ði, -t）horfa á ＋対 ...を見る

horn ［中］（-s, -）角

hóp/ur ［男］（-s, -ar）グループ

hótel ［中］（-s, -）ホテル

hraðbank/i ［男］（-a, -ar）ATM，現金自動預払機

hraður ［形］速い；hratt ［副］速く

hraun ［中］（-s, -）溶岩

249

hrár［形］生の

hreinn［形］きれいな，清潔な

hress［形］元気な

hress/a［動：対］(-ir, -ti, -t) 元気づける；hressast 元気になる

hreyf/a［動：対］(-ir, -ði, -t) 動かす；hreyfa mig 動く，運動する

hrifinn［形］夢中になった，熱中した

hring/ja［動：与］(-ir, -di, -t) 鳴らす；hringja í + 対 …に電話する

hring/ur［男］(-s, -ir/-ar) 指輪

hrist/a［動：対］(-ir, -i, -) …を振る

hrína［動］(hrín, hrein, hrinu, hrinið)（大声で）泣く

hrynja［動］(hrynur, hrundi, hrunið) 崩れる，崩れ落ちる

hryss/a［女］(-u, -ur) 雌馬

hræddur［形］怖がって

hræ/ða［動：対］(-ðir, -ddi, -tt) 怖がらせる；hræðast（対）…を怖がる

hræðilegur［形］恐ろしい

hræðsl/a［女］(-u) 恐怖

hrökkva［動］(hrekkur, hrökk, hrukku, hrokkið) 割れる

hugmynd［女］(-ar, -ir) 考え

hugsa［動：対］考える；hugsa þig um よく考える

hugsi［形］（不変化）物思いに耽って

hugur［男］(-ar, -ir) 考え，関心

hunang［中］(-s) ハチミツ

hundrað［中］(-s, hundruð)；[数]（-, hundruð) 100【18.1】

hundraðasti［数］100 番目の

hund/ur［男］(s, -ar) 犬

hungur［中］(-s) 空腹

hurð［女］(-ar, -ir) ドア

hún［代］(対 hana, 与 henni, 属 hennar) 彼女；（女性名詞に）それ【1.1, 3.1】

hús［中］(-s, -) 家

hvaða［代］（不変化）どんな，どの【3.P, 17.1】

hvaðan［副］どこから【3.P, 17.2】

hval/ur［男］(-s, -ir) 鯨

hvar［副］どこで【17.2】

hvass［形］（ナイフなどが）鋭い，（風が）激しい

hve［副］どれくらい【17.2】

hveiti［中］(-s) 小麦

hvenær［副］いつ【3.4, 17.2, 19.1】

hver［代］（中性形は hvað）誰，何，どれ【3.4, 17.1, 17.2】；hver annar お互い【23.3】

hver［男］(-s, -ir) 温泉

hverf/a［動］(-ur, hvarf, hurfu, horfið) 消える

hverfi［中］(-s, -) 地区

hvernig［副］どのように【17.2】

hversu［副］どれくらい【17.2】

hvert［副］どこへ【17.2】

hvess/a［動：対］(-ir, -ti, -t) 風が強まる，尖らせる

hvet/ja［動：対］(-ur, hvatti, hvatt) 促す

hvíl/a［動：対］(-ir, -di, -t) 休ませる；hvíla sig 休む；hvílast 休む

hvílíkur［代］どのような，なんて…【23.1】

hvítna［動］白くなる

hvítur［形］白い

hvor［代］(2 つの人，物のうち) どっち，誰，何【17.1】；hvor annar お互い【23.3】

hvorki［接］hvorki A né B A でも B でも

ない【16.1】

hvort［接］...かどうか【16.2, 17.3】

hvorugur［代］（2つのうちの）...のどちらもない【23.2】

hvæs/a［動］(-ir, -ti, -t)（猫が）フーッという

hæð［女］(-ar, -ir) 階；高さ

hæfileik/i［男］(-a, -ar) 能力

hægindastól/l［男］(-s, -ar) 肘掛け椅子

hægri［形］右の（⇔ vinstri）；til hægri 右に；［hægra megin（við ＋対）］...の右側に【14.1】

hægt［副］ゆっくりと

hægt［形］（［það er hægt að ...］で）可能な

hægur［形］ゆっくりの

hækka［動：対］上げる，大きくする；大きくなる

hæl/l［男］(-s, -ar) かかと

hætt/a［動：与］(-ir, -i, -) やめる

höfn［女］(hafnar, hafnir) 港

höfuð［中］(-s, -) 頭

höfuðborg［女］(-ar, -ir) 首都

höfuðborgarsvæði［中］(-s, -) 首都圏

höfund/ur［男］(-ar, -ar) 作者

höggva［動：対］(heggur, hjó, hjuggu, höggvið) たたき切る

hönd［女］(handar, hendur) 手

hönnuð/ur［男］(-ar, -ir) デザイナー

hörund［中］(-s) 肌

I

iðnað/ur［男］(-ar) 産業

iðra［動：属］悔やむ；iðrast 悔やむ

illa［副］ひどく，悪く

illur［形］悪い，怒った

ilmur［男］(-s) 香り

Indland［中］(-s) インド

Indlandshaf［中］インド洋

Indverj/i［男］(-a, -ar) インド人

indverskur［形］インドの

inn［副］中へ【12.2, 15.1, 15.6】；inn fyrir ＋対 ...の中へ【14.1】

innan［副］að innan 中から【15.1】；innan við ＋対・fyrir innan ＋対 ...の内側に【14.1】

innbrot［中］(-s, -) 不法侵入

inngang/ur［男］(-s, -ar) 入口

inni［副］中に【15.1】

innri［形］（比較級）より内部の；innstur（最上級）最も内部の

innskráning［女］(-ar, -ar) ログイン

Í

í［前：対・与］（対）...の中へ，...の状態になって，...の間；（与）...の中で，...の状態で【12.1, 13.1, 13.2, 13.3】

íbúð［女］(-ar, -ir) アパート

íbúðarhús［中］(-s, -) 住宅

íbú/i［男］(-a, -ar) 住民

ímynda［動：与］ímynda sér ＋対 ...を想像する

Ír/i［男］(-a, -ar) アイルランド人

Írland［中］(-s) アイルランド

írskur［形］アイルランドの

ís［男］(-s, -ar) 氷，アイス

Ísland［中］(-s) アイスランド

Íslendinga/saga［女］(-sögu, -sögur) アイスランド人のサガ

251

Íslending/ur [男]（-s, -ar）アイスランド人

íslensk/a [女]（-u）アイスランド語

íslenskukennar/i [男]（-a, -ar）アイスランド語教師

íslenskur [形] アイスランドの

Ítal/i [男]（-a, -ir）イタリア人

Ítalí/a [女]（-u）イタリア

ítalskur [形] イタリアの

íþrótt [女]（-ar, -ir）スポーツ

íþróttabuxur [女複] トレーニングパンツ

íþróttahátíð [女]（-ar, -ir）スポーツ大会

J

jafn [形] 等しい，平らな

jafnvægi [中]（-s）バランス

jakk/i [男]（-a, -ar）ジャケット

janúar [男]（-）1 月

Japan [中]（-）日本

Japan/i [男]（-a, -ir/-ar）日本人

japanska [女]（japönsku）日本語

japanskur [形] 日本の

jarðarberjaís [男]（-s, -ar）イチゴアイス

jarðfræði [中複] 地質学

jarðhit/i [男]（-a）地熱

jarðskjálft/i [男]（-a, -ar）地震

já [間] はい【3.4, 6.P】

jákvæður [形] 肯定的な（↔ neikvæður）

járnbraut [女]（-ar, -ir）鉄道

játa [動：与] 同意する（↔ neita）

jól [中複] クリスマス【19.2】

jóla/gjöf [女]（-gjafar, -gjafir）クリスマスプレゼント

jólasvein/n [男]（-s, -ar）サンタクロース

jólatré [中]（-s, -）クリスマスツリー

jú [間]（否定疑問文に対して）いいえ【3.4】

júlí [男]（-）7 月

júní [男]（-）6 月

jök/ull [男]（-uls, -lar）氷河

jöt/unn [男]（-uns, -nar）巨人

jörð [女]（jarðar, jarðir）地球，大地

K

kaffi [中]（-s）コーヒー

kaffiboll/i [男]（-a, -ar）コーヒーカップ

kaffihús [中]（-s, -）カフェ

kaffihylki [中]（-s, -）コーヒーカプセル

kafl/i [男]（-a, -ar）章

kafna [男] 窒息する

kaka [女]（köku, kökur）ケーキ

kaldur [形] 寒い

kalla [動：対] 呼ぶ

Kanada [中]（-）カナダ

Kanada/maður [男]（-manns, -menn）カナダ人

kanadískur [形] カナダの

kanna [動：対] 調査する，調べる

kannski [副] ひょっとしたら，多分

karl/maður [男]（-manns, -menn）男性

kass/i [男]（-a, -ar）箱

kasta [動：与] 投げる，捨てる

kaup/a [動：対]（-ir, keypti, keypt）... を買う；kaupa sér ＋ 対 ... を買う；kaupa inn 買い込む，買い物に行く

kaup/andi [男]（-anda, -endur）購入者

kaup/maður [男]（-manns, menn）商売人

Kaupmanna/höfn [女]（-hafnar）コペンハーゲン

kátur [形] 陽気な

Keflavík［女］(-ur) ケプラヴィーク

keil/a［女］(-u, -ur) ボーリング，錐（状のもの）

kenn/a［動：与・対］(-ir, -di, -t) kenna + 与 + 対 ...に...を教える

kennar/i［男］(-a, -ar) 先生

kenni/tala［女］(-tölu, -tölur) 個人番号

kennsl/a［女］(-u) 授業

kennslu/bók［女］(-bókar, -bækur) 教科書

kennslustof/a［女］(-u, -ur) 教室

kepp/a［動］(-ir, -ti, -t) 競争する

kepp/andi［男］(-anda, -endur) 競争者

keppni［女］(-, -r) 競争

kerfi［中］(-s, -) システム

kerfisbundinn［形］体系立った

kerti［中］(-s, -) ろうそく

keyr/a［動：対］(-ir, -ði, -t) 運転する

kind［女］(-ar, -ur) 羊

kinka［動：与］(kinka kolli で) 頷く

kinn［女］(-ar, -ar) 頬

kipp/a［動：与］(-ir, -ti, -t) 急に引く，ひったくる：kippast við ビクッとする

kirkj/a［女］(-u, -ur) 教会

kis/a［女］(-u, -ur) 猫ちゃん

kík/ir［男］(-is, -jar) 双眼鏡

kíló［中］(-s, -) キロ

Kína［中］(-) 中国

Kínverj/i［男］(-a, -ar) 中国人

kínverskur［形］中国の

kjallar/i［男］(-a, -ar) 地下室

kjól/l［男］(-s, -ar) ドレス

kjósa［動：対］(kýs, kaus, kusu, kosið) 選ぶ

kjúkling/ur［男］(-s, -ar) 鶏肉

kjöt［中］(-s) 肉

klára［動：対］終わらせる，...し終える

klifra［動］登る：klifra niður 降りる

klipp/a［動：対］(-ir, -ti, -t) ...を切る；láta klippa sig 髪を切ってもらう

klipping［女］(-ar, -ar) 散髪；（髪を切った後の）髪型；（木の）剪定

klofna［動］（真っ二つに）割れる

kló［女］(klóar, klær)（動物の）つめ

klósett［中］(-s, -) トイレ

klukk/a［女］(-u, -ur) 時計

klukkustund［女］(-ar, -ir) 1時間

klukkutím/i［男］(-a, -ar) 1時間

klæ/ða［動：対］(-ðir, -ddi, -tt)（服などを）着せる；klæða sig 服を着る；klæðast ...を着ている

knattspyrnu/maður［男］(-manns, -menn) サッカー選手

kný/ja［動：対］(-r, knúði, knúið) 強いる，（機械などを）動かす

Kolaport［中］(-s) コーラポルト（フリーマーケット）

kom/a［女］(-u, -ur) 来ること，訪れ

koma［動］(kemur, kom, komu, komið) 来る：koma í veg fyrir + 対 ...を防ぐ；koma fram 現れる；koma saman 集合する，集まる：komast（先へ）行ける

komandi［形］（不変化）次の

komm/a［女］(-u, -ur) コンマ

komutím/i［男］(-a) 到着時刻

kon/a［女］(-u, -ur, 複属 kvenna) 女性

konar［副］hvers konar どんな種類の【17.2】；alls konar あらゆる種類の；ýmiss konar 様々な種類の

konung/ur［男］(-s, -ar) 王

korter ［中］（-s, -）15 分【19.1】

kosta ［動：対］（費用が）かかる

kostur ［男］（-ar/-s, -ir）利点（↔ galli）；選択肢

kók ［中］（-s）コーラ；［女］（-ar, -ir）コーラ瓶

kólna ［動］冷える

kórónuveirufarald/ur ［男］（-urs, -rar）コロナウィルスの流行

krabbamein ［中］（-s, -）ガン

kraft/ur ［男］（-s/-ar, -ar）力

krakk/i ［男］（-a, -ar）子供，若者

kreditkort ［中］（-s, -）クレジットカード

kref/ja ［動：対・属］（-ur, krafði, krafið）要求する；krefjast（属）...を要求する

kreist/a ［動：対］（-ir, -i, -）絞る，つぶす；kreista aftur augun ぎゅっと目をつぶる

kringum ［前：対］...の周りに；...の頃に【12.1, 12.2】

krón/a ［女］（-u, -ur）クローナ

krydd ［中］（-s, -）スパイス

kuld/i ［男］（-a, -ar）寒さ

kunna ［動：対］（kann, kunni, kunnað）...の仕方を知っている，...ができる【9.2, 10.2】

kunnugur ［形］よく知っている

kurteis ［形］礼儀正しい

kúl ［形］素敵な

kvarta ［動］不満を言う

kveð/a ［動：対］（-ur, kvað, kváðu, kveðið）詩を詠む

kveð/ja ［動：対］（-ur, kvaddi, kvatt）さよならを言う；kveðjast 別れの挨拶を交わす

kvef ［中］（-s）風邪

kveik/ja ［動：対］（-ir, -ti, -t）（明かりなど）をつける：kveikja á lampanum ランプをつける

kveinka ［動：与］kveinka sér（苦痛で）うめく

kvel/ja ［動：対］（-ur, kvaldi, kvalið）苦しめる：kveljast 苦しむ

kvikmynd ［女］（-ar, -ir）映画

kvikna ［動］（明かりなどが）つく

kvíð/a ［動：与］（-ir, kveið, kviðu, kviðið）心配する

kvöld ［中］（-s, -）晩；í kvöld 今晩；um kvöldið 晩に；að kvöldi (til) 晩の，に；annað kvöld 明日の晩；á kvöldin（習慣的に）晩に【19.2】

kvöldmat/ur ［男］（-ar）夕食

kvæði ［中］（-s, -）詩

kynjamismunun ［女］（-ar）性差別

kynn/a ［動：対］（-ir, -ti, -t）知らせる；kynnast 知り合いになる

kynslóð ［女］（-ar, -ir）世代

kyrr ［形］静かな

Kyrrahaf ［中］（-s）太平洋

kyss/a ［動：対］（-ir, -ti, -t）キスをする；kyssast 互いにキスをする

kýr ［女］（-, -）雌牛

kæl/ir ［男］（-is, -ar）冷蔵庫

kær/asta ［女］（-ustu, -ustur）彼女

kærast/i ［男］（-a, -ar）彼氏

kærlega ［副］心から

köngu/ló ［女］（-lóar, -lær）蜘蛛（＝kónguló）

köngulóafælni ［女］（-）蜘蛛恐怖症

könnun ［女］（könnunar, kannanir）調査

körfubolt/i［男］(-a, -ar) バスケットボール

köttur［男］(kattar, kettir, 単与・複対 ketti) 猫

L

labba［動］歩いて行く

laga［動：対］修理する；lagast 良くなる

lakkrís［男］(-s) リコリス

lamb［中］(-s, lömb) 子羊

lamp/i［男］(-a, -ar) ランプ

land［中］(-s, -) 国，土地

landnáms/maður［男］(-manns, -menn) 入植者

landslag［中］(-s) 風景

langa［動］(主語に対) …したい；…を欲する【21.2】

langur［形］長い

lasinn［形］体調が悪い

laug［女］(-ar, -ar) プール，温泉

laugardag/ur［男］(-s, -ar) 土曜日

laun［中複］給料

laus［形］自由な，解けた

lax［男］(-, -ar) 鮭

lágur［形］低い

lána［動：与・対］貸す；lána út ＋対 …を貸し出す

láta［動：対］(lætur, lét, létu, látið) …させる【10.5】；láta aftur augun/hurðina 目・ドアを閉じる；látast 死ぬ，ふりをする

látinn［形］亡くなった

leður［中］(-s, -) 革

legg/ja［動：対］(-ur, lagði, lagt) (横にして) 置く，寝かせる；leggja inn (お金) を預け入れる；leggja saman A og B A と B を足す；leggja af stað 出発する；leggjast

niður 横になる

leið［女］(-ar, -ir) 道；方法

lei/ða［動：対］(-ðir, -ddi, -tt) 導く，手をとって行く；leiðast 手を取り合う【21.2】

lei/ðast［動］(-ðist, -ddist, -ðst) (主語に与) 与 ＋ leiðist ＋主 …がに退屈する

leiðinlegur［形］退屈な

leigubíl/l［男］(-s, -ar) タクシー

leik/a［動：対］(-ur, lék, léku, leikið) 遊ぶ，演じる

leikar/i［男］(-a, -ar) 俳優

leik/hús［中］(-s, -) 劇場

leikskól/i［男］(-a, -ar) 幼稚園

leikur［男］(-s, -ir/-ar) 遊び，ゲーム；(しばしば複数形 leikar で) 試合

leita［動：属］…を探す；leita að ＋与 …を探す【7.3】

lek/a［動］(-ur, lak, láku, lekið) 漏れる；(与) (秘密など) …を漏らす

len/da［動：与］(-dir, -ti, -t) …を着陸させる；着陸する；lenda í ＋与 (困難な状況に) 陥る

lengi［副］長い間【9.3】

leng/ja［動：対］(-ir, -di, -t) 長くする；lengjast 長くなる

lesa［動：対］(les, las, lásu, lesið) …を読む；lesa upp …を声に出して読む

lest［女］(-ar, -ir) 電車

Letti［男］(-a, -ar) ラトビア人

Lettland［中］(-s) ラトビア

lettneskur［形］ラトビアの

leyfi［中］(-s, -) 許可

leyn/a［動：(対・) 与］(-ir, -di, -t) (…に) …を隠す

leys/a［動：対］（-ir, -ti, -t）...を解決する；leysast 解決する，解ける

leyti［中］（-s）点；að mestu leyti 大部分は；að nokkru leyti 部分的には，ある程度は；að öðru leyti 他の点では；að þessu leyti その点では【12.3】；um ＋時間＋ leytið ...時頃【19.1】

lélegur［形］劣った

lið［中］（-s, -）チーム

lif/a［動］（-ir, -ði, -að）生きる

lifandi［形］生きている

ligg/ja［動］（-ur, lá, lágu, legið）横になっている

lilj/a［女］（-u, -ur）ユリ

list［女］（-ar, -ir）芸術，技術

lista/maður［男］（-manns, -menn）芸術家

list/i［男］（-a, -ar）リスト

Litáen/Litháen［-/-s］リトアニア

Litá/i・Lithá/i［男］（-a, -ar）リトアニア人

litáískur・litháískur［形］リトアニアの

lit/ur［男］（-ar, -ir）色

líð/a［動］（-ur, leið, liðu, liðið）時間が過ぎる

líð/a［動］（-ur, leið, liðu, liðið）（主語に与）与＋ liður（vel/illa）（気分や体調が）良い・悪い【21.2】

líf［中］（-s, -）人生

lífsstíl/l［男］（-s）ライフスタイル

líka［動］（主語に与）...を好む【21.2】

líka［副］...もまた

líkam/i［男］（-a, -ar）体

líkamlegur［形］肉体的な

líkamsrækt［女］（-ar）運動，フィットネス

líklega［副］おそらく

líklegur［形］起こりうる

líkur［形］似ている

lít/a［動：対］（-ur, leit, litu, litið）（しばしば［líta á ＋対］で）目をやる，...を見る；líta upp til ＋属 ...を尊敬する；líta niður á ＋対 ...を見下す；líta ＋副＋ út ...に見える；lítast 与＋ líst ＋副＋ á ＋対 ...を...と思う【21.2】

lítið［副］少し

lítill［形］小さい

ljóða/bók［女］（-bókar, -bækur）詩集

ljómandi［形］（字義的・比喩的に）美しく輝く；［副］（良い意味で）とても【7.6】

ljós［形］明るい

ljós［中］（-s, -）明かり

ljósmynd［女］（-ar, -ir）写真

ljósmyndar/i［男］（-a, -ar）写真家

ljúfur［形］おだやかな

ljúga［動：与］（lýgur, laug, lugu, logið）嘘をつく

ljúka［動：与］（lýkur, lauk, luku, lokið）...を終える；ljúka við ＋対 ...を終える【15.5】；（主語に与）...が終わる

lofa［動：与］...を約束する

loft［中］（-s, -）空気；空；屋根裏

loftslagsmál［中複］気候問題

log/i［男］（-a, -ar）炎

lok［中複］終わり【19.2】；að lokum 最後に

loka［動：与］閉める；lokast 閉まる

loksins［副］やっと

lopapeys/a［女］（-u, -ur）羊毛セーター

losna［動］緩む，空く，自由になる

lóf/i [男]（-a, -ar）手のひら

Lundúnir [女複] ロンドン

lung/a [中]（-a, -u）肺

lúta [動：与]（lýtur, laut, lutu, lotið）かがむ

lyf [中]（-s, -）薬

lyft/a [動：与]（-ir, -i, -）持ち上げる

lygi [女]（-, lygar）嘘

lyk/ill [男]（-ils, -lar）鍵

lyklaborð [中]（-s, -）キーボード

lykt [女]（-ar, -ir）匂い，香り

lýðveldi [中]（-s, -）共和国

lýs/a [動：与]（-ir, -ti, -t）照らす；（比喩的に）…に光を当てる

lækka [動：対] 下げる；下がる（↔ hækka）

lækna [動：対] 治す，治療する；læknast 回復する

lækn/ir [男]（-is, -ar）医者；fara til læknis 医者に行く

lær/a [動：対]（-ir, -ði, -t）学ぶ

læs/a [動：与]（-ir, -ti, -t）鍵をかける

læti [中複] 騒音

lög [中複] 法

lögregl/a [女]（-u, -ur）（既知形で）警察

M

Madríd [女]（-/-ar）マドリード

maður [男]（manns, menn）人，男；[代]（一般の）人【6.4, 18.2】

mag/i [男]（-a, -ar）胃，お腹

maí [男]（-）5 月

mamma [女]（mömmu, mömmur）お母さん

manneskj/a [女]（-u, -ur）人，人間

margfalda [動：対] margfalda A með B A にBを掛ける

margföldun [女]（-ar）掛け算

margur/margir [形] 多くの

mark [中]（-s, mörk）点；目標

markað/ur [男]（-ar/-s, -ir）市場

markaðs/könnun [女]（-könnunar, -kannanir）市場調査

markaðsset/ja [動：対]（-ur, -ti, -t）市場に出す

markmið [中]（-s, -）目標，目的

mars [男]（-）3 月

matseð/ill [男]（-ils, -lar）メニュー

mat/ur [男]（-ar）食物

mál [中]（-s, -）問題，言語【3.P】

mála [動：対] 塗る；mála mig 化粧する

málverk [中]（-s, -）絵

mánaðamót [中複] 月末

mánudag/ur [男]（-s, -ar）月曜日

mán/uður [男]（-aðar, -uðir）月

með [前：対・与]…を持って，…と一緒に；（与）…を使って；（与）（時間）…につれて【12.1, 13.1, 14.1】；vera með + 対（手元に）持っている，（身体的特徴が）ある【7.P】

með/al [中]（-als, -ul）薬

meðal [前：属]（しばしば á meðal で）（通常 3 つ以上の対象について）…の間で【12.1, 12.4】；meðal annars とりわけ

meðalhit/i [男]（-a）平均温度

meðal/tal [中]（-tals, -töl）平均；að meðaltali 平均して

meðan [接]（しばしば á meðan で）…する間に【16.2】

meðferð [女]（-ar, -ir）治療法

meðfram［前：与］…に沿って【14.1】

mega［動］（má, mátti, mátt）…してもよい【9.2, 10.3, 25.3】

megin［副］…側；hægra / vinstra megin 右・左側；hinum megin こっち側；báðum megin 両側

mei/ða［動：対］（-ðir, -ddi, -tt）傷つける；meiða sig / meiðast 怪我をする

mein/a［動：対］（-ar, -ti, -t）という考えである

meira［副］（比）より，もっと

menning［女］（-ar）文化

menningarlíf［中］（-s）文化生活

menningarsjóð/ur［男］（-s, -ir）文化基金

mennta［動：対］…を教育する；mennta sig 教育を受ける

menntastofn/un［女］（-nuar, -anir）教育機関

mennt/un［女］（-ar）教育

merki［中］（-s, -）印，ロゴ

merkilegur［形］注目に値する；（中性形で）不思議な

merking［女］（-ar, -ar）意味

met/a［動：対］（-ur, mat, mátu, metið）評価する

metr/i［男］（-a, -ar）メートル

miða［動］…に向ける，…を狙う；miðað við + 対 …と比べると

mið/i［男］（-a, -ar）切符，チケット

miðj/a［女］（-u, -ur）真ん中，中間；um miðjan + 月 …月中旬，中頃【19.2】

miðnætti［中］（-s, -）真夜中，夜中の12時；á miðnætti 真夜中に【19.2】

miður［副］（比較級）より酷く；því miður

残念ながら

miðvikudag/ur［男］（-s, -ar）水曜日

mikið［副］かなり

mikill［形］（数えられないものについて）たくさんの；meiri（比較級）よりたくさんの；meira og minna 多かれ少なかれ；mestur（最上級）一番多くの；í mesta lagi せいぜい，多くても

mikilvægur［形］重要な

miklu［副］（比較級を強調して）かなり

milli［前：属］（しばしば á milli で）（通常2つの対象について）…の間で【12.1, 12.4】

milljarðasti［数］10億番目の

milljarð/ur［男］（-s, -ar）10億【18.1】

milljón［数］［女］（-ar, -ir）100万【18.1】

milljónasti［数］100万番目の

minn［代］私の

minn/a［動：対］（-ir, -ti, -t）minna + 対 + á + 対 / að … …に…を思い出させる；minnast（属）思い出す

minni［形］（比較級）より小さい；minnstur（最上級）一番小さい；að minnsta kosti 少なくとも

minning［女］（-ar, -ar）思い出，記憶

minnka［動：対］小さくする，減らす；小さくなる

mismunandi［形］様々な

mismunun［女］（-ar）差別

miss/a［動：対］（-ir, -ti, -t）逃す

misskilning/ur［男］（-s）誤解

mis/takast［動］（-tekst, -tókst, -tókust, -tekist）失敗する

mínus［接］…引く；［男］（-s, -ar）マイ

ナス

mínút/a［女］(-u, -ur) 分

mjólk［女］(-ur) 牛乳

mjólkur/vara［女］(-vöru, -vörur) 乳製品

mjór［形］細い

mjúkur［形］柔らかい

mjög［副］とても【5.3】

molna［動］粉々に崩れる，分解する

monta［動：対］monta sig af ＋与 ... を自慢する，みせびらかす

morg/unn［男］(-uns, -nar) 朝；um morguninn 朝に，午前中に，að morgni 朝の，に；á morgun 明日；á morgnana (習慣的に) 朝に；í morgun 今朝【19.2】

morgunmat/ur［男］(-ar) 朝食

morgunverð/ur［男］(-ar, -ir) 朝食

Moskv/a［女］(-u) モスクワ

móðir［女］(móður, mæður) 母

móðurmál［中］(-s, -) 母語

(á) móti［前：与］... に向かって【12.1, 12.3】

mótmæl/a［動：与］(-ir, -ti, -t) 反対する

móttak/andi［男］(-anda, -endur) 受取人

mótvindur［男］(-s, -ar) 向かい風，逆風

muna［動：対］(man, mundi, munað) 覚えている

munn/ur［男］(-s, -ar) 口

munu［動］(man, 接過 mundi/myndi) ... だろう，...かもしれない【9.2, 10.3, 25.6】

mun/ur［男］(-ar, -ir) 違い【17.1】

mús［女］(-ar, mýs) ハツカネズミ

múslim/i［男］(-a, -ar) ムスリム

mynd［女］(-ar, -ir) 絵，写真

mynda［動：対］形成する，作る

myrkur［形］暗い

myrkur［中］(-s, -) 暗闇

mæt/a［動：与］(-ir, -ti, -t) ... に出会う；mætast (お互い) 出会う

möguleiki［男］(-a, -ar) 可能性

N

nafn［中］(-s, nöfn) 名前

nafnorð［中］(-s, -) 名詞

nauðsynlegur［形］必要な

ná［動：与］(nær, -ði, -ð) 達する，届く

nágrenni［中］(-s) 近隣，近場；í nágrenni við ＋対 ...のすぐ近くに，そばに

nákvæmlega［副］ちょうど，まさに

nál［女］(-ar, -ar) 針

nálgast［動：対］...に近づく

nálægt［副］(与) (...の) 近くに【14.P】

nálægur［形］近い

nám［中］(-s) 学業

námskeið［中］(-s, -) コース

náttúr/a［女］(-u, -ur) 自然

náttúrlega/náttúrulega［副］当然，もちろん

neðan［前：属］...の下に；að neðan 下から【15.1】；neðan við ＋対・fyrir neðan ＋対 ...の下に【14.1】

neðri［形］(比較級) より下側の；neðstur (最上級) 一番下側の

nef［中］(-s, -) 鼻

nefn/a［動：対］(-ir, -di, -t) 言及する

nefnd［女］(-ar, -ir) 委員会

nefnilega［副］つまり，すなわち

nei［間］いいえ【3.4, 6.P】

neinn［代］誰も，何も...ない【23.2】

259

neita ［動：与］否定する

nema ［接］もし...でないなら，...しない限り：...以外は【26.2】

nem/a ［動：対］（-ur, nam, námu, numið）学ぶ；取り去る，持ち去る；占有する；nema staðar 止まる

nem/andi ［男］（-anda, -endur）学生

nenn/a ［動：与］（-ir, -ti, -t）（否定，疑問で）...したい気がする【8.P】

net ［中］（-s, -）（しばしば既知で）ネット（= internet）

ney/ða ［動：対］（-ðir, -ddi, -tt）neyða + 対 + til að + 不定詞 ...に...を強いる

neyt/a ［動：属］（-ir, -ti, -t）消費する

né → hvorki

niðri ［副］下に：（niðri í bæ で）中心街に【15.1】

niður ［副］下へ（↔ upp）【12.2, 15.1, 15.6】；niður fyrir + 対 ...の下へ【14.1】；niður í bæ 中心街へ【15.1】

niðurstaða ［女］（-stöðu, stöður）結果，結論

níræðisaldur ［男］（-urs, -rar）80代

níræður ［形］90歳の

nítján ［数］19

nítjándi ［数］19番目の

nítugasti ［数］90番目の

níu ［数］9

níundi ［数］9番目の

níutíu ［数］90

njóta ［動：属］（nýtur, naut, nutu, notið）...を楽しむ

nokkur ［代］いくつかの，誰か，何か【23.1】；nokkuð ［副］いくらか，いく

ぶん【5.3, 23.1】

norðan ［副］北から；að norðan 北から，北側の【15.1】［前：属］...の北の；norðan við + 対・fyrir norðan + 対 ...の北に【14.1, 15.1】

Norðmaður ［男］（-manns, -menn）ノルウェー人

norður ［副］北へ【15.1】；norður fyrir + 対 ...の北へ【14.1】：［中］（-s）北

Norður-Íshaf ［中］（-s）北極海

Norðurlönd ［中複］北欧諸国

Norðurslóðir ［女複］北極圏

Noregur ［男］（-s）ノルウェー

norrænn ［形］北欧の

norsk/a ［女］（-u）ノルウェー語

norskur ［形］ノルウェーの

nota ［動：対］使う

not/andi ［男］（-anda, -endur）利用者

notkun ［女］（-ar）用法

nóg ［副］十分に

nógur ［副］十分な

nótt ［女］（nætur, nætur）夜；í nótt 今夜，昨夜；um nóttina 夜に：að nóttu (til) 夜に：á nóttunni/næturnar（習慣的に）夜に：alla nóttina 一晩中；fram á nótt 夜更けまで【19.2】

nóvember ［男］（-）11月

núll ［数］0

númer ［中］（-s, -）番号

núna ［副］今

núverandi ［形］（不変化）現在の

nyrðri ［形］（比較級）より北の；nyrstur（最上級）一番北の

nýársdag/ur ［男］（-s, -ar）元旦

Nýja-Delí ［女］（Nýju-Delí）ニューデリー

nýlega ［副］最近，さっき

nýr ［形］新しい

nýr/a ［中］(-a, -u) 腎臓

nægilega ［副］十分に

nær ［副］［前：与］（...の）近くに【14.P】

nærri ［副］［前：与］（...の）近くに；nærri því ほとんど

næs ［形］（不変化）良い，優しい

næstum ［副］ほとんど；næstum því ほとんど

næstur ［形］（最上級）次の

O

of ［副］あまりに...，...すぎて【5.3】

of- ［接］度を越した...【5.P】

ofan ［前：属］...の上に；að ofan 上から，上側の【15.1】；ofan við ＋対・fyrir ofan ＋対 ...の上に【14.1】

ofn ［男］(-s, -ar) オーブン

ofnæmi ［中］(-s) アレルギー

oft ［副］よく，しばしば【1.4, 9.3】

og ［接］そして【16.1】；bæði A og B A と B の両方とも

október ［男］(-) 10 月

opinberlega ［副］公然と，人前で

opinn ［形］開いた

opna ［動：対］...を開ける；opnast 開く

opn/un ［女］(-unar, -anir) 開栓

orð ［中］(-s, -) 単語

ork/a ［女］(-u) 力，エネルギー

Osló ［女］(-ar) オスロ

Ó

ó- ［接］反対の...【5.P】

óánægður ［形］不満な

óánægj/a ［女］(-u) 不満

óbreyttur ［形］変わっていない

ódýr ［形］安い

óhollur ［形］体に悪い

ókurteis ［形］無礼な

ólíklegur ［形］起こり得ない

ólíkur ［形］似ていない

óljós ［形］不明瞭な，はっきりと分からない

Ólympíuleikar ［男複］（既知で）オリンピック

ósammála ［形］（不変化）反対している

ósk ［女］(-ar, -ir) 願い

óska ［動：与・属］...に...を望む

ósvipaður ［形］似ていない（しばしば否定文で）

ótrúlegur ［形］信じられない

óttast ［動：対］...を恐れる

óvanur ［形］慣れていない

óvenjulegur ［形］珍しい

óþekktur ［形］知られていない

óþolandi ［形］（不変化）耐えられない【7.6】

óþolinmóður ［形］我慢していられない

óþægilegur ［形］不快な

P

pabb/i ［男］(-a, -ar) お父さん

pakka ［動：与］（箱などに）入れる，包む；pakka inn ...を包む；pakka niður 荷物

をまとめる

pakk/i [男]（-a, -ar）包み

panna [女]（pönnu, pönnur）フライパン

panta [動：対] 予約する

pappír [男]（-s, -ar）紙

París [女]（-ar）パリ

passa [動：対] 面倒を見る；passa sig（á ＋与）（...に）用心する，気をつける

páskar [男複] イースター

Peking [女]（-）北京

peningar [男複] お金

penn/i [男]（a, -ar）ペン

per/a [女]（-u, -ur）洋ナシ；電球

perl/a [女]（-u, -ur）真珠

persónulegur [形] 個人的な

peys/a [女]（-u, -ur）セーター

pirraður [形] イラっとした

pits/a [女]（-u, -ur）ピザ

planta [女]（plöntu, plöntur）植物

planta [動：与] ...を植える

pláss [中]（-, -）場所

plús [接] ...足す；[男]（-s, -ar）プラス

pok/i [男]（-a, -ar）袋

pólitískur [形] 政治の

Pólland [中]（-s）ポーランド

pólskur [形] ポーランドの

Pólverj/i [男]（-a, -ar）ポーランド人

pósthús [中]（-s, -）郵便局

póstkort [中]（-s, -）ポストカード

prenta [動：対] 印刷する

prest/ur [男]（-s, -ar）牧師

prjóna [動：対] ...を編む

próf [中]（-s, -）試験，テスト

prófa [動：対] ...を試す

prófessor [男]（-s, -ar）教授

pyls/a [女]（-u, -ur）ソーセージ（＝ pulsa）

pöntun [女]（pöntunar, pantanir）予約

R

raða [動：与] 並べる，整頓する

rafmagn [中]（-s）電気

rafrænn [形] 電子の

raka [動：対] raka sig 髭を剃る

rangur [形] 間違った

rannsaka [動：対]（詳しく）調査する，研究する

rannsókn [女]（-ar, -ir）調査

rauður [形] 赤い

raunverulegur [形] 本物の，現実の

ráð [中]（-s, -）助言

ráða [動：与]（ræður, réð, réðu, ráðið）決定する，管理する

ráðherra [男]（-, -r）大臣

ráðgát/a [女]（-u, -ur）難問

ráðhús [中]（-s, -）市庁舎

redda [動：与] 与える；reddast 何とかなる

ref/ur [男]（-s, -ir）キツネ

regl/a [女]（-u, -ur）規則

reglulega [副] 規則正しく

regnbog/i [男]（-a, -ar）虹

regnhlíf [女]（-ar, -ar）傘

rei/ðast [動：与]（-ðist, -ddist, -ðst）怒る

reiði [女]（-）怒り

reiðu/fé [中]（-fjár）現金；borga í reiðufé 現金で支払う（＝ borga með peningum）

reiður [形] 怒った

reikna [動：対] 計算する

reikning/ur [男]（-s, -ar）お勘定

262

reiprennandi［形］流暢な

rek/a［動：対］（-ur, rak, ráku, rekið）追い
やる；［rekast á 対］…にぶつかる

renn/a［動］（-ur, rann, runnu, runnið）流
れる

renn/a［動：与］（-ir, -di, -t）流す

rennilás［男］（-s, -ar）チャック，ジッパー

reyk/ja［動：対］（-ir, -ti, -t）タバコを吸う

Reykjavík［女］（-ur）レイキャヴィーク

reyk/ur［男］（-jar/-s, -ir）煙

reyn/a［動：対］（-ir, -di, -t）試す；reynast
判明する

rétt/a［動：対］（-ir, -i, -）真っ直ぐにする，
渡す；rétta fram …を差し出す

réttur［形］正しい

rétt/ur［男］（-ar, -ir）料理；法廷；権利

rifna［動］裂ける

rigna［動］雨が降る

rigning［女］（-ar, -ar）雨

risaeðl/a［女］（-u, -ur）恐竜

ritgerð［女］（-ar, -ir）レポート，エッセイ

rithöfund/ur［男］（-ar, -ar）作家

ríð/a［動：与］（-ur, reið, riðu, riðið）（馬に）
乗る

rífa［動：対］（-ur, reif, rifu, rifið）破る，引
き裂く；（家などを）取り壊す

Ríga［女］（-）リーガ

ríki［中］（-s, -）国家

ríkisstjórn［女］（-ar, -ir）政府

ríkur［形］裕福な

rísa［動］（rís, reis, risu, risið）立ち上がる；
rísa upp（反対して）立ち上がる

rok［中］（-s, -）嵐

róa［動：与］（rær, reri/réri, róið）（オールで）
漕ぐ

rólegur［形］おだやかな，静かな

Róm［女］（-ar）ローマ

rót［女］（-ar, rætur）根；発端，根源

rúð/a［女］（-u, -ur）窓ガラス

rúm［中］（-s, -）ベッド

rúmlega［副］…強，…（と）ちょっと

rún［女］（-ar, -ir）ルーン

Rúss/i［男］（-a, -ar）ロシア人

Rússland［中］（-s）ロシア

rússneskur［形］ロシアの

rút/a［女］（-u, -ur）長距離バス

ryð/ja［動：対］（-ur, ruddi, rutt）（障害物な
どを除いて）きれいにする，開拓する；
（与）…を取り除いてきれいにする

rým/a［動：対］（-ir, -di, -t）（場所から）
避難させる，…を空にする

ræ/ða［動：対］（-ðir, -ddi, -tt）話し合う；
ræða við + 対 …と話し合う

rækj/a［女］（-u, -ur）エビ

rækt［女］（-ar）栽培，耕作；fara í ræktina
ジムに行く

rækta［動：対］育てる，栽培する，育む

ræn/a［動：与］（-ir, -di, -t）…を強奪する，
奪う；（対）…から略奪する

ræsk/ja［動］（-ir, -ti, -t）ræskja sig 咳払い
をする

rödd［女］（raddar, raddir）声

röð［女］（raðar, raðir）列；standa í röð 列
に並ぶ

S

saddur［形］満腹の

saf/i［男］（-a, ar）果汁（ジュース）；肉汁

263

safn［中］（-s, söfn）博物館，収集品

safna［動：与］集める；safnast saman 集結する

saga［女］（sögu, sögur）物語，歴史

sakna［動：属］いないのを寂しく思う

salat［中］（-s, salöt）サラダ

salt［中］（-s, sölt）塩

sal/ur［男］（-ar, -ir）ホール

sam-［接］共に…，一緒に…【5.P】

sama［形］（不変化）（非人称構文で）同じの，気にしない【5.5, 23.1】

saman［副］一緒に，一つにまとめて【15.6】

sam/band［中］（-bands, -bönd）関係，連絡（関係），電源につながった状態

sameiginlegur［形］共通の

samferða［形］（不変化）一緒に行って

samfé/lag［中］（-lags, -lög）社会

samhengi［中］（-s）文脈，脈絡，コンテクスト

samhrygg/jast［動：与］（-ist, -ðist, -st）お悔やみを言う

samkvæmt［前：与］…によると【12.1】

samlagning［女］（-ar, -ar）足し算

samlok/a［女］（-u, -ur）サンドイッチ

sammála［形］（不変化）賛成している

samningur［男］（-s, -ar）契約，協定

samræmi［中］（-s）（しばしば［í samræmi við ＋対］で）と調和・一致して

samskipti［中複］関係；alþjóðasamskipti 国際関係

samstarf［中］（-s）提携，協力

samt［副］それでも【23.1】

samtal［中］（-tals, -töl）会話

samur/sami［代］同じの，同じもの，人

【23.1】

samþykk/ja［動：対］（-ir, -ti, -t）…に同意する，承認する

sand/ur［男］（-s, -ar）砂，砂地

sannarlega［副］本当に，実に

sannfær/a［動：対］（-ir, -ði, -t）納得させる

sannleik/ur［男］（-s）真実

sannur［形］本当の

sauma［動：対］縫う；sauma saman 縫い合わせる

sautján［数］17

sautjándi［数］17 番目の

sá［動：与］（-ir, -ði, -ð）（種を）まく

sá［代］（女単主 sú, 中単主 það）その，この【6.3, 16.2, 16.3】

sál［女］（-ar, -ir）魂，精神

sálfræði［女］（-）心理学

sáp/a［女］（-u, -ur）石鹸

sár［中］（-s, -）傷

sár［形］痛い，傷ついている

sársauk/i［男］（-a）痛み

sáttur［形］和解した；（しばしば否定で）（甘んじて）満足する；

seg/ja［動：対］（-ir, sagði, sagt）言う【25.3, 25.4】；segja upp 辞める；［segja ＋与 ＋ upp］解雇する；segjast（間接話法で）言う【25.4, 25.P】

seinka［動：与］…を遅らせる

seinn［形］遅い

seinna［副］後で

seint［副］遅く

sekúnd/a［女］（-u, -ur）秒

sel/ja［動：与・対］（-ur, -di, -t）売る；seljast 売れる

sem［接］…のように，…として，…のときに【26.2】；（関係代名詞として）…する（人，もの）【6.3, 16.3, 17.4】

sem/ja［動:対］(-ur, samdi, samið)（小説・詩・劇などの作品を）書く，創作する

sen/da［動:与・対］(-dir, -di, -t) 送る

sendiherra［男］(-, -r) 大使

sendiráð［中］(-s, -) 大使館

sennilega［副］おそらく

september［男］(-) 9月

set/ja［動:対］(-ur, -ti, -tu, -t) 置く，座らせる：setja á sig + 対 …を身につける；setjast niður 腰を下ろす

setning［女］(-ar, -ar)

sex［数］6

sextán［数］16

sextándi［数］16番目の

sextíu［数］60

sextugasti［数］60番目の

sextugsald/ur［男］(-urs, -rar) 50代

sextugur［形］60歳の

sérstaklega［副］特に

sig［代］(与 sér, 属 sín)（3人称の再帰代名詞として）自分自身に【20.1, 25.P】

sigl/a［女］(-u, -ur) マスト，帆柱

sigl/a［動:与］(-ir, -di, -t) 船で行く，帆走する，（船を）進める

sigling［女］(-ar, -ar) 航海，航行，帆走

sigra［動:対］…に勝つ

sig/ur［男］(-urs, -rar) 勝利

silfur［中］(-s) 銀

sinn［代］（再帰的に）自身の【20.3】

sinn［中］(-s, -) 回【13.2, 18.4】

sinn/a［動:与］(-ir, -ti, -t) 面倒をみる

sit/ja［動］(-ur, sat, sátu, setið) 座っている

síðan［副］［接］（…して）以来【16.2】

síðar［副］（比較級）後で；síðast（最上級）最後に，最近

síðari［形］（比較級）後者の；síðastur（最上級）後の，後者の

síðastliðinn［形］この前の【19.2】

síðdegis［副］午後に【19.2】

síðri［形］（比較級）より劣った；sístur（最上級）劣った

síður［形］（髪などが）長い

sífellt［副］常に，ますます

síg/a［動］(-ur, seig, sigu, sigið)（ゆっくりと）沈む

síld［女］(-ar, -ar/-ir) ニシン

símanúmer［中］(-s, -) 電話番号

sím/i［男］(-a, -ar) 電話

sítrón/a［女］(-u, -ur) レモン

sjaldan［副］めったに…ない【1.4】

sjá［動:対］(sér, sá, sáu, séð) 見る，見える；sjást 出会う：sjáumst またね；sjá um …の世話をする；sjá út …を見抜く

sjálfkrafa［形］（不変化）自動の

sjálfsagt［副］当然，もちろん

sjálfstæði［中］(-s) 独立

sjálfur［代］自身【20.2】

sjávarmál［中］(-s) 海抜

sjóða［動:対］(sýður, sauð, suðu, soðið) 沸騰する；…を茹でる

sjóður［男］(-s, -ir) 基金

sjón/varp［中］(-varps, -vörp) テレビ

sjúga［動:対］(sýgur, saug, sugu, sogið) …を吸う，吸い込む

sjúkdóm/ur［男］(-s, -ar) 病気

265

sjúkling/ur ［男］（-s, -ar）病人，患者

sjúkrahús ［中］（-s, -）病院（＝ spítali）

sjúkur ［形］病気の

sjö ［数］7

sjötíu ［数］70

sjötti ［数］6 番目の

sjöttung/ur ［男］（-s, -ar）6 分の 1【18.5】

sjötugasti ［数］70 番目の

sjötugsald/ur ［男］（-urs, -rar）60 代

sjötugur ［形］70 歳の

sjöundi ［数］7 番目の

skafl ［男］（-s, -ar）（雪や砂の）吹き溜まり

skal/i ［男］（-a, -ar）段階，スケール

skamma ［動：対］叱る；skammast sín 恥ずかしく思う

skammt ［副］（時間，距離的に）すぐそこに，短く

skapa ［動：対］創る，創造する，創り出す

skatt/ur ［男］（-s, -ar）税

skák ［女］（-ar, -ir）チェス

skál ［女］（-ar, -ar/-ir）ボウル

skáld/saga ［女］（-sögu, -sögur）小説

skána ［動］改善する，ましになる【21.2】

skáp/ur ［男］（-s, -ar）戸棚

skár ［副］ましに

skárri ［形］（比較級）まだましな；skástur（最上級）一番ましな

ske ［動］（-ður, -ði, -ð）起こる

skegg ［中］（-s, -）ひげ

skeið ［女］（-ar, -ar）スプーン

skelfing ［女］（-ar, -ar）恐怖，恐れ；vera skelfingu lostinn 恐怖に駆られた，恐怖に怯えた

skell/a ［動］（-ur, skall, skullu, skollið）バ

タンとぶつかる【11.P】；skella á 勃発する，急に起こる

skell/a ［動：与］（-ir, -ti, -t）（バタンと）ぶつける，閉じる【11.P】

skellihlát/ur ［男］（-urs/-rar, -rar）大笑い

skemmt/a ［動：与］（-ir, -i, -）楽しませる；skemmta sér 楽しむ

skemmtilegur ［形］面白い

skemmt/un ［女］（-unar, -anir）楽しみ

skepn/a ［女］（-u, -ur）動物，生物

skera ［動：対］（sker, skar, skáru, skorið）切る；skera niður …を切り詰める；skera upp 切開手術をする

skíði ［中］（-s, -）スキー（板）

skila ［動：与］…を返す，提出する

skilaboð ［中複］メッセージ

skilgrein/a ［動：対］（-ir, -di, -t）…を定義する

skilgreining ［女］（-ar, -ar）定義

skil/ja ［動：対］（-ur, -di, -ið）理解する；skiljast だと理解する

skip ［中］（-s, -）船

skipt/a ［動：与］（-ir, -i, -）替える；skiptast 分けられる；skiptast á 交替で行う

skína ［動］（skín, skein, skinu, skinið）輝く

skjal ［中］（-s, skjöl）書類，文書

skjálfa ［動］（skelfur, skalf, skulfu, skolfið）震える

skjóta ［動：対］（skýtur, skaut, skutu, skotið）撃つ；（与）（車で）乗せて行く，送る；skjóta inn ＋与 …を差し挟む，割り込む；skjóta upp ＋与 …を打ち上げる；skjótast út í/á ＋対 ちょっと…に出かける

sko［間］えっと，そうだなあ【15.2】

skoða［動：対］…を見る，観察する

skoð/un［女］(-unar, -anir) 意見

skora［動：対］点を決める

skóg/ur［男］(-ar, -ar) 森

skól/i［男］(-a, -ar) 学校

skólastjór/i［男］(-a, -ar) 校長

skó/r［男］(-s, -r) 靴

skrá［動：対］(-ir, -ði, -ð) 記録する；skrá sig á＋対 …に登録する

skrá［女］(-r/-ar, -r) 目録

skráning［女］(-ar, -ar) 登録

skref［中］(-s, -) 一歩

skrepp/a［動］(-ur, skrapp, skruppu, skroppið)（ちょっと）行く

skrifa［動：対］書く；skrifa niður 書き留める

skrifborð［中］(-s, -) 机

skrifstof/a［女］(-u, -ur) 事務所

skríð/a［動］(-ur, skreið, skriðu, skriðið) 這う

skrímsli［中］(-s, -) 怪物

skrýtinn/skrítinn［形］変な，おかしな

skugg/i［男］(-a, -ar) 陰

skulu［動］(skal, 接過 skyldi) …することにしている【8.4, 9.2, 10.3】

skúff/a［女］(-u, -ur) 引き出し

skyldur［形］親戚で

skyndilega［副］突然

skynja［動：対］感知する，感じ取る

skyr［中］(-s) スキール

skyrt/a［女］(-u, -ur) シャツ

skýjaður［形］曇りの

skýr/a［動：対］(-ir, -ði, -t) …を説明する

skýring［女］(-ar, -ar) 説明

skýrsl/a［女］(-u, -ur) 報告書

skýrt［副］はっきりと

skæri［中複］はさみ

slanga［中］(slöngu, slöngur) ヘビ，ホース

slá［動：対］(slær, sló, slógu, slegið) 打つ；slást 喧嘩する

slepp/a［動］(-ur, slapp, sluppu, sloppið) 逃れる，逃げる

slepp/a［動：与］(-ir, -ti, -t) 放つ，（手を）放す

slitna［動］ちぎれる，擦り切れる

slíkur［代］そのような【23.1】

slít/a［動：対］(-ur, sleit, slitu, slitið) 引きちぎる；slíta＋与＋út …を使い古す

slokkna［動］（明かりなどが）消える

slys［中］(-s, -) 事故

slæmur［形］悪い

slökk/va［動：対］(slekkur, -ti, -t)（電気などを）消す

slökkviliðs/maður［男］(-manns, -menn) 消防士

smakka［動：対］味見する，少し食べる

smá［副］少し，ちょっと【3.P】

smáhlut/ur［男］(-ar, -ir) 小物

smá/kaka［女］(-köku, -kökur) クッキー

smár［形］小さい

smávaxinn［形］体が小さい

smit［中］(-s, -) 感染

smita［動：対］感染させる

smíða［動：対］（しばしば木材などから）作る

smjúga［動］(smýgur, smaug, smugu, smogið)（何とか）通り抜ける

smjör [中] (-s) バター

sneið [女] (-ar, -ar) スライス

snemma [副] 早く

snert/a [動：対] (-ir, -i, -) 触れる

sniðugur [形] 賢い

snilld [女] (-ar, -ir) 才能，天才

snjóa [動] 雪が降る

snjóbolt/i [男] (-a, -ar) 雪玉

snjó/r [男] (-s/-var/-ar, -ar/-var) 雪

snúa [動：与] (snýr, sneri/snéri, snúið) 回す；snúa sér við 振り向く；snúa sér að ＋与 ...の方を向く，...に取りかかる；snúast 回る，向き直る

snöggur [形] 速い

snöggvast [副] (sem snöggvast で) ちょっと，少し

soðna [動] 煮える

sofa [動] (sefur, svaf, sváfu, sofið) 眠っている；sofa út 遅くまで眠る

sofandi [形] (不変化) 眠って

sofna [動] 眠る，眠りに落ちる

sokk/ur [男] (-s, -ar) 靴下

son/ur [男] (-ar, synir) 息子

sop/i [男] (-a, -ar) (飲み物の) 一口

sorg [女] (-ar, -ir) 悲しみ

sóf/i [男] (-a, -ar) ソファー

sól [女] (-ar, -ir) 太陽

sólarhring/ur [男] (-s, -ar) 24 時間，一昼夜 【19.2】

sólsetur [中] (-s, -) 日没

sós/a [女] (-u, -ur) ソース

spara [動：与・対] (お金などを) 貯める，蓄える，節約する

sparka [動：与] 蹴る

spá [女] (-r, -r) 予言，予報

spá [動：与] (-ir, -ði, -ð) 予言する，予測する

Spán/n [男] (-ar) スペイン

Spánverj/i [男] (-a, -ar) スペイン人

speg/ill [男] (-ils, -lar) 鏡

spenn/a [動：対] (-ir, -ti, -t) 張る，緊張させる

spennandi [形] (不変化) 興奮させる，ワクワクさせる 【7.6】

spil [中] (-s, -) ゲーム

spila [動：対] ...を演奏する；spila á ＋対 (楽器を) 演奏する；...をプレイする

spinn/a [動：対] (-ur, spann, spunnu, spunnið) 紡ぐ

spínat [中] (-s) ホウレンソウ

spítal/i [男] (-a, -ar) 病院 (＝ sjúkrahús)

spjaldtölv/a [女] (-u, -ur) タブレット端末

spjalla [動] おしゃべりをする

spor [中] (-s, -) 痕跡，足跡 (≒ fótspor)

spreng/ja [動：対] (-ir, -di, -t) ...を爆破する

sprengjuhót/un [女] (-unar, -anir) 爆破予告

sprett/a [動] (-ur, spratt, spruttu, sprottið) 育つ；spretta fram 溢れる，吹き出る

spring/a [動] (-ur, sprakk, sprungu, sprungið) 破裂する

sprung/a [女] (-u, -ur) 割れ目，裂け目

spurning [女] (-ar, -ar) 質問

spyrja [動：対・属] (spyr, spurði, spurt) 尋ねる，質問する

spyrj/andi [男] (-anda, -endur) 質問者

spænskur [形] スペインの

staða ［女］（stöðu, stöður）状況，（職の）
ポスト

staðnæm/ast ［動］（-ist, -dist, -st）止まる，
停まる

staðreynd ［女］（-ar, -ir）事実

stað/ur ［男］（-ar, -ir）場所；alls staðar い
たるところに；einhvers staðar どこか
に；sums staðar 場所によっては；annars
staðar その他の場所では；í staðinn fyrir
＋対 …の代わりに

stafa ［動：対］綴る

stafróf ［中］（-s, -）アルファベット

standa ［動］（stendur, stóð, stóðu, staðið）
立っている；standa upp 立ち上がる；
standa á fætur 立ち上がる

stappa ［動：与］（しばしば stappa niður
fótunum で）（寒さなどで）足踏みする，
地団駄を踏む

star/a ［動］（-ir, -ði, -að）じっと見る

starf ［中］（-s, störf）仕事

starfa ［動］働く

starfsfólk ［中］（-s）従業員

stefn/a ［動］（-ir, -di, -t）（…の方向に）
向かう

stefn/a ［女］（-u, -ur）方向，方針

stein/n ［男］（-s, -ar）石

stel/a ［動：与］（-ur, stal, stálu, stolið）盗む；
stelast こそこそ…する，盗む

stelp/a ［女］（-u, -ur）少女

sterkur ［形］強い

stig ［中］（-s, -）ポイント，点，度

stig/i ［男］（-a, -ar）梯子，階段

sting/a ［動：与］（-ur, stakk, stungu,
stungið）…を刺す；stinga upp á ＋与

…を提案する

stirðna ［動］硬直する

stíg/a ［動：対］（-ur, steig, stigu, stigið）歩む

stíg/ur ［男］（-s, -ar/-ir）（特に歩行者用）
小道

stíl/l ［男］（-s, -ar）様式，スタイル

stjarna ［女］（stjörnu, stjörnur）星

stjórn ［女］（-ar, -ir）支配

stjórna ［動：与］…を支配する

stjórnmál ［中複］政治

stjórnmála/maður ［男］（-manns, -menn）
政治家

stofa ［女］（-u, -ur）（共用の）部屋，仕
事部屋，教室

stofna ［動：対］…を設立する，立ち上げる

stofn/un ［女］（-unar, -anir）設立，機関

Stokkhólm/ur ［男］（-s）ストックホルム

stoltur ［形］（しばしば ［af ＋ 与］を伴い）
（…を）誇りに思う

stoppa ［動：対］止める

storkna ［動］凝固する，固まる

storm/ur ［男］（-s, -ar）嵐

stól/l ［男］（-s, -ar）椅子

stór ［形］大きい

strangur ［形］厳しい，厳格な

strauja ［動：対］…にアイロンをかける

straum/ur ［男］（-s, -ar）流れ

strax ［副］ただちに，すぐに；strax og ［接］
…すると同時に，…するとすぐに【26.2】

strák/ur ［男］（-s, -ar）男の子

stressaður ［形］ストレスが溜まった

strik ［中］（-s, -）線；fara yfir strikið 一線
を越える

stríð ［中］（-s, -）紛争

269

strí/ða ［動：与］（-ðir, -ddi, -tt）... をからかう

strjúka ［動：与・対］（strýkur, strauk, struku, strokið）なでる，... を拭く

stræti ［中］（-s, -）通り，街路

strætó ［男］（-s, -ar）バス（＝ strætisvagn）

str/önd ［女］（-andar, -endur/-andir）海岸

stuðning/ur ［男］（-s）サポート

stuðnings/maður ［男］（-manns, -menn）サポーター

stund ［女］（-ar, -ir）時間

stunda ［動：対］... に従事する

stundum ［副］時々【1.4】

sturt/a ［女］（-u, -ur）シャワー：fara í sturtu シャワーを浴びる

stuttur ［形］短い

stúlk/a ［女］（-u, -ur）少女

styð/ja ［動：対］（-ur, studdi, stutt）... を支える

styn/ja ［動］（-ur, stundi, stunið）うめき声をあげる

styrk/ur ［男］（-s, -ir）助成金

stytta ［動：対］（-ir, -i, -）... を短くする：styttast 短くなる

stytt/a ［女］（-u, -ur）像，彫像

stýr/a ［動：与］（-ir, -ði, -t）舵をとる

stækka ［動：対］大きくする：大きくなる

stærð ［女］（-ar, -ir）大きさ

stærðfræði ［女］（-）数学

stöðugt ［副］絶えず，休むことなく

stökkva ［動］（stekkur, stökk, stukku, stokkið）跳ぶ

stökk/va ［動：与］（-vir, -ti, -t）追い立てる

suðu/mark ［中］（-marks, -mörk）沸点

suður ［副］南へ【15.1】；suður fyrir ＋ 対 ... の南へ【14.1】；［中］（-s）南

Suður-Íshaf ［中］（-s）南極海

Suðurskautsland ［中］（-s）（既知形で）南極大陸

sumar ［中］（-s, sumur）夏【19.2】

sumarfrí ［中］（-s, -）夏季休暇

sumartím/i ［男］（-a）サマータイム

sumur ［代］いくらかの【6.4】

sund ［中］（-s, -）水泳

sundlaug ［女］（-ar, -ar）プール

sundur ［副］（í sundur で）バラバラになって，ちぎれて

sunnan ［副］南から；［前：属］... の南に；að sunnan 南から【15.1】；sunnan við ＋ 対・fyrir sunnan ＋ 対 ... の南に【14.1, 15.1】

sunnudag/ur ［男］（-s, -ar）日曜日

súkkulaði ［中］（-s）チョコレート

súp/a ［女］（-u, -ur）スープ

súpa ［動：対］（sýpur, saup, supu, sopið）少し飲む

súr ［形］酸っぱい，不満な，むっとして

svalir ［女複］バルコニー

svalur ［形］涼しい

svangur ［形］お腹がすいた

svar ［中］（-s, svör）答え

svara ［動：与］... に答える

svartur ［形］黒い

svefn ［男］（-s）眠り；leggjast til svefns 就寝する，眠りにつく

svefnherbergi ［中］（-s, -）寝室

svefnleysi ［中］（-s）不眠

sveit ［女］（-ar, -ir）田舎

svelt/a ［動］(-ur, svalt, sultu, soltið) 飢える

svelt/a ［動：対］(-ir, -i, -) 飢えさせる

sveppur ［男］(-s, -ir/-ar) キノコ

sverja ［動：対］(sver, sór, sóru, svarið) 誓う

svið ［中］(-s, -) 舞台, ステージ；(複数で) 焦がした羊の頭（スヴィーズ）

sviðna ［動］焦げる，焼ける

svipaður ［形］似ている

svipast ［動］svipast um 辺りを見回す

svipt/a ［動：対・与］(-ir, -i, -) ...から...を奪う

svip/ur ［男］(-s, -ir) 表情

Sviss ［中］(-) スイス

Svisslending/ur ［男］(-s, -ar) スイス人

svissneskur ［形］スイスの

svíð/a ［動：対］(-ur, sveið, sviðu, sviðið) ...を焦がす

Sví/i ［男］(-a, -ar) スウェーデン人

svík/ja ［動：対］(-ur, sveik, sviku, svikið) 裏切る

svínakjöt ［中］(-s) 豚肉

Svíþjóð ［女］(-ar) スウェーデン

svo ［副］(svo ... að ... で) とても...なので...，...するほど...である【26.2】； **svo** ［接］(しばしば svo að で) ...するために，その結果，それで【26.2】； svo sem ...のように，...と同じように【26.2】

svolítið ［副］少し，ちょっと【5.3】

svæði ［中］(-s, -) 地域

svæf/a ［動：対］(-ir, -ði, -t) 寝かしつける

syðri ［形］(比較級) より南の；syðstur (最上級) 一番南の

syfjaður ［形］眠い

sykur ［男］(-s) 砂糖

synd ［女］(-ar, -ir) 罪，(神の掟に背く) 罪

syn/da ［動］(-dir, -ti, -t) 泳ぐ

syng/ja ［動：対］(-ur, söng, sungu, sungið) 歌う

synja ［動：与］拒否する

syst/ir ［女］(-ur, -ur) 妹，姉

systkin/systkini ［中］(-s, -) 兄弟姉妹

sýn/a ［動：与・対］(-ir, -di, -t) 見せる，示す；(主語に与) sýnast ...と思われる

sýning ［女］(-ar, -ar) 展示

sæk/ja ［動：対］(-ir, sótti, sótt) 取ってくる；sækja um 申請する

sæll ［形］幸運な

sæng ［女］(-ur, -ur) 掛け布団

sænskur ［形］スウェーデンの

sæti ［中］(-s, -) 席

sætt/a ［動：対］(-ir, -i, -) 和解させる；sætta sig við + 対 ...を諦めて受け入れる，...に甘んじる

sætur ［形］甘い

sög ［女］(sagar, sagir) ノコギリ

sögn ［女］(sagnar, sagnir) お話，語り；動詞

söguhetj/a ［女］(-u, -ur) 主人公

sök ［女］(sakar, sakir) 罪；罪の告発，非難；原因

sökkva ［動］(sekkur, sökk, sukku, sokkið) 沈む

sökk/va ［動：与］(-vir, -ti, -t) 沈める；sökkva sér niður (ofan) í + 対 ...に身を埋める

sömuleiðis ［副］こちらこそ；同様に

söng/ur ［男］(-s, -var) 歌

söngvar/i［男］(-a, -ar) 歌手

T

tagi［中］(tag の与) af þessu tagi その種の；af ýmsu tagi 様々な種の；af sama tagi 同種の

taka［動:対］(tekur, tók, tóku, tekið) 取る；taka fram 取り出す；taka á móti 与 ... を受け取る，受け入れる；taka af sér + 対 ... を外す；taka eftir + 与 ... を気づく；taka til 片付ける；taka upp（対）... を取り上げる；taka út（対）（お金）を引き出す；与 + tekst að ... ...が...を成功させる；taka orð sín aftur 前言撤回する；taka saman（対）... をまとめる；taka þátt í + 与 ...に参加する；takast 成功する【21.2】

takk［間］ありがとう【6.P】

takk/i［男］(-a, -ar) ボタン

takmarkaður［形］制限された

tala［女］(tölu, tölur) 数字，数

tal/a［動］話す；tala við + 対 ... と話す；tala + 対 ...語を話す；tala saman 一緒に話をする；talast við 話し合う

talsverður［形］かなりの，相当の

tannlækn/ir［男］(-is, -ar) 歯医者

tapa［動:与］... を失う，...に負ける

taska［女］(tösku, töskur) カバン

tá［女］(-ar, tær) つま先，足の指

tákn［中］(-s, -) 印，記号

tákna［動］(記号などが) ... を意味する

táningsald/ur［男］(-urs, -rar) 10 代（13 歳〜）

tár［中］(-s, -) 涙

te［中］(-s) 紅茶

tefl/a［動:対］(-ir, -di, -t) チェスをする

tegund［女］(-ar, -ir) タイプ，種類

teikna［動:対］(絵など) ... を描く

tel/ja［動:対］(-ur, taldi, talið) 数える；telja upp 全部言う；telja upp að + 数 ... まで数える

tengdur［形］つながって，関連して

teng/ja［動:対］(-ir, -di, -t) つなぐ；tengja saman ... を繋ぎ合わせる

tengsl［中複］tengsl við + 対（... との）つながり，関連

tening/ur［男］(-s, -ar) サイコロ

teskeið［女］(-ar, -ar) ティースプーン

teyg/ja［動:対］(-ir, -ði, -t) ... を伸ばす；teygja sig 伸びをする，手足を伸ばす；teygja sig eftir + 与 ...を取ろうと手を伸ばす

text/i［男］(-a, -ar) テクスト

tékka［動:対］(しばしば［tékka á + 与］で) チェックする；tékka sig inn チェックインする；tékka (sig) út チェックアウトする

til［前:属］... へ，に；... に向けて；... まで；...に，のために【12.1, 12.4】；(小辞的に) 存在して，現れて；til hvers なんで，何のために【17.2】；til (þess) að ... するために【12.4, 26.2】；til og með + 与 ...まで【12.3】

tilbúinn［形］準備ができた

tilfinning［女］(-ar, -ar) 感情

tilgang/ur［男］(-s) 目的

tilkynn/a［動:与・対］(-ir, -ti, -t) 知らせる

tilkynning［女］(-ar, -ar) 発表

tillit［中］(-s) 配慮，思いやり；með tilliti til + 対 ...に関しては；án tillits til + 対 ...とは関係なく，...にかかわりなく

tilraun［女］(-ar, -ir) 試み

tiltölulega［副］わりと，比較的【5.3】

tilvilj/un［女］(-unar, -anir) 偶然

titra［動］震える

tíð［女］(-ar, -ir) 時間

tímabil［中］(-s, -) 期間

tímarit［中］(-s, -) 雑誌

tím/i［男］(-a, -ar) 時間；einhvern tíma (nn) いつか，そのうち

tín/a［動：対］(-ir, -di, -t) ...を摘む；tína saman ...を拾い集める

tíræðisald/ur［男］(-urs, -rar) 90 代

tíræður［形］100 歳の

tísk/a［女］(-u, -ur) 流行

tíu［数］10

tíundi［数］10 番目

tjald［中］(-s, tjöld) テント；カーテン

tjalda［動］テントを張る

tjá［動：対］(-ir, -ði, -ð) 表現する，伝える；tjá sig（um + 対）（...について）自分の意見，考えを述べる

tjörn［女］(tjarnar, tjarnir) 池

toll/ur［男］(-s, -ar) 関税，税関

Tókýó［女］(-) 東京

tólf［数］12

tólfti［数］12 番目の

tómur［形］空の

tónleikar［男複］コンサート

tónlist［女］(-ar) 音楽

trappa［女］(tröppu, tröppur) 階段（の一段）

tref/ill［男］(-ils, -lar) スカーフ

treyst/a［動：与］(-ir, -i, -) 信頼する

tré［中］(-s, -) 木

troða［動：対］(treður, tróð, tróðu, troðið) 踏みつける；(与) ...を詰め込む

trufla［動：対］邪魔をする，妨げる；truflast おかしくなる

trú/a［動：与］(-ir, -ði, -að) 信じる；trúa á + 対（神など）...を信じる，信仰する

tryll/a［動：対］(-ir, -ti, -t) 狂わせる；tryllast 逆上する，狂う

tröll［中］(-s, -) トロール

tung/a［女］(-u, -ur) 舌；言語

tungumál［中］(-s, -) 言語【3.P】

tungumálakennsl/a［女］(-u) 言語教育

tuttugasti［数］20 番目の

tuttugu［数］20

túlka［動：対］解釈する

túlk/ur［男］(-s, -ar) 通訳

tveir［数］2【18.1】

tvennur/tvennir［形］（しばしば絶対複数名詞と）2 つの，ペアの【18.1】

tvisvar［副］2 回【18.4】

tvíbilljónasti［数］2 兆番目の

tvímilljónasti［数］200 万番目の

tvítugsald/ur［男］(-urs, -rar) 10 代後半，20 歳手前

tvítugur［形］20 歳

tvöfalt［副］2 倍して

týn/a［動：与］(-ir, -di, -t) 失う

tæki［中］(-s, -) 機器

tækifæri［中］(-s, -) 機会

tæm/a［動：対］(-ir, -di, -t) ...を空にする

tæplega［副］...弱

273

tæpur ［形］…弱

töff ［形］（不変化）イカした

tölv/a ［女］（-u, -ur）コンピューター

tölvufræði ［女］（-）コンピューターサイ
エンス

tölvupóst/ur ［男］（-s, -ar）電子メール

tönn ［女］（tannar, tennur）歯

U

ull ［女］（-ar）ウール，羊毛

um ［前：対］…の辺り，周りに，周りを回っ
て；…（あたり）の時間，期間に；…
について【12.1, 12.2】；（副詞的に）お
よそ…，約…；um leið og ［接］…する
と同時に，…するとすぐに【26.2】

umferð ［女］（-ar, -ir）交通

umferðarslys ［中］（-s）交通事故

um/gangast ［動］（gengst, gekkst, gengust,
gengist）（友達などと）一緒にいる，
つるむ

umhverfi ［中］（-s）（周囲の）環境

umhverfis ［前：対］…の周りには【12.1,
12.2】

umræð/a ［女］（-u, -ur）議論

umsækj/andi ［男］（-anda, -endur）申請者

umsókn ［女］（-ar, -ir）申請

undan ［副］［前：与］…の下から【12.1,
12.3】；á undan（順番，時間について）
…の前に，で【12.1, 12.3】

undanfarinn ［形］過ぎ去った，最近の；
á undanförnum árum ここ数年

undarlegur ［形］変な

undir ［前：対・与］（対）…の下に，へ；
…を入れる用の；…に，…にかけて；

（与）…の下に，で，…より少なくて，
…未満で，…の影響下にあって，負担
にさらされて【12.1, 13.1, 13.2】；undir
eins ただちに

undir/búa ［動：対］（býr, bjó, bjuggu, búið）
…の準備をする；undirbúa sig fyrir ＋
対 …に向けて準備をする

undur ［中］（-s, -）不思議，驚異，奇跡

ungling/ur ［男］（-s, -ar）（およそ 13 〜 17
歳くらいの）若者

ungur ［形］若い

unna ［動：与］（ann, unni, unnað/unnt）
愛している

uns ［接］…まで【26.2】

upp ［副］上へ（↔ niður）【12.2, 15.1, 15.6】；
upp fyrir ＋対 …の上へ【14.1】

uppáhald ［中］（-s）お気に入り，好きな
もの【6.1】

uppáhalds/bók ［女］（-bókar, -bækur）好
きな本

uppáhaldslit/ur ［男］（-ar, -ir）好きな色

uppáhaldsmat/ur ［男］（-ar）好きな食
べ物

uppfinning ［女］（-ar, -ar）発明

uppgötva ［動：対］発見する

upphaf ［中］（-s）最初，起源

upphaflega ［副］初めは，元々は

upphit/un ［女］（-unar, -anir）暖房

uppi ［副］上で【15.1】

upplif/a ［動：対］（-ir, -ði, -að）経験する

upplýsing ［女］（-ar, -ar）（主に複数で）
情報

upptekinn ［形］忙しい

utan ［副］外国へ；að utan 外から，外に

【15.1】；utan við + 対・fyrir utan + 対
...の外に【14.1】

Ú

úr ［前：与］...の中から【12.1, 12.3】

út ［副］外へ【12.2, 15.1, 15.6】；út fyrir +
対 ...の外へ【14.1】

útgáf/a ［女］(-u, -ur) 出版；版；出版社

úti ［副］外に【15.1】

útidyr ［女複］玄関のドア

út/land ［中］(-lands, lönd) 外国

útlending/ur ［男］(-s, -ar) 外国人

útlit ［中］(-s) 外見，見た目；見通し

útskrifast ［動］(学校を) 卒業する

útský/ra ［動：対］(-ir, -ði, -t) 説明する

útsýni ［中］(-s) 眺め，景色

út/varp ［中］(-varps, -vörp) ラジオ

V

vaf/i ［男］(-a) 疑い

vagn ［男］(-s, -ar) 乗り物；バス (=
strætisvagn)；乳母車 (= barnavagn)

vak/a ［動］(-ir, -ti, -að) 起きている

vakandi ［形］(不変化) 起きて

vakna ［動］目を覚ます

vald ［中］(-s, völd) 権力，力

valda ［動：与］(veldur, olli, ollu, valdið) 原
因になる

van- ［接］(反対・欠如を表して) 不・無
...【5.P】

vanda ［動：対］慎重に...を行う；vanda
sig (við 対) (...を) 頑張る，(...に)
骨を折る

vandamál ［中］(-s, -) 問題

vandræði ［中複］面倒，困難

vanta ［動：対］(主語に対) 不足している
【19.1, 21.2】

vanur ［形］慣れて

vara ［女］(vöru, vörur) 商品

varða ［動］hvað + 対 + varðar ...につい
て言えば；(与) ...に関わる

varðveit/a ［動：対］(-ir, -ti, -t) 保管する，
保存する

varla ［副］ほとんど...ない【1.4】

varlega ［副］気をつけて

varna ［動：与 (・属)］防ぐ，妨げる

Varsjá ［女］(-r) ワルシャワ

vas/i ［男］(-a, -ar) ポケット，花瓶

vaska ［動：対］(しばしば upp をともない)
...を洗う；vaska upp 皿洗いをする

vatn ［中］(-s, vötn) 水，湖

vatns/glas ［中］(-glas, -glös) 水 1 杯，(水
用の) コップ

vaxa ［動］(vex, óx, uxu, vaxið) 成長する，
大きくなる；vaxa upp úr + 与 成長し
て...にサイズが合わなくなる

vaxandi ［形］(不変化) 増大する

veður ［中］(-s, -) 天気

veðurspá ［女］(-r, -r) 天気予報

veðurstof/a ［女］(-u, -ur) 気象局；
Veðurstofa Íslands アイスランド気象局

vef/ja ［動：与・対］(-ur, vafði, vafið) ...を
巻く，包む

vegg/ur ［男］(-jar/-s, -ir) 壁

vegna ［前：属］(原因，理由を表して) ...
のために【12.1, 12.4】；hvers vegna ど
うして【17.2】；þess vegna そういうわ
けで，それが理由で；vegna þess að ...

275

なので，...のために【12.4, 16.2】；mín vegna 私としては，私的には【12.4】

veg/ur ［男］（-ar/-s, -ir）道；alla vega とにかく，とりあえず；nokkurn veginn いくぶんか

vei/ða ［動：対］（-ðir, -ddi, -tt）（魚を）獲る，（動物を）狩る

veifa ［動：与］...を振る，手を振る

veikur ［形］弱い

veisl/a ［女］（-u, -ur）祝い，祝宴

veir/a ［女］（-u, -ur）ウイルス

veit/a ［動：与・対］（-ir, -ti, -t）与える

veitingahús ［中］（-s, -）レストラン

veitingastað/ur ［男］（-ar, -ir）レストラン

vek/ja ［動：対］（-ur, vakti, vakið）起こす

vel ［副］良く

velgengni ［女］（-）成功

vel/ja ［動：対］（-ur, valdi, valið）選ぶ

velkominn ［形］歓迎されている

velt/a ［動］（-ur, valt. ultu, oltið）転がる

velt/a ［動：与］（-ir, -i, -）転がす；velta + 与 + fyrir sér ...をよく考える；veltast um af hlátri 腹をよじって笑う

ven/ja ［動：対］（-ur, vandi, vanið）慣れさせる；venja sig á + 対 ...に慣れる；venja sig af + 与 ...の習慣をやめる

venjulega ［副］たいてい，普通は

venjulegur ［形］普通の

vera ［動］（er, var, voru, verið）...である【1.2, 5.3, 5.5, 21.2, 25.3】；vera að + 不定詞・vera að fara að + 不定詞 ...している【7.5, 8.8, 22.3】；veri, verum の語形【8.5, 25.2】

verð/a ［動］（-ur, varð, urðu, orðið）にな

る【5.3, 5.5, 10.2, 25.3】；verða að + 不定詞 ...しなければならない；verða til 生じる，生まれる

verðhækk/un ［女］（-unar, -anir）値上げ

verðlaun ［中複］賞

verja ［動：対］（ver, varði, varið）守る；verjast 身を守る

verk ［中］（-s, -）作品

verkefni ［中］（-s, -）課題，プロジェクト

verkjalyf ［中］（-s, -）痛み止め

versla ［動］買い物をする

versl/un ［女］（-unar, -anir）買い物，お店

versna ［動］悪化する；（主語に与）（体調が）悪化する【21.2】

veski ［中］（-s, -）ハンドバッグ，財布

vestan ［副］西から；［前：属］...の西に；að vestan 西から【15.1】；vestan við + 対・fyrir vestan + 対 ...の西に【14.1, 15.1】

Vestfirðir ［男複］ヴェストフィルジル

vestri/vestari ［形］（比較級）より西の；vestastur（最上級）一番西の

vestur ［副］西へ【15.1】；vestur fyrir + 対 ...の西へ【14.1】；［中］（-s）西

vetrartím/i ［男］（-a）ウィンタータイム

vettling/ur ［男］（-s, -ar）ミトン【18.1】

vet/ur ［男］（-rar, -ur）冬【19.2】

vél ［女］（-ar, -ar）機械，モーター，飛行機

vér ［代］（対，与 oss，属 vor）（古風で丁寧な言い方で）私たち【3.1】

við ［代］（対，与 okkur，属 okkar）私たちは【1.1, 3.1】

við ［前：対・与］...のそばに；...の時に，...の状況下では，...に対して；...と【12.1, 13.1, 14.1】

við/bót [女]（-bótar, -bætur）追加

við/bragð [中]（-bragðs, brögð）（複数で）反応

viðburð/ur [男]（-ar, -ir）イベント

viðeigandi [形]（不変化）適切な

viðkomandi [形]（不変化）問題の，当該の

viðkvæmur [形] 敏感な，繊細な

viðskipti [中複] 取引

við/tal [中]（-tals, -töl）インタビュー

viðurkenn/a [動：対]（-ir, -di, -t）認める

viðurkenning [女]（-ar, -ar）承認，表彰

vik/a [女]（-u, -ur）週

vil/ja [動:対]（-l, -di, -jað）... したい【8.P, 9.2, 10.3, 25.3】

vilj/i [男]（-a）意志，望み

vill/a [女]（-u, -ur）間違い

vinátt/a [女]（-u）友情

vind/ur [男]（-s, -ar）風

vinkon/a [女]（-u, -ur）女友達

vinn/a [女]（-u）仕事

vinn/a [動]（-ur, vann, unnu, unnið）働く

vinstri [形] 左の（⇔ hægri）; til vinstri 左に ; [vinstra megin（við ＋ 対）] ... の左側に【14.1】

vinsæld [女]（-ar, -ir）（複数で）人気

vinsæll [形] 人気のある

vin/ur [男]（-ar, -ir）友人

vir/ða [動：対]（-ðir, -ti, -t）尊敬する ; virða ＋ 対 ＋ fyrir sér ... を観察する，見る ; virðast（主語に与）与 ＋ virðist ＋ 主 ＋ 不定詞句 ... だと思われる【21.2】

virðing [女]（-ar, -ar）尊敬

virkur [形] 有効な，効く

viss [形] 確かな，確信している

vita [動：対]（veit, vissi, vissu, vitað）知っている【9.2】

vitlaus [形] 気が狂った，バカな，おかしな

vitleys/a [女]（-u, -ur）馬鹿

vitni [中]（-s, -）目撃者

vitur [形] 賢い

víða [副] 広く

vík [女]（-ur, -ur）湾

víkingatím/i [男]（-a）ヴァイキング時代

víking/ur [男]（-s, -ar）ヴァイキング

vín [中]（-s, -）ワイン

Vínarborg [女]（-ar）ウィーン

vís/a [女]（-u, -ur）四行連句

vísinda/maður [男]（-manns, -menn）学者

von [女]（-ar, -ir）期待

vona [動：対] 願う

vonandi [副] 願くば

vondur [形] 悪い

vonsvikinn [形] がっかりして

vopn [中]（-s）武器

vopna [動：対] 武装させる

vor [中]（-s, -）春【19.2】

vænn [形] 優しい

vænt/a [動：属]（-ir, -i, -t）期待する

væntanlegur [形] 予想された，予期された

vöðv/i [男]（-a, -ar）筋肉

vökva [動：対] 水をやる

vökv/i [男]（-a, -ar）液体

völlur [男]（vallar, vellir）平野，グラウンド，空港

vör [女]（varar, varir）唇

vörn [女]（varnar, varnir）防御

277

Y

yfir ［前：対・与］（対）... の上へ，... を越えて，... の間に，（fram yfir で）... 過ぎまで；（与）... の上に，... を支配，監督して，... に対して，... について【12.1, 13.1, 13.2】；（副詞的に）... より多くて

yfirborð ［中］（-s）表面

yfir/gefa ［動：対］（-gefur, -gaf, -gáfu, -gefið）（... のもとから）去る

yfirgefinn ［形］見捨てられた，人のいない

yfirleitt ［副］概して，一般的に

yfirráð ［中複］支配

yng/ja ［動：対］（-ir, -di, -t）若返らせる；yngjast 若くなる，若返る

ypp/a ［動：与］（-ir, -ti, -t）（yppa öxlum で）肩をすくめる（= yppta öxlum）

yrk/ja ［動：対］（-ir, orti, ort）詩をつくる

ytri ［形］（比較級）より外部の；ystur（最上級）最も外側の

Ý

ýmis ［代］異なる，様々な【23.1】；ýmiss konar 様々な種類の；af ýmsu tagi 様々な種類の；á ýmsan hátt 様々な方法で，色々な意味で

ýmislegur ［形］様々な

ýt/a ［動：与］（-ir, -ti, -t）... を押す

Þ

það ［代］（対 það, 与 því, 属 þess）それ【1.1, 3.1, 9.P】

þaðan ［副］（あ）そこから【15.1】

þagga ［動：対］þagga + 対 + niður ... をもみ消す；þagga niður í + 与 ... を黙らせる

þagna ［動］静かになる

þak ［中］（-s, þök）屋根

þakka ［動：与・対］感謝する；þakka þér fyrir + 対（... を）ありがとう：ekkert að þakka どういたしまして

þakklátur ［形］感謝して

þangað ［副］（あ）そこへ【15.1】：þangað til（副詞的に）それまで；þangað til ［接］... まで【26.2】

þannig ［形］そのような：［副］そのように；þannig að ［接］その結果，それで【26.2】

þar ［副］そこで，あそこで【6.3, 15.1, 15.2】：þar til ［接］... まで【26.2】；þar sem（接続詞として）... なので【16.2】；（関係詞として）【16.3】

þarfnast ［動：属］必要とする

þarna ［副］そこ，あそこ

þau ［代］（対 þau, 与 þeim, 属 þeirra）（男女混合の）彼ら；（中性名詞の複数あるいは異なる複数の性の名詞を指して）それら【1.1, 3.1】

þátt/ur ［男］（-ar, þættir）要素，一部

þegar ［接］... するとき【16.2】；［副］（特に nú þegar で）すでに，もう【16.2】

þeg/ja ［動］（-ir, þagði, þagað）黙る

þeir ［代］（対 þá, 与 þeim, 属 þeirra）彼ら；（男性名詞の複数を指して）それら【1.1, 3.1】

þek/ja ［動：対］（-ur, þakti, þakið）覆う

þekking ［女］（-ar）知識

þekk/ja［動：対］（-ir, -ti, -t）知っている

þekktur［形］よく知られた

þem/a［中］（-a, -u）主題，テーマ

þessi［代］この，その【5.3, 6.3】

þér［代］（対，与 yður, 属 yðar）（古風で丁寧な言い方で）あなた，あなたたち【3.1】

þétt/a［動：対］（-ir, -i, -）密にする，濃くする；þéttast 濃くなる，凝縮（液化）する

þéttur［形］濃い，詰まった，密な

þið［代］（対・与 ykkur, 属 ykkar）あなたたち【1.1, 3.1】

þiggja［動：対］（-ur, þáði, þegið）受け取る

þinn［代］あなたの

þjá［動：対］（-ir, -ði, -ð）苦しめる；þjást 苦しむ

þjóð［女］（-ar, -ir）国民，民族

þjóðbúning/ur［男］（-s, -ar）民族衣装

Þjóðverj/i［男］（-a, -ar）ドイツ人

þjónust/a［女］（-u, -ur）サービス

þjónustuborð［中］（-s, -）サービスデスク

þok/a［女］（-u, -ur）霧

þol/a［動：対］（-ir, -di, -að）耐える

þolandi［形］耐えられえる

þolinmóður［形］忍耐強い

þolinmæði［女］（-）忍耐力

þor/a［動：対 / 与］（-ir, -ði, -að）あえて...する，...する勇気がある

þorna［動］乾く

þorp［中］（-s, -）村

þorsk/ur［男］（-s, -ar）タラ

þó［副］とはいえ；þó (að)［接］...にもかかわらず，...だけれども【26.2】

Þórs/höfn［女］（-hafnar）トーシュハウン

þótt［接］...だけれども（= enda þótt/ jafnvel þótt）【26.2】

þrá［動：対］（-ir, -ði, -ð）思いこがれる

þráð/ur［男］（-ar, þræðir）糸，(話などの)筋

þrátt fyrir (það að)［前：対］［接］...にもかかわらず【26.2】

þrefaldur［形］3 倍の；þrefalt［副］3 倍して

þreifa［動］（[þreifa á 与] で）...を探る

þrennur/þrennir［形］（しばしば絶対複数名詞と）3 つの【18.1】

þrettán［数］13

þrettándi［数］13 番目の

þreyt/a［動：対］（-ir, ti, -t）疲れさせる；þreytast 疲れる

þreyttur［形］疲れた

þriðji［数］3 番目の

þriðjudag/ur［男］（-s, -ar）火曜日【18.5】

þriðjung/ur［男］（-s, -ar）3 分の 1

þrisvar［副］3 回【18.4】

þríf/a［動：対］（-ur, þreif, þrifu, þrifið）きれいにする，片付ける

þrímilljónasti［数］300 万番目の

þrír［数］3【18.1】

þrítugasti［数］30 番目の

þrítugsald/ur［男］（-urs, -rar）20 代

þrítugur［形］30 歳の

þrjátíu［数］30

þróa［動：対］...を発達・発展させる

þróun［女］（-ar）発展，発達

þröngur［形］狭い

þungur［形］重い

þunnur［形］薄い

þurf/a［動：対 / 属］（þarf, -ti, -t）必要とする【9.2, 10.2】

279

þurr［形］乾いた

þú［代］（対 þig, 与 þér, 属 þín）あなた【1.1, 3.1】

þúsund［数］1000【18.1】

þúsundasti［数］1000 番目の

þvert［副］（しばしば［þvert á ＋対］で）...と反対に，逆に

þvílíkur［代］なんという，そのような【23.1】

þvo［動：対 / 与］（þvær, þvoði, þvegið）...を洗う：þvo sér（自分の）体を洗う

þvottahús［中］(-s, -) 洗濯室

þvottur［男］(-ar/-s, -ar) 洗濯；洗濯物

þyk/ja［動］(-ir, þótti, þótt)（主語に与）...に思われる【21.2】：þykjast ふりをする【25.4】

þykkur［形］厚い

þyng/ja［動：対］(-ir, -di, -t) 重くする

þynn/a［動：対］(-ir, -ti, -t) 薄くする：þynnast 薄くなる

þyrl/a［女］(-u, -ur) ヘリコプター

þý/ða［動：対］(-ðir, -ddi, -tt) þýða ＋対 ＋ yfir á ＋対 翻訳する，意味する

Þýskaland［中］(-s) ドイツ

þýskur［形］ドイツの

þægilegur［形］快適な

þær［代］（対 þær, 与 þeim, 属 þeirra）彼女ら；（女性名詞の複数を指して）そ
れら【1.1, 3.1】

þögn［女］(þagnar, þagnir) 沈黙，静けさ

Æ

æðri［形］（比較級）より高貴な，より地位の高い：æðstur 高貴な，最高位の

æf/a［動：対］(-ir, -ði, -t)（スポーツなど）を練習する，の技芸を磨く：æfa sig á ＋対（楽器など）を練習する

æfing［女］(-ar, -ar) 練習，訓練

ætla［動］...するつもりである【7.5, 25.5】

ætt［女］(-ar, -ir) 一族；（動植物の分類上の）科

ævi［女］(-, -r) 生涯

ævintýri［中］(-s, -) 冒険

Ö

öðruvísi［形］（不変化）（しばしば en を伴い）（...とは）異なって

öku/maður［男］(-manns, -menn) 運転手

öld［女］(aldar, aldir) 世紀

önd［女］(andar, endur) アヒル

örlög［中複］運命

örn［男］(arnar, ernir) ワシ

örugglega［副］間違いなく，確実に

öskra［動］叫ぶ

öxl［女］(axlar, axlir) 肩

日本語索引

あ

挨拶表現 23
朝・昼・夜 156, 157
アルファベット 8
依頼・お願い・要求 72, 77, 87, 89

か

回数・頻度 149, 150
格 18, 24-32, 37-48, 51, 52, 54-64, 68, 100-115, 117-121, 126, 137-140, 144-148, 150, 155, 159, 162-166, 172-186, 188-196, 201, 202
格支配 24, 25, 62-65, 100-115, 117-121, 125, 126, 138, 156, 172-173
加減乗除 151, 152
過去形 73-76, 78-81, 83, 93-97, 168, 178
過去・現在動詞 80, 81, 84
過去分詞 46, 78, 82, 154, 168, 178-187
家族を表す名詞 33, 37, 42, 55, 56, 68
仮定 216, 217
可能性 84, 87, 89, 168, 212
可能・能力 84, 87-89
関係詞・関係代名詞 57, 60, 134-136
感謝の表現 61
間接疑問文 130, 132, 142, 143
間接話法 212-214, 217
願望 86, 87
完了表現 82, 83
完了分詞 77-82, 84, 88, 89, 93-97, 178-181, 213, 214, 216, 217
完了分詞をとる助動詞 88, 89

勧誘・提案 72, 73, 85, 88
基数 144-147
季節 111, 112, 160, 161
既知形 33, 40-42, 49, 50, 54, 56, 58, 59, 145, 154, 156, 189, 190, 192, 205
義務・必要性 84-86, 212
疑問詞 34, 36, 137-143
疑問詞の語順 34, 36, 142, 143
疑問詞 + sem er 143
疑問代名詞 137-139
疑問副詞 139-142
疑問文 33-35, 67, 84, 85, 87, 89, 140-143, 175, 188, 213, 215
強勢 8, 9, 16, 19, 25, 126
強調 21, 35, 55, 60, 71, 72, 83, 165, 166, 204, 206
強変化動詞 19, 46, 91-99, 180, 181, 209
強変化名詞 24-30, 37, 40, 41
許可 87, 89
句動詞 125-129, 163, 194
国・地域名 114-116
形式主語 35, 65, 183, 184, 187
形容詞 19, 32, 43-52, 65, 67, 68, 105, 113, 115, 116, 120, 124, 170, 171, 186, 187, 188, 190-193, 195 197-207
形容詞と格 51, 52
形容詞の強変化 43-50
形容詞の弱変化 48, 50, 51
形容詞由来の副詞 124, 202
結果 82, 185, 186, 221
原因・理由 102, 106, 108, 117 119, 134, 136, 141
原級比較 197
現在形 18-22, 66, 71-73, 76, 78-80, 82, 84,

281

91-93, 98, 99, 168, 213

現在分詞 51, 67, 68

限定用法 48, 50

語幹 70, 71, 73-75, 78, 79, 91-97, 124, 178, 179, 198, 199, 202, 203, 209, 210

個人識別番号 152

さ

再帰 112, 162-166, 168, 169, 217

再帰所有代名詞 166

再帰代名詞 162-165, 166, 168, 169, 217

再帰動詞 163-165

最上級 55, 198-203, 205-207

子音の発音 11-17

子音変化 97, 98

時刻表現 58, 154, 155

自己紹介 19, 36

指示代名詞 50, 51, 56-58, 131, 132, 135, 206

自動詞 90, 98, 99, 184-186

自発的用法 169

弱変化動詞 19-21, 73-76, 78-81, 98, 99, 171, 178-180, 211

弱変化名詞 24, 38-41, 48, 68

従位接続詞 131-136, 219-222

住所 68, 69, 152

週・曜日 158, 159

主格 18, 24-31, 37-49, 52, 55, 57, 59, 62, 68, 78, 124, 137-139, 145-147, 153, 162, 166, 173-186, 188-190, 193, 195, 196, 198, 202, 203

主語 18, 19, 21, 33-36, 49, 52, 57, 62, 64, 65, 73, 82, 84, 85, 88, 131, 134, 135, 137, 142, 150, 152, 154, 162, 165, 166, 169, 172, 173, 174, 177, 182-187, 190, 193-197,

204, 215, 216, 217, 218

受動 168, 181-185

小数 150, 151

状態 66, 83, 111, 139, 169-171, 185, 186

譲歩 215, 219, 220

助言 72, 85, 211

小辞 100-103, 105, 107, 110, 117, 121, 125-129, 194, 195

小辞動詞 125-129

叙述用法 48-51, 205

序数 144, 148-151, 158, 189, 206

女性名詞 24, 27-29, 32, 33, 37-41, 57, 146, 153, 154, 182

所有関係を表す動詞 68, 69

所有代名詞 33, 41, 42, 54-56, 144, 166

進行 22, 66, 67, 76

身体部位 39, 41, 56, 110, 111

人名 8, 17, 33, 40, 42

推測・推論 85, 86, 88, 218

助動詞 67, 72, 80, 81, 84-90, 194, 195, 212, 217

性・数・格 24, 40, 43, 50, 51, 54-56, 58, 60, 137, 139, 140, 144, 146, 150, 165, 166, 178, 191-193, 201

接続詞 57, 87, 108, 130-134, 136, 175, 204, 215, 218-222

接続法 81, 85, 87, 89, 131, 132, 142, 168, 175, 209-217, 219-222

接続法現在 208-211, 213-216

接続法過去 209-214, 216, 217

接頭辞 49, 53, 206

接尾辞 67, 70, 71, 73, 74, 124, 167, 168, 171, 181

前気音 16

前置詞 24, 25, 56, 61, 62, 64, 65, 69, 100-115, 117-121, 125, 126, 166, 185, 194, 195, 206, 220

前置詞的に機能する副詞 121

前置詞動詞 125, 126

属格 18, 24-31, 37-40, 42, 43, 45, 46, 48, 55, 56, 59, 62-64, 68, 85, 86, 100, 106-108, 125, 126, 138, 139, 147, 151, 152, 162, 163, 172, 173, 182-184, 186, 190, 191, 193, 195, 196, 206

属格支配 63, 64, 106-108, 126, 173, 183, 184, 186

属格支配の前置詞 106-108

相互的用法 169, 170, 196

その他の助動詞 89, 90

その他の代名詞 195, 196

た

対格 18, 21, 24-32, 35, 37-48, 50, 55, 59, 61-63, 68, 69, 78, 84-87, 89, 90, 99, 100, 101, 103, 109-115, 119, 124, 125, 126, 137-140, 146, 153, 154, 156-158, 160, 162, 163, 168, 172-174, 176, 178-179, 181-184, 188-190, 193, 196, 203, 206, 220

対格支配 62, 63, 68, 69, 100-102, 109-115, 117-121 156, 220

対格支配の前置詞 100-102

対格・与格支配の前置詞 109-115, 117-121

代動詞 33

代名詞 16, 18, 31-35, 41, 42, 49-51, 54-60, 62, 71, 72, 84, 86, 100, 106-108, 112, 126, 131, 132, 134, 135, 137-139, 144, 148, 150, 162-166, 168, 169, 173, 174, 176, 182, 188-196, 206, 217

他動詞 98, 99, 162, 184, 185

短縮命令形 70-74, 78, 79, 178

単数形 24, 33, 38, 39, 48, 57-59, 73-76, 91-93, 96, 97, 146, 151, 153, 156, 188, 190, 195,

男性名詞 24-27, 32, 37-39, 40, 41, 56, 57, 68, 150

抽象名詞 55

中性名詞 29, 30, 32, 33, 39, 41, 132, 146, 149, 153

注文 77

直接話法 212-214

月 151, 159, 160

丁寧表現 77, 87, 89, 188, 212

天気の表現 108

電話番号 152

等位接続詞 130, 131, 218

動詞 18-22, 24, 31, 33-36, 46, 49, 50, 52, 57, 60-100, 112, 113, 118, 122, 125, 126, 131, 134, 137, 138, 139, 142, 146, 150, 154, 162-187, 190, 193-196, 208-221

動詞の -st 形 60, 102, 107, 166-171, 196, 211, 212, 214

倒置 35, 85, 131, 216, 218

時を表す表現 76, 82, 154-161, 219

特定の格で現れる副詞 124, 125

な

二重目的語 35, 172, 173, 183

人称代名詞 18, 31-33, 35, 49, 54, 55, 72, 139, 162, 173

年・年号・世紀 160, 161

年齢 140, 152, 160, 161

場所に用いる前置詞 114, 115
場所・方向を表す副詞 67, 122-124
比較 51, 52, 197-207, 221, 222
比較級 198-205
非人称動詞 169, 173-177, 217
日・日付 57, 58, 157, 158
否定 21, 34, 53, 65, 67, 72, 84-87, 89, 132, 133, 188, 193-195, 197, 215, 218,
否定代名詞 193-195
否定の副詞 21, 34, 65, 72
頻度の副詞 21, 22, 34, 66, 82
複合語 9, 24, 27
付加疑問 34
副詞 21, 22, 34-36, 49, 65-68, 72, 76, 82, 83, 100-102, 105, 113, 119-126
副詞句 21, 35, 36, 66, 183, 184
複数形 38, 39, 41, 58, 59, 68, 73, 91, 97, 111, 134, 145, 147, 149, 153, 161, 174, 189, 195
不定詞 55, 64-67, 70-73, 75-79, 82-99, 107, 119, 135, 140, 165, 174-176, 178-180, 184, 185, 187, 208-210, 214, 217
不定詞をとる助動詞 86-88
不定代名詞 58-60, 148, 150, 188-193
分詞 60, 67, 68, 77-82, 84, 86, 88, 89, 93-97, 154, 167, 168, 178-187, 213, 214, 216, 217
分数 150, 151
平叙文 21, 33, 34
母音の発音 8-11, 16, 17
母音交替 93-97, 181
母音変化 27, 75, 76, 92, 93, 178, 200, 203, 210
方角 119, 122

方向・方向性 67, 101-103, 105, 123
補語 19, 21, 32, 33, 35, 36, 49, 50, 52, 65, 149, 174, 175, 193, 205

未知形 40, 48-51, 55, 58-60, 138-140, 156, 188-193, 205, 206
未来 22, 49, 66, 88, 156
名詞 19, 21, 24-30, 33, 35, 36, 37-43, 48-52, 54-60, 62, 65, 68, 69, 84, 86, 100, 102, 115, 116, 121, 122, 124, 126, 131, 132, 134, 135, 138, 139, 140, 142, 144-151, 153, 154, 161, 165, 166, 169, 173, 174, 176, 177, 182, 188-193, 195, 205-207
名詞句 50, 124
名詞節 131, 142, 219
命令形 69-74, 77-79 178, 214
命令・要求 64, 70-73, 84-89, 212
目的 65, 141, 215, 219, 220, 221
目的語 21, 33-35, 40, 50, 62-65, 68, 69, 84-87, 89, 90, 99-101, 103, 106, 107, 109, 111-113, 119, 120, 126, 132, 135, 137, 162, 164, 166, 172, 173, 174, 181-185, 187, 194-196

や

与格 18, 24-32, 37-40, 43, 45, 46, 48, 51, 52, 55, 62, 63, 68, 85, 99, 100, 102-106, 109-115, 117-121, 125, 133, 137-139, 141, 144, 149, 156-158, 160-163, 172-177, 182-184, 186, 191, 196, 204
与格支配 63, 99, 102-106, 109-115, 117-121, 141, 156, 183, 184, 186
与格支配の前置詞 102-106

与格病 176

ら

わ

話法 212-214

その他アルファベット・記号

guð の発音 17
t 音の挿入 17
það の脱落 85, 88, 100, 183-185, 187
2 人称単数の命令形 70-72
2 人称複数の命令形 71, 72, 77
［að ＋不定詞］をとる助動詞 84-86

著者紹介

南澤佑樹（みなみさわ・ゆうき）

大阪大学大学院言語文化研究科言語文化専攻　博士（言語文化学）.
MA in Medieval Icelandic Studies (University of Iceland).
現在，大阪大学大学院人文学研究科助教．専門は北欧語学，認知
意味論.
主な著書に『スウェーデンを知るための64章【第2版】』（明石書店,
分担執筆）他論文多数.

アイスランド語文法ハンドブック

2025 年 3 月 31 日印刷
2025 年 4 月 20 日発行

著　者 © 南　澤　佑　樹
発行者　　岩　堀　雅　己
印刷所　　株式会社　ルナテック

101-0052 東京都千代田区神田小川町 3 の 24
発行所　　電話 03-3291-7811（営業部）, 7821（編集部）　株式会社　白水社
www.hakusuisha.co.jp
乱丁・落丁本は送料小社負担にてお取り替えいたします.

振替 00190-5-33228　　　Printed in Japan　　　　加瀬製本

ISBN978-4-560-09938-4

▷本書のスキャン、デジタル化等の無断複製は著作権法上での例外を
除き禁じられています。本書を代行業者等の第三者に依頼してスキャ
ンやデジタル化することはたとえ個人や家庭内での利用であっても著
作権法上認められていません。